O Homem que Sabia Demais

Alan Turing e a
Invenção do Computador

David Leavitt

O Homem que Sabia Demais

Alan Turing e a
Invenção do Computador

Tradução
Samuel Dirceu

Copyright © 2006 by David Leavitt
Copyright © 2007 Editora Novo Conceito
Todos os direitos reservados
1ª impressão – 2011

Agradecemos às seguintes autorizações/permissões concedidas para reprodução de material anteriormente publicado: The Estate of Alan Turing: Excerpts from Alan Turing's essays, papers and letters. The University of Chicago Press: Excerpts from Wittgenstein's Lectures on the Foundations of Mathematics, Cambridge 1939, editado por Cora Diamond. © 1975, 1976 by Cora Diamond.

Produção Editorial
Equipe Novo Conceito

Tradutor:	Samuel Dirceu
Revisão Técnica:	Guilherme Rodrigues Magalhães
Revisão de Texto:	Alyne Azuma e
	Tânia Marisa Cotrim Donato
Capa:	Esper Leon
Diagramação:	Nhambikwara Editoração

Este livro segue as regras da Nova Ortografia da Língua Portuguesa

Dados Internacionais de Catalogação na Publicação (CIP)
(Câmara Brasileira do Livro, SP, Brasil)

Leavitt, David
 O homem que sabia demais : Alan Turing e a invenção do computador / David Leavitt ; tradução Samuel Dirceu. – Ribeirão Preto, SP : Novo Conceito Editora, 2011.

 Título original: The man who knew too much : Alan Turing and the invention of the computer.

 ISBN 978-85-63219-68-8 (pocket)

 1. Computadores – História 2. Homens gays – Grã-Bretanha 3. Inteligência artificial – História 4. Matemáticos – Grã-Bretanha – Biografia 5. Turing, Alan Mathison, 1912-1954 I. Título.

11-07840 CDD – 510.92

Índices para catálogo sistemático:
1. Matemáticos : Biografia e obra   510.92

Rua Dr. Hugo Fortes, 1885 – Parque Industrial Lagoinha
14095-260 – Ribeirão Preto – SP
www.editoranovoconceito.com.br

Para Mark – amigo, camarada, parceiro

Sumário

UM	O Homem do Terno Branco	9
DOIS	Vendo as Margaridas Crescerem	16
TRÊS	A Máquina Universal	58
QUATRO	Sutil é o Senhor	110
CINCO	A Casca Macia	151
SEIS	O Atleta Eletrônico	204
SETE	O Jogo da Imitação	246
OITO	A Boia de Pryce	277
	Notas	298
	Leitura Complementar	320

[UM]

O Homem do Terno Branco

Na comédia *The Man in the White Suit* (*O Homem do Terno Branco*), produzida pela Ealing[1] em 1951 e dirigida por Alexander Mackendrick, Alec Guinness é Sidney Stratton, um químico inseguro e meio infantil que desenvolve um tecido que nunca desgasta ou fica sujo. Sua invenção é proclamada como um grande passo à frente – até que os donos da indústria têxtil da qual ele é empregado, ao lado dos dirigentes do sindicato que representam seus colegas de trabalho, percebem que o invento vai colocá-los fora dos negócios. Rapidamente esses eternos adversários unem forças para perseguir e encurralar Stratton e destruir o tecido que ele inventou, que usa sob a forma de um terno branco. Eles o perseguem, cercam e, quando parecem prestes a matá-lo, o tecido começa a se desintegrar. O fracasso do invento acaba salvando Stratton da indústria que ele ameaça e salva a indústria da obsolescência.

Obviamente, qualquer paralelo estabelecido entre Sidney Stratton e Alan Turing – matemático inglês, inventor do computador moderno e arquiteto da máquina que quebrou o código da Enigma[2] dos alemães durante a Segunda Guerra Mundial – deve por necessidade ser inexato. De um lado, esse paralelo exige que vejamos Stratton (especialmente como desempenhado pelo gay Guinness) como, no mínimo, uma figura proto-homossexual e interpretemos sua perseguição como uma metáfora para a mais generalizada perseguição dos homossexuais na Inglaterra, antes da descriminalização dos atos de "enorme indecência" entre homens adultos ocorrida em 1967. Essa é, certamente, uma leitura de *O Homem do Terno Branco* com a qual nem todos seus admiradores concordarão e contra a qual vários protestarão. Estabelecer um paralelo entre Sidney Stratton e Alan Turing também requereria de nós ignorar a diferença crucial entre os dois cientistas: enquanto Stratton é acossado *por causa* de sua descoberta, Turing foi perseguido *a despeito* dela. Longe do fracasso que é o terno branco de Stratton, as máquinas de Turing – tanto hipotéticas quanto reais – não apenas iniciaram a era do computador, mas desempenharam um papel crucial na vitória aliada sobre a Alemanha na Segunda Guerra Mundial.

Por que, então, insistir na comparação? Apenas porque, na minha visão, *O Homem do Terno Branco* tem muito a nos contar sobre as condições determinantes da curta vida de Alan Turing: a homossexualidade, a imaginação científica e a Inglaterra na primeira metade do século XX. Assim como Stratton, Turing era ingênuo, distraído e alheio às forças que o ameaçavam. Como Stratton, ele trabalhava sozinho. Como Stratton, ele estava interessado em ligar o teórico ao prático, interessando-se pela matemática em uma perspectiva que refletia o *ethos* industrial da Inglaterra na qual ele crescera. E finalmente, como Stratton, Turing foi "expulso do mundo" pelas forças que viam nele um perigo, quase da mesma forma que o herói epônimo de *Maurice*, de E. M. Forster,[3] teme que será "expulso do mundo" se sua homossexualidade for descoberta. Considerado um risco para a segurança em virtude de seu heroico trabalho durante a Segunda Guerra Mundial, Turing foi preso e julgado um ano depois da estreia de *O Homem do Terno Branco*, sob a acusação de cometer atos de enorme indecência com outro homem. Como alternativa a uma condenação à prisão, ele foi forçado a submeter-se a uma humilhante série de injeções de estrogênio com o objetivo de "curá-lo". Finalmente, em 1954, ele cometeu suicídio mordendo uma maçã embebida em cianeto – uma aparente reverência a um dos seus filmes favoritos, a versão de *Branca de Neve e os Sete Anões* feita pelos estúdios Disney, a que os escritos sobre Turing nos anos subsequentes deram grande importância.

Em uma carta escrita a seu amigo Norman Routledge no final da vida, Turing ligou sua prisão a seus atos em um extraordinário silogismo:

> Turing acredita que as máquinas pensam
> Turing deita-se com homens[4]
> Portanto as máquinas não podem pensar

Seu temor parece ter sido o de que sua homossexualidade fosse utilizada não apenas contra ele, mas contra suas ideias. Também não foi acidental sua escolha da antiga locução bíblica "ter relações com": Turing tinha perfeita consciência do grau de ameaça à religião estabelecida que tanto sua homossexualidade quanto sua crença na inteligência do computador representavam. Afinal de contas, sua insistência em questionar a pretensão da humanidade à exclusividade do pensamento lhe trouxera um bombardeio de críticas nos anos de 1940, talvez porque sua defesa de "tratamento justo" em relação às máquinas contivesse uma sutil crítica às normas sociais que negavam a uma outra população – a dos homens e mulheres homossexuais – o direito a uma existência legal e legítima. Pois Turing – de maneira notável, dada à época em que ele cresceu – parece ter entendido como fato que não havia nada de *errado* em ser homossexual; mais notavelmente, sua convicção acabou por impregnar até alguns dos seus escritos matemáticos mais obscuros. De alguma forma, sua habilidade em fazer ligações inesperadas refletia a natureza surpreendentemente original – e, ao mesmo tempo, surpreendentemente literal – de sua imaginação. Isso também adveio, em parte, de sua educação na Sherborne School, no King's College, durante o apogeu de E. M. Forster e John Maynard Keynes, e em Princeton, durante o reinado de Einstein; de sua participação no famoso curso de Wittgenstein sobre os fundamentos da matemática; de seu trabalho secreto para o governo em Bletchley Park, onde a necessidade de lutar diariamente com um fugidio código secreto alemão exercitou sua engenhosidade e o compeliu a liberar sua mente já flexível.

O resultado de sua prisão e de seu suicídio foi que durante anos sua contribuição para o desenvolvimento do computador moderno foi minimizada e, em alguns casos, apagada completamente, John von Neumann muitas vezes recebeu crédito por ideias que realmente se originaram com Turing.[5] Na verdade, foi só depois da liberação de documentos considerados secretos e relacionados a seu trabalho em Bletchley Park, e da subsequente publicação da sua magistral biografia escrita por Andrew Hodges em 1983, que esse importante pensador começou a ter seus direitos reconhecidos. Agora ele é considerado um dos mais importantes cientistas do século XX. Mesmo assim, os mais populares relatos sobre seu trabalho ou falham em mencionar claramente sua homossexualidade, ou a apresentam como uma mancha repulsiva, e no final trágica, de uma carreira de outra forma considerada estelar.

A primeira vez que ouvi falar em Alan Turing foi em meados dos anos de 1980, quando ele foi várias vezes relembrado como uma espécie de mártir da intolerância inglesa. Embora eu tenha feito um curso sobre cálculo no colégio, na universidade decidi evitar a matemática. E decidi, mais ainda, ficar de fora propositadamente da ciência da computação, mesmo que tenha crescido, como muitos americanos, cada vez mais dependente dos computadores. Então comecei a ler mais sobre Turing e, para minha surpresa, estava ficando cada vez mais fascinado tanto pelo trabalho que ele fizera quanto pela vida que levara. Em meio ao desencorajador pântano das letras gregas e alemãs, dos símbolos lógicos e das fórmulas matemáticas que interligavam as páginas de seus trabalhos, havia a prosa de um escritor especulativo e filosófico que não achava nada de mais indagar se um computador poderia gostar de morangos com creme, ou de resolver um irritante problema de lógica por meio de uma máquina imaginária que escrevia números 1 e 0 interminavelmente em uma fita de papel, ou de colocar os princípios da matemática pura a serviço do objetivo prático de quebrar um código.

Alan Turing diminuiu a distância entre o panorama deliciosamente inútil e (para a maioria das pessoas) remoto da matemática pura e o mundo fabril da indústria, no qual a habilidade de uma máquina de multiplicar gigantescos números primos, ou de vasculhar dezenas de milhares de substituições de letras na busca de um par, ou de ajudar no projeto de uma ponte, significou a diferença entre o sucesso ou o fracasso financeiro, e em alguns casos entre a vida e a morte. Contudo, seria enganoso alegar que Turing viu como sua obrigação ou seu chamamento fazer essa aproximação; ao contrário, a estrada que ele pegou da lógica matemática à construção de máquinas foi acidental, e o único mapa que ele utilizou foi aquele provido por seu cérebro distinto, em muitos aspectos peculiar e totalmente excêntrico. Ele era o extremo oposto de um homem de empresa e, tivesse sido, de alguma forma, mais "normal", talvez nunca tivesse feito os avanços que fez. Foi sua condição de excêntrico que lhe permitiu dar os saltos criativos que marcaram sua carreira e alteraram o mundo.

Em uma breve lembrança publicada no final dos anos de 1950, Lyn Irvine, romancista e esposa do matemático Max

Newman, escreveu sobre Turing: "Alan certamente tinha menos dos séculos XVIII e XIX do que a maioria dos seus contemporâneos. É preciso recuar três séculos (ou dois, talvez) para situá-lo…" Sua imagem de Turing como uma pessoa que pertencia ao passado *e* ao futuro é bastante perspicaz, pois enfatiza seu fracasso em encontrar um lugar para si próprio na época em que nasceu. "Ele nunca parecia bem posto dentro de suas roupas", ela acrescenta alguns parágrafos depois,

> "nem em sua roupa xadrez, bem puída, suja e um número menor, nem quando colocava uma camisa branca limpa ou seu melhor terno azul de *tweed*. Um manto de alquimista ou uma cota de malha cairiam bem nele, o primeiro combinando com sua maneira distraída, a segunda com aquela cabeça morena poderosa, o queixo como a proa de um navio e o nariz curto e curvo como o de um animal inquisidor. A cota de malha também combinaria com seus olhos, azuis com o brilho e a riqueza de um vitral."

O alquimista pegou princípios lógicos, arame e circuitos eletrônicos e construiu uma máquina. O cavaleiro defendeu o direito daquela máquina a um futuro.

Se ao menos ele pudesse ter salvo a si mesmo…

NOTAS DO CAPÍTULO

1. A Ealing Studios é uma produtora de filmes inglesa que alega ser o mais antigo estúdio cinematográfico do mundo e que se notabilizou no período de 1948 a 1956 por uma série de comédias satíricas e de humor negro, várias delas estreladas por Alec Guinness. (N.T.)
2. Máquina de encriptação utilizada pela Alemanha durante a Segunda Guerra Mundial para codificar e decodificar mensagens. (N.T.)
3. Edward Morgan Forster (1879-1970), escritor inglês gay cujos romances exploram com ironia a hipocrisia reinante no início do século XX na Inglaterra. *Maurice* foi publicado logo depois de sua morte e trata da homossexualidade. (N.T.)
4. No original, "Turing believes machines think/Turing lies with men/Therefore machines cannot think". Na construção do silogismo, Turing usa um trocadilho com *lie*, que tanto pode significar "mentir" (*lie*) quanto "dormir com", "manter relações" (*lie with*). (N.T.)
5. Nesse caso, o mérito por ter estabelecido a verdade é de Martin Davis. (N.A.)

[DOIS]

Vendo as Margaridas Crescerem

1.

Ele foi um filho do Império e da classe média inglesa. Seu pai, Julius, foi membro do Serviço Civil da Índia e foi em Chatrapur, perto de Madras, que Turing foi concebido. Julius e Ethel Sara Turing retornaram depois à Inglaterra, onde seu segundo filho nasceu, no dia 23 de junho de 1912, em um pequeno hospital em Paddington. Seu nome completo era Alan Mathison Turing. De acordo com sua mãe: "Alan se interessava por números – sem nenhuma associação matemática – antes que pudesse ler e estudava os números nos postes de iluminação etc". Ele também demonstrava gosto pela invenção de palavras: quockling para o barulho feito pelas gaivotas brigando por comida, greasicle para o "gotejamento de uma vela apanhada em uma rajada de vento", *squaddy* para gorducho e quadrado. Parece, porém, que teve muito trabalho para entender o princípio do calendário e mais tarde admitiu que, quando criança, "não conseguia dizer quando (o Natal) cairia. Eu nem sequer percebia que ele acontecia a intervalos regulares".

Quando tinha seis anos, foi mandado para uma pequena escola chamada Hazelhurst. Nessa época, ele já tinha começado a demonstrar um incipiente interesse pela ciência, ainda segundo sua mãe, uma vez preparando "uma mistura em que o ingrediente principal era folha de azedinha triturada para a cura de picadas de urtiga, e cuja fórmula ele anotou com toda seriedade, considerando sua importância". Também se pôs a compilar uma "enciclopédio" *(sic)* e aos oito anos escreveu o que sua mãe considera "o registro científico mais curto que existe", *About a Microscope*, cujo texto inteiro consistia na linha: "Primeiro é preciso verificar se a luz está correta". A sra. Turing continua revelando, com muita modéstia, que ela lhe ensinou a dividir números longos, observando que "quando criança ele sempre buscava entender os princípios subjacentes e aplicá-los. Quando aprendeu na escola a determinar a raiz quadrada de um número, deduziu por si mesmo como encontrar a raiz cúbica". Um desenho que ela fez dele na primavera de 1923, mostra o jovem Alan de pé em um campo de hóquei, com o bastão na mão, inclinado para observar algumas flores – a legenda diz: "Hóquei, ou Olhando as Margaridas Crescerem" – enquanto em Hazelhurst uma canção de final de ano incluía uma parelha de versos indicativa tanto de seus talentos quanto de sua atitude em relação aos jogos:

> *Turing gosta do campo de jogo,*
> *Pois as linhas do gol possibilitam problemas geométricos.*

Em 1922, ele recebeu como presente um livro chamado *Natural Wonders Every Child Should Know*, de Edwin Tenney Brewster. Ao explicar a biologia, a evolução e a natureza, Brewster usava a metáfora (bem ao contrário de seu título) das máquinas. A ideia de que o corpo – e particularmente o cérebro – podia ser entendido como uma máquina permaneceu em Turing e influenciou o curso de seu futuro trabalho. O livro de Brewster pode também ter sido o ponto de partida para sua aversão à imprecisão, evidenciada quando ele se queixou, em uma carta ao irmão John, que o professor de matemática em Hazelhurst dera "uma *impressão bastante falsa* do que é representado por x". Como sua mãe esclarece, a determinação do professor em calcular x "até alguma coisa muito determinada e concreta para a florescente mente lógica de Alan" perturbou seu filho pelo menos em parte, porque ele temia que os outros alunos de sua classe pudessem ser confundidos.

"Hóquei, ou Olhando as Margaridas Crescerem", desenhado por Sara Turing e enviado para a srta. Dunwall, diretora da Escola Hazelhurst, na primavera de 1923. (King's College, Cambridge)

Depois de Hazelhurst ele foi levado para Sherborne, uma das primeiras escolas públicas e tema do romance *The Loom of Youth*, de Alec Waugh, publicado em 1917. Como boa parte das escolas públicas, Sherborne aspirava a ser o que E. M. Forster chamava de "mundo em miniatura", empenhando-se em infundir em seus alunos os valores britânicos sociais e políticos da construção do Império e reproduzindo grande parte de suas hipocrisias, preconceitos e padrões ambíguos. Experimentações sexuais, bem como romances entre pessoas mais velhas e mais jovens, figuravam com destaque na vida das escolas públicas, mesmo quando suas administrações denunciavam como indecente esse tipo de comportamento. Na verdade, em 1908, C. K. Scott-Moncrieff, que mais tarde se tornaria o primeiro tradutor de *Em Busca do Tempo Perdido*, de Proust, foi expulso da sua escola pública, Winchester, depois que publicou uma história chamada "Evensong and Morwe Song", na *New Field*, a revista literária da escola. A história tratava explicitamente do envolvimento sexual ilícito entre estudantes do sexo masculino e também da violenta reação do diretor da escola quando o *affair* é descoberto.

O primeiro período de Turing em Sherborne deu-se justamente quando a greve geral de 1926[1] estava começando; ele passara o verão na França e, como não havia trens operando, teve de vencer de bicicleta os 100 quilômetros de Southampton até Sherborne, tarefa que empreendeu com alegria e nenhuma ansiedade. De acordo com um relato do professor responsável pelo dormitório masculino, o Sr. O'Hanlon, sua matemática, que tinha começado bem, ao final do período de verão de 1927 "não estava muito boa. Ele gasta muito tempo investigando matemática avançada e negligencia a matemática básica". Então ele levou tempo para resolver, inteiramente por sua conta, a série de Gregory para $\tan^{-1} x$, sem perceber que Gregory o tinha antecipado em dois séculos. Como a sra. Turing relembra, essa descoberta "foi motivo de satisfação para Alan. (...) Ao perguntarem se a série estava correta, o coronel Randolph, seu professor de matemática, primeiro pensou que Alan tinha obtido a resposta de um livro da biblioteca". O coronel mais tarde disse a sua mãe que, a despeito da originalidade, o professor da turma de Turing "se queixou de que o trabalho estava tão mal apresentado que teve de ser rejeitado".

O Sr. Nowell Smith, diretor de Sherborne, o chamou de "o Alquimista", em parte por causa de um relatório do final do período de Michaelmas[2] de 1927, no qual O'Hanlon escreveu: "Sem dúvida ele é muito irritante e deve saber a essa altura que não me importa encontrá-lo cozinhando sabe Deus que tipo de infusão mágica, com o auxílio de duas velas acesas em um peitoril de janela sem proteção". De acordo com a Sra. Turing, "a única queixa de Alan foi que o Sr. O'Hanlon deixara de ver na altura máxima as belas cores produzidas pela ignição do vapor liberado pela cera superaquecida da vela". Tivesse o vento apagado a vela, o resultado teria sido, para tomar emprestado o termo do próprio Turing, um "greasicle". Naturalmente que ninguém poderia ter previsto a agourenta relevância que o termo "poção mágica" teria tanto para a vida de Turing quanto para a sua morte.

Foi em Sherborne que ele primeiro começou a demonstrar a teimosa disposição para tomar tudo literalmente, e que mais tarde o colocaria em tantas dificuldades, mesmo que também levasse a alguns de seus avanços intelectuais mais surpreendentes. Por exemplo, quando perguntado durante um exame: "Qual é o locus [lugar geométrico] disso e daquilo" (o resumo é de sua mãe), em vez de dar a prova esperada, ele simplesmente escreveu: "O locus é isso e aquilo". Mais tarde, quando a sra. Turing perguntou por que ele não tinha se dado ao trabalho de fornecer a prova, ele respondeu que tudo o que lhe tinham perguntado era: "Qual é o locus?" Aquela pergunta ele tinha respondido. Estava simplesmente fazendo o que lhe tinham pedido.

Episódios desse tipo pontuaram sua vida. Durante a Segunda Guerra Mundial ele se matriculou na infantaria da home guard[3] para que pudesse aprender a atirar. Indagado em um formulário: "Você compreende que ao se matricular na Home Guard você se submete à lei militar?", ele respondeu "não", pois não podia imaginar nenhum ganho respondendo "sim". Ele fez o treinamento e se tornou um atirador de primeira classe, conforme seu amigo Peter Hilton relembrou mais tarde, mas quando a guerra se aproximou, perdeu o interesse pela home guard e deixou de participar das paradas, a ponto de ser convocado pelas autoridades para explicar suas ausências. Naturalmente, o oficial que o entrevistou lembrou a ele que como soldado era seu dever participar das paradas, ao que Turing respondeu: "Mas eu não sou um soldado". E ele não era. Como tinha respondido "não" à pergunta do formulário, ele de fato não estava sujeito à lei militar e, portanto, não tinha obrigação de participar das paradas. Como Andrew Hodges observa, esse "estratagema de tomar as instruções literalmente" causou confusão quando o cartão de identidade de Turing foi descoberto sem sua assinatura; ele argumentou "que tinha sido instruído a não escrever nada nele".

Claro que do ponto de vista da lógica matemática, em cada uma dessas circunstâncias Turing estava se comportando com a máxima exatidão. A lógica matemática é distinta do discurso humano normal, no sentido de que suas afirmações são exatamente o que elas declaram, e declaram o que querem significar, de modo que uma sentença como "não se preocupe em me apanhar, eu vou andar até minha casa pela chuva e pela neve com minha perna doente" provavelmente não encontrará lugar em um livro-texto de lógica. O Dr. Spock, do seriado Jornada nas Estrelas, era notoriamente insensível às inferências, ao duplo sentido e à agressividade passiva, e havia mais do que um toque de Dr. Spock em Turing, que muitas vezes se via em apuros por sua incapacidade de "ler nas entrelinhas".

Mas, no geral, ele não se saiu mal em Sherborne. Era um atleta passável e, embora em uma ocasião tivesse de discutir com um professor que gritou: "Este quarto cheira a matemática! Saia e pegue um desinfetante!", seus professores e colegas apreciavam seus talentos e o encorajavam (os professores, contudo, reclamavam rotineiramente que seu trabalho era descuidado). Ele chegou até a fazer alguns amigos, entre eles Victor Beuttell, cujo pai, Alfred Beuttell, tinha inventado, em 1901, alguma coisa chamada "lâmpada elétrica refletora Linolite em forma de tira". Em 1927, Beuttell estava trabalhando em uma nova invenção, o "sistema de iluminação K-ray", destinado a fornecer iluminação uniforme a retratos ou pôsteres. Quando ele pediu a Turing que o ajudasse a encontrar uma fórmula para determinar qual deveria ser a curvatura certa do vidro utilizado, o garoto não apenas imediatamente determinou a curvatura, como também indicou que a espessura do vidro afetaria a iluminação – algo que ninguém ainda tinha observado. Beuttell, agradecido, fez as necessárias alterações e o sistema entrou logo em produção.

Alguns anos mais tarde, em Cambridge, Turing daria a seu amigo Fred Clayton a "impressão de que as escolas públicas podiam ser confiáveis para experiências sexuais". Seu nível de experiência em Sherborne permanece obscuro, a despeito de uma referência ambígua nas memórias da Sra. Turing, de que ele mantinha uma "agenda particular trancada", e que um outro garoto, "para aborrecê-lo, ou por alguma outra razão", roubou e abriu-a à força. O autor não revelado "danificou de maneira irreparável a agenda, na qual provavelmente havia pesquisas matemáticas. Essa atitude brutal nos privou de valiosos registros que poderiam indicar seu desenvolvimento inicial". A Sra. Turing conclui relembrando que a perda "aborreceu muito Alan", mas não leva em consideração qual "outro motivo" poderia ter havido.

O melhor amigo de Turing em Sherborne foi Christopher Morcom, como ele, um adolescente prodigiosamente dotado para as ciências, e que ele conheceu em 1928. Sua relação desabrochou na clássica trajetória da "amizade romântica" do século XIX, marcada por acessos de emoção entusiástica – Turing escreveu que "adorava o solo que (Morcom) pisava" – mas com uma dose de matemática no meio: isto é, quando os dois estavam juntos era mais provável que falassem da relatividade e do valor de p – que Turing, em seu tempo de folga, tinha calculado até a trigésima sexta casa decimal – do que sobre poesia. A despeito da aparente aridez do assunto, suas conversas eram embaladas, pelo menos para Turing, com intensidade poética. Ironicamente, poucas décadas antes um médico americano sugerira o estudo da matemática para a cura da homossexualidade.

Christopher Morcom provavelmente não era homossexual. Se a relação tivesse continuado além de Sherborne e até Cambridge, onde Morcom tinha conseguido uma vaga no Trinity College que Turing cobiçava, ela poderia ter chegado ao mesmo final de muitas de suas amizades, com o avanço físico sendo gentilmente, mas firmemente, repelido. Mas então, em 1930, antes que pudesse começar a estudar em Trinity, Christopher Morcom morreu de tuberculose. A perda arrasou Turing. "Sinto que preciso encontrar Morcom outra vez em algum lugar e que haverá alguma coisa para fazermos juntos", ele escreveu à mãe "como havia para nós fazermos aqui. (...) Nunca me ocorreu fazer outros amigos além de Morcom, ele fazia com que todos os outros parecessem comuns". A Sra. Turing talvez estivesse falando mais do que percebia quando, em um bilhete à mãe de Morcom, que deixara Alan ficar com algumas das coisas de Christopher, escreveu que seu filho "estava guardando com o carinho de uma mulher os lápis, o lindo mapa das estrelas e outras lembranças que a senhora lhe deu".

Não é de surpreender que a perda desse amigo íntimo ideal tivesse o efeito de fixar, na imaginação de Turing, o ideal do amor romântico antes que esse ideal pudesse ter tempo de azedar ou transformar-se em uma relação adulta. Em Maurice, o romance de E. M. Forster, de 1914, o amor do herói epônimo por Clive Durham, primeiro evolui para uma parceria sustentada e presumivelmente sustentável (mas, significativamente, uma que exclui o sexo, por insistência de Clive) e depois se transforma em rancor quando Clive decide se casar. Turing, em contraste, nunca teve a oportunidade de seguir em frente com sua atração por Morcom, qualquer que fosse o inevitável desfecho. Talvez, como resultado, ele passou a maior parte do resto de sua curta vida tentando reproduzir esse grande e não atingido amor.

No outono de 1931, Turing matriculou-se no King's College, em Cambridge, onde lhe foi dado um aposento em Bodley's Court. À primeira vista, o King's College parecia o lugar ideal para um jovem matemático homossexual. A universidade tinha edifícios muito bonitos, era rica (graças em parte à gestão financeira de John Maynard Keynes) e era renomada por uma atitude de tolerância liberal. Tinha uma reputação muito "gay". Forster, tanto mal visto por sua homossexualidade quanto bem visto por seus romances, vivia quase ao lado dos aposentos de Turing. Tivesse Turing sido menos tímido, teria feito amizade com Forster e talvez tivesse sido convidado para uma das reuniões à noite nas quais o autor, agora já mais velho, lia alto o manuscrito de Maurice, que ele tinha decidido publicar só depois de sua morte.[4] Mas o próprio Maurice, no romance de Forster, se sente excluído dos florescentes círculos estéticos e filosóficos de Cambridge, e Turing, em muitos aspectos, tinha mais semelhanças com Maurice do que com o seu criador. Embora lhe faltasse o caráter comum de Maurice, sem mencionar seu instinto para a vida prática, ele era, como Maurice, burguês e sem polimento.[5] Também como Maurice, ele não sentia nenhuma vergonha ou dúvida a respeito de sua homossexualidade e estava ligado a outro estudante, por quem nutria "desejos ardentes", por meio das pistas de palavras cruzadas em uma revista do King's College. No romance, é Clive, o primeiro amor de Maurice e um esteta autoproclamado, que acaba deixando de lado sua homossexualidade e casando. Maurice, o mais externamente convencional do par, permanece firme em sua identidade, como Turing faria.

O clima para os homens e as mulheres homossexuais na Inglaterra dos anos de 1930 estava longe de ser tolerante. "A Inglaterra sempre foi relutante em aceitar a natureza humana", o Sr. Lasker-Jones, o hipnotizador que ele consulta a fim de se tornar hétero, diz a Maurice – uma afirmação evidenciada pela Emenda Labouchere de 1885, que considerou crime "atos de grande indecência" não especificados entre homens adultos em público ou privadamente e que continuaria sendo lei até 1967. Nos termos da emenda, Oscar Wilde foi preso, julgado e mandado para Reading Gaol.[6] Mais recentemente, a retirada de circulação do romance lésbico O Poço da Solidão (1928) de Radclyffe Hall, fez com que Forster colhesse assinaturas em apoio ao livro, que ele odiava em particular (James Douglas, do Sunday Express, escrevera sobre O Poço da Solidão: "Prefiro dar a um jovem sadio ou a uma jovem sadia um frasco de ácido prússico do que esse romance. O veneno mata o corpo, mas o veneno moral mata a alma"). Mesmo dentro das paredes protetoras do King's, ser tão franco a respeito da homossexualidade de alguém como Turing era algo ou insano ou revolucionário. Ou talvez fosse simplesmente lógico – mais uma evidência de sua obsessão pelo literal, de seu alheamento das ações imprevistas "do mundo". Turing nem glorificava nem tratava como patologia sua própria homossexualidade. Ele simplesmente a aceitava e supunha (erroneamente) que os outros também a aceitariam.

A despeito de sua franqueza, ou talvez por causa dela, sua experiência no King's ficou longe daquelas descritas por seus formandos mais exponenciais nas várias memórias e nos romances que posteriormente eles escreveram. A universidade era famosa por suas ligações com Bloomsbury,[7] com o mundo das artes e do teatro. Embora Turing tenha ido ver uma encenação da peça De Volta a Matusalém, de George Bernard Shaw, ele não era o tipo de aluno que seria convidado a chás dos quais Shaw fosse o convidado de honra. Ele era tímido demais para emprestar prestígio intelectual, muito desajeitado e mal vestido para se qualificar como atraente. A timidez provavelmente evitou que ele se aproximasse dos deslumbrantes e sofisticados com quem ele fazia as refeições, alguns dos quais pertenciam à famosa sociedade da universidade conhecida como os Apóstolos[8] (entre seus membros estavam Forster, Bertrand Russell, John Maynard Keynes, Lytton Strachey, Ludwig Wittgenstein e Leonard Woolf), Turing não foi convidado a participar. Nem foi convidado a participar do clube de leitura Ten Club, ou da Massinger Society, cujos membros falavam de filosofia até tarde da noite. O romance de Forster A Mais Longa Jornada (1907) começa com uma reunião semelhante: Ansell, Rickie e seus amigos sentam-se diante de uma fogueira, discutindo se uma hipotética vaca permanece no pasto se seu observador se retira (uma variação do antigo jogo "se uma árvore cai em uma floresta").[9] O diálogo deles é ao mesmo tempo coquete, idealista e turbulento. Então Rickie diz: "Acho que quero falar", e conta a história de sua juventude. Turing, mesmo que tivesse sido convidado a uma dessas reuniões, provavelmente teria ficado muito tímido para querer usar o tempo dos outros.

O problema não era que a admissão em tais círculos estivesse fechada aos matemáticos: o teórico dos números G. H. Hardy (também homossexual) e "Bertie" Russell transitavam no mesmo meio que Forster e Keynes. Os dois, contudo, tinham uma sofisticação e um savoir faire que Turing não tinha esperança de igualar. Em vez disso, ele ficava de lado, observava e lia. Entre outras coisas, lia Erewhon, de Samuel Butler (1871), com sua advertência contra as máquinas que estavam tomando conta do mundo. Por natureza não conformista, ele zombava da tradicional divisão de Cambridge entre estetas e atletas, e se interessou pelo remo (ele fez parte das equipes de classificação do "oito" da universidade em 1931, 1933 e 1934). Ele também se interessou por violino (era moda). Lia o jornal The New Statesman e acabou influenciado por Arthur Pigou, economista do King's que, ao lado de Keynes, advogava uma distribuição mais igualitária da riqueza. Turing se juntou ao Anti-War Council, cujo objetivo era organizar os trabalhadores da indústria química e de munição a fazer greve se a guerra fosse declarada, e fez uma palestra sobre "Matemática e Lógica" em frente ao Moral Science Club. Na verdade, ele não seguia a trilha dos Lytton Stracheys[10] da época, preferindo construir amizades (uma delas sexual) com os jovens que, como ele, eram interessados nas ciências, mesmo que, diferentemente dele, eles soubessem dar nó na gravata.[11] Contudo, ele era um cidadão do King's, tanto quanto Risley, o mestre ao estilo de Wilde (modelado em Strachey) que tanto deslumbra e intimida Maurice. "Em Trinity ele deve ter sido uma figura ainda mais solitária", escreve Hodges. Nem Trinity recebia bem questionamentos como o King's recebia. Se Turing foi tão longe em matemática, foi porque, nas palavras de Hodges, ele estava desejoso de "pôr em dúvida os axiomas", e essa disposição era parte essencial do legado do King's.

Na medida em que o King's pregava uma filosofia, era uma crença de autonomia moral que teve suas origens nos escritos filosóficos de G. E. Moore (1873-1958) e, em particular, sua

Principia Ethica (1903). A refutação de Moore do idealismo absoluto e sua defesa da "bondade" como uma qualidade simples e que se define por si mesma, e que deveria servir de base para a conduta diária, produziu uma base ética para a filosofia do florescente movimento Bloomsbury, colocando o grupo do King's em um significativo distanciamento da corrente intelectual inglesa predominante. Como John Maynard Keynes mais tarde relembraria, enquanto ele e seus companheiros aceitavam a "religião de Moore, por assim dizer", rejeitavam sua "moral". Eles foram então capazes de transformar a utopia de alguma forma antiquada de Moore em um credo de liberação sexual e estética, de acordo com o qual "nada importava, a não ser os estados do espírito, os nossos e os dos outros, claro, mas principalmente os nossos". Os estados da mente não estavam associados com ação, com realização ou com consequências. Eles consistiam em estados permanentes e apaixonados de contemplação e de comunhão, quase sempre desligados do "antes" ou do "depois". Keynes é notavelmente cuidadoso ao suprimir a especificação de gênero quando acrescenta: "Os temas apropriados da apaixonada contemplação e da comunhão eram uma pessoa amada, a beleza, a verdade, e os objetos primordiais da vida de qualquer um eram o amor, a criação, a fruição de uma experiência estética e a busca do conhecimento. Destes, o amor vinha bem na frente".

Nem essa filosofia excluía a matemática. A influência de Russell é óbvia na seguinte afirmação de Keynes:

> Chamei de religião esta fé, e alguma forma de relação de neoplatonismo ela certamente era. Mas deveríamos ter ficado muito irritados naquela época com essa sugestão. Considerávamos tudo isso como inteiramente racional e científico em sua natureza. Como qualquer outro ramo

da ciência, não era nada mais do que a aplicação da análise lógica e racional do material apresentado como *sense-data*.[12] Nosso entendimento do bem era exatamente o mesmo que nosso entendimento do verde, e pretendíamos lidar com ela com a mesma técnica lógica e analítica que era apropriada para o último.[13] (...) O livro *Princípios da Matemática*, de Russell, foi publicado no mesmo ano que o *Principia Ethica*; e o primeiro, em espírito, fornecia um método para lidar com o material fornecido pelo segundo.

Keynes dá então um exemplo que é extraordinário tanto por sua apropriação da linguagem da lógica matemática quanto por sua omissão (mais uma vez) do gênero:

Se A amava B e achava que era correspondido por B, embora de fato B não correspondesse, e sim amasse C, a situação gerada certamente não era tão boa quanto seria se A estivesse correto, mas seria ela melhor ou pior do que seria se A tivesse descoberto seu engano? Se A amasse B em virtude de um mal-entendido das qualidades de B, isso seria melhor ou pior do que se A não o amasse de forma alguma? Se A amasse B porque os seus óculos não eram suficientes para ver a aparência de B, isso no todo, ou parcialmente, destrói o valor do estado de espírito de A?

Claramente esse mundo, com o A que usa óculos e o B com boa (ou má) aparência, era um mundo no qual um matemático homossexual deveria ter prosperado. Cambridge de forma geral, e o King's em particular, forneciam um ambiente ideal para experimentações intelectuais e eróticas, encorajando a diferença, enquanto protegia o incipiente dissidente do tipo de reação violenta que suas ideias e seu comportamento teriam provocado em um fórum mais público. Nada disso, em outras palavras, era real – e como um campo de provas, permitiu a esses jovens treinar com o que eles finalmente acabariam desafiando a complacência britânica. "Nós repudiávamos inteiramente a responsabilidade pessoal que incidia sobre nós de obediência às regras", Keynes escreve. "... Essa era uma parte muito importante de nossa fé, violenta e agressivamente sustentada, e para o mundo exterior era a nossa mais óbvia e mais perigosa característica." Essa filosofia se harmonizava bem com a famosa ética das relações pessoais de Forster, que ele expressou da maneira mais controvertida quando afirmou que, ocorrendo a oportunidade de trair seu amigo ou seu país, esperava ter a coragem de trair o país. A sua "era a Cambridge sem medo e sem influência, que buscava a realidade e se preocupava com a verdade", como ele escreveu em uma introdução para A Mais Longa Jornada. Contudo foi Cambridge que também aceitou sem questionar a sua própria remoção elitista do mundo comum, e se Turing, como Hodges mostra, estava longe de ser o cidadão ideal desta Cambridge, era em parte porque o "antiquado amadorismo espartano" de Sherborne, da mesma forma que seu "anti-intelectualismo", tinham contribuído para fazer dele um homem que "não se achava colocado em uma categoria superior pela virtude de seu cérebro". Suspeita-se que Turing teria apreciado a atmosfera mais equilibrada da universidade que o romancista Forrest Reid descreveu em Private Road, memórias publicadas em 1940, nas quais ele escreveu claramente: "Cambridge, não posso negar, me desapontou".

De fato, é na sua pesquisa matemática, mais do que no registro de sua vida, que se vê mais vividamente os frutos do período de Turing no King's. Seu trabalho inicial foi em matemática pura, incluindo a teoria dos grupos (uma publicação de 1935 tem o desencorajador título de "Equivalence of Left And Right Almost Periodicity"). Desde o início, como em Sherborne, ele estava provando o que já tinha sido provado: "Agradei muito a um dos meus professores outro dia produzindo um teorema", ele escreveu à mãe em janeiro de 1932, "que ele achava que só tinha sido provado por um tal Sierpinski, e utilizando um método extremamente difícil. Minha prova é muito simples, de modo que a de Sierpinski foi abandonada" (o teorema provavelmente é um de 1904, referente a estruturas de pontos de coordenadas inteiras). Um curso sobre a metodologia da ciência, ministrado em 1933 pelo astrofísico Arthur Eddington (1882–1944), o conduziu na mesma direção, levando-o a dedicar-se a – e a descobrir – uma prova que explica a razão pela qual medições, quando representadas em um gráfico, tendem a formar a famosa "curva de Gauss" das estatísticas. Infelizmente, Turing logo descobriu que esse resultado – o "teorema do limite central" – já tinha sido provado em 1922. Sua falha em verificar antes de começar refletia, uma vez mais, tanto sua solidão quanto sua tendência de ser descuidado. A despeito disso, foi encorajado a incluir o resultado em sua dissertação, sob o título "On the Gaussian Error Function", cuja maior parte ele havia terminado no final de 1934, e no dia 16 de março de 1935, com base nessa dissertação, ele foi aceito como bolsista do King's College. Como tinha apenas 22 anos, um versinho burlesco foi ouvido entre os círculos de Sherborne:

Turing
Deve ter sido muito charmoso
Para conseguir ser aceito
Tão depressa

A bolsa lhe dava 300 libras por ano – não muito, mas o suficiente para mantê-lo enquanto ele conduzia sua pesquisa. Foi nessa época que ele primeiro começou a pensar em um dos problemas fundamentais da matemática: o Entscheidungsproblem, ou como ele era conhecido em inglês, o decision problem (problema de decisão).

2.

Turing acredita que as máquinas pensam
Turing deita-se com homens
Portanto as máquinas não podem pensar

Quando Alan Turing incluiu esse sarcástico silogismo em uma carta de 1952 a seu amigo Norman Routledge, estava não apenas aludindo à temida possibilidade, e que ele receava, de que seu comportamento levaria a uma supressão de suas ideias; ele estava também trazendo à discussão – particularmente por meio da locução to lie with (ver o capítulo 1) – o famoso "paradoxo do mentiroso". Esse paradoxo pode ser rastreado até o século IV a.C., quando o filósofo Epimênides, de Creta, declarou; "Todos os cretenses são mentirosos, como um poeta cretense me contou". Mais tarde, Eubulides refinou (o que em matemática muitas vezes significa generalizou) esse paradoxo à declaração "estou mentindo", e ainda mais tarde, no século XIV da Era Cristã, o filósofo francês Jean Buridan refinou ainda mais, escrevendo "todas as afirmações desta página são falsas" em uma página em branco.

Em essência, o "paradoxo do mentiroso" funciona assim: pegue a afirmação "todas as afirmações desta página são falsas". Se essa afirmação é verdadeira, então a afirmação escrita na página – "Todas as afirmações desta página são falsas" – é falsa. Mas se é falsa, então a afirmação escrita na página deve ser verdadeira – e ela está na página em que todas as afirmações são falsas... e assim sucessivamente.[14] Estudantes de graduação drogados ficaram olhando para o teto, durante anos, avaliando as implicações do paradoxo, de que eu ouvi falar pela primeira vez no final dos anos de 1960, em um episódio de Jornada nas Estrelas chamado "Eu, Mudd". No final do episódio, o epônimo vilão, Harry Mudd, aleija um superandroide chamado Norman obrigando-o a processar a versão do paradoxo do mentiroso. Quando Norman cospe a interminável sucessão de contradições ("tudo o que eu digo é mentira, portanto estou mentindo, portanto tudo o que eu digo é verdade"), sua fala fica mais rápida e a voz fica mais alta, à maneira de uma fita sendo tocada em velocidade acelerada. Ele acaba mais ou menos explodindo e depois se desliga – e aí reside o principal. Afirmações absurdas, contraditórias, são incapacitantes. Se você pensar demais no paradoxo do mentiroso, como Norman, ele vai fazer sua cabeça explodir.

Naturalmente, algum leitor astuto que acredita no "mundo real" (alguém, de fato, como Wittgenstein) levantará uma objeção ou duas, realçando que quando eu desenvolvo o paradoxo do mentiroso em sua forma estanque – quando digo "estou mentindo" – eu não estou falando uma verdade no sentido de que digo a verdade quando afirmo "estou escrevendo um livro sobre Alan Turing", nem mentindo quando no sentido de que minto quando digo a meu editor que estou mais adiantado na história do que realmente estou. Em vez disso, estou fazendo uma esquiva intelectual em uma arena em que afirmações são símbolos e onde significados importam menos do que as relações entre eles. Essa é a arena em que a batalha para estabelecer uma fundamentação sólida para o pensamento matemático tem sido geralmente travada – uma batalha em cujo fragor muitos luminares tombaram.

Contudo, mais matemáticos têm se recusado a se aventurar aí por perto. Quando perguntei a um matemático português, de minhas relações, se ele tinha algum insight a me oferecer sobre o assunto, ele retrucou: "Os fundamentos da matemática estão cheios de buracos, e nunca me senti confortável lidando com essas coisas".

Cheios de buracos. Gerações precedentes de matemáticos supuseram que a estabilidade do panorama no qual as estruturas matemáticas foram construídas era garantida por Deus ou pela natureza. Eles avançaram a passos largos, como pioneiros e exploradores; sua tarefa era mapear os fundamentos e, assim, garantir o território que as futuras gerações colonizariam. Mas então os buracos – dos quais o paradoxo do mentiroso é apenas um – começaram a aparecer, e os matemáticos começaram a cair neles. Não importa! Cada buraco podia ser fechado. Mas logo depois um outro se abriria, e um outro, e um outro...

Bertrand Russell (1872–1970) falou por um número de matemáticos idealistas quando escreveu, em 1907:

> A descoberta de que toda a matemática deriva inevitavelmente de uma pequena coleção de leis fundamentais realça a beleza intelectual do todo: para aqueles que foram oprimidos pela natureza fragmentária e incompleta da maior parte das cadeias dedutivas, essa descoberta vem com toda a força de uma revelação: como um palácio emergindo de um nevoeiro outonal quando o viajante assoma a uma colina italiana, os imponentes andares do edifício matemático aparecem em sua ordem e proporção corretas, com uma nova perfeição em cada lugar.

Lembro que quando li Middlemarch: Um Estudo da Vida Provinciana, de George Eliot, na universidade, fiquei particularmente fascinado pelo caráter do Sr. Casaubon, cuja obra da vida era uma Key to All Mythologies que ele nunca conseguia terminar. Se a obra do Sr. Casaubon estava condenada a ficar incompleta, minha astuta professora observava, era pelo menos em parte porque os "projetos totais", por sua natureza, se ramificam interminavelmente; eles não conseguem almejar domar a multidão de minúsculos detalhes exigidos por palavras como "tudo", da mesma forma que não podem almejar articular toda generalização para a qual suas premissas dão origem (nesse caso, a ideia de que todas as mitologias têm um padrão único). Talvez sem perceber, minha professora estivesse fazendo uma afirmação matemática – estava asseverando a existência tanto do infinito quanto do infinitesimal – e suas objeções à obra do Sr. Casaubon valiam também para um número de tentativas de matemáticos de estabelecer uma Key to All Mathematics.

Considere, por exemplo, o projeto nunca escrito com o qual G. W. Leibniz (1646–1716) sonhou no final do século XVII: criar uma linguagem matemática especial por meio da qual ele pudesse escrever uma espécie de enciclopédia englobando todo o conhecimento humano. Essa linguagem seria desenvolvida a partir de símbolos matemáticos que pudessem ser manipulados de acordo com as regras da dedução. Leibniz chamou esse programa de calculus ratiocinator. "Se controvérsias porventura surgissem", Russell escreveu (dando eco a Leibniz), "não haveria necessidade de discussão entre dois filósofos do que entre dois contadores. Pois seria suficiente pegar suas canetas, sentar em suas escrivaninhas e dizer para cada um (com um amigo como testemunha, se preferissem), 'Vamos calcular'".

Embora condenado ao fracasso, o "grande programa" de Leibniz deu origem pelo menos à disciplina da lógica simbólica, como foi mais tarde desenvolvida por George Boole[15]

(1815–1864) e Gottlob Frege[16] (1848–1925). Boole foi diretor de escola antes de se tornar professor de matemática no Queen's College, em Cork, e talvez por essa razão seus escritos – principalmente A Análise Matemática da Lógica, publicado em 1847 – têm muito pouco da ostentação de Leibniz; ao contrário, uma grande modéstia e um distanciamento da ambição mundana (que também é vista em Turing) são evidentes em seu trabalho. Na essência, o objetivo de Boole era estabelecer um sistema capaz de transformar proposições lógicas em equações. Assim, mesmo quando ele utilizava exemplos do mundo real (coisas brancas, coisas com chifre, ovelhas, ovelhas brancas com chifre), sua ênfase era na verdade na dissociação dos símbolos que usava das situações que descrevia; em suas mãos, episódios que requeriam raciocínio dedutivo ou tomada de decisões eram reduzidos a procedimentos básicos nos quais os termos operativos eram "e" e "não", enquanto as ovelhas brancas e as ovelhas com chifre eram w e h.[17] Nesse sistema, Boole escreveu, "todo processo representará dedução, toda consequência matemática expressará uma inferência lógica. A generalidade do método vai até nos permitir expressar operações arbitrárias do intelecto e, dessa forma, nos levar à demonstração de teoremas gerais e da matemática comum".

Frege[18] levou as ideias de Boole um passo adiante, não apenas as complicando, mas usando-as para estabelecer os fundamentos do "logicismo", cuja principal tese era que "a aritmética era um ramo da lógica e não precisava tomar emprestado nenhum terreno de prova qualquer que fosse: experiência ou intuição". Em sua obra Begriffsschrift, publicada em 1879, procurou estabelecer "uma linguagem formal, modelada na da aritmética, por puro raciocínio". Com tal linguagem, histórias sobre os ingredientes do mundo – chaleiras, carros, cães, rainhas más, maçãs, sem mencionar as ovelhas brancas e com chifre de Boole – podiam ser destiladas em fileiras de símbolos cujo sentido era totalmente irrelevante. Frege também forneceu uma definição estrita de prova matemática que nunca foi desafiada, e em sua obra Die Grundlagen der Arithmetik (The Foundations of Arithmetic), de 1884, abordou a questão do que são exatamente os números cardinais,[19] definindo cada número n como uma classe ou conjunto de todas as coleções com n elementos: "7", por exemplo, seria definido como o conjunto de todas as coleções com sete elementos, qualquer coisa desde os Sete Anões até as Sete Colinas de Roma ou as sete letras da palavra "palavra". Em tal sistema, como Russell explicou mais tarde, "um número particular não é idêntico a nenhuma coleção de termos contendo esse número: o número 3 não é idêntico ao trio consistindo de Brown, Jones e Robinson. O número 3 é alguma coisa que todos os trios têm em comum, e que os distingue de todas as outras coleções". Essa definição era mais rigorosa do que as que a precederam, no sentido de que estabeleceu uma distinção entre a própria coleção (Brown, Jones e Robinson) e sua categoria (3); também contribuiu significativamente para o objetivo de Frege de construir uma teoria axiomática da aritmética.

O primeiro volume da obra magna de Frege, Die Grundgesetze der Arithmetik (The Basic Laws of Arithmetic) foi publicado em 1893. Contrastando com Grundlagen, que não incluía nenhum simbolismo e apenas esboços de provas (em oposição a provas que satisfizessem os próprios padrões rigorosos de Frege), Grundgesetze aspirava realizar o objetivo de usar a lógica para estabelecer o fundamento da prática da matemática. Mas então, no dia 16 de junho de 1902, no momento em que o segundo volume estava para ser publicado, Russell enviou a Frege uma carta (em alemão), na qual, depois de ter elogiado Grundgesetze, ele observava: "Há apenas um ponto em que encontrei uma dificuldade". E depois ele atacou insidiosamente o programa inteiro de Frege.

O problema, em essência, tinha a ver com a idea dos conjuntos de conjuntos. Frege já tinha definido o número 7 como o conjunto de todos os conjuntos com sete elementos: os Sete Pecados Capitais, as Sete Colinas de Roma, os Sete Anões etc. Esse conjunto podia ser imaginado como uma caixa com a etiqueta "Conjuntos com Sete Elementos". Uma caixa similar poderia ser etiquetada "Conjuntos com um Número Par de Elementos", e outra, simplesmente, "Pares". Alguns conjuntos podiam ser elementos de si mesmos; outros não. Considere, por exemplo, o conjunto de todos os cachorros, do qual meu fox terrier, Tolo, é um elemento. Esse conjunto é um elemento de si mesmo? Não: como Russell observa, a humanidade não é um homem, da mesma forma que "todos os cachorros" não representa um cachorro em particular. Outros conjuntos, contudo – por exemplo, o conjunto constituído de "coisas que não são cachorro" –, são elementos de si mesmos, pois o que quer que seja "uma coisa que não é cachorro", muito claramente não é Tolo ou outro cachorro em particular. Da mesma forma, "o conjunto de todos os conjuntos com infinitos elementos" é elemento de si mesmo, pois ele tem infinitos elementos.

É aí que entrava a "dificuldade". Imagine um conjunto etiquetado "Conjuntos que não são Elementos de Si Mesmos". Esse conjunto é elemento de si mesmo? Se é, então por definição é um dos conjuntos que não são elementos de si mesmos, em cujo caso ele não é um elemento de si mesmo. Se ele não é, então não é um dos conjuntos que não são elementos de si mesmos, em cujo caso ele é um elemento de si mesmo. Russell gostava de nomear isso como primo do paradoxo do mentiroso, que passaria a ser conhecido como paradoxo de Russell, ou antinomia de Russell, considerando um barbeiro masculino que diariamente faz a barba de cada homem da cidade que não se barbeia a si próprio, e ninguém mais. Se o barbeiro não faz a sua barba, ele é um dos homens que não se barbeia e, portanto, deve se barbear. Por outro lado, se ele se barbeia, ele é um dos homens que se barbeiam e, portanto, não deve se barbear.

A carta de Russell arrasou Frege, que teve de correr para inserir um apêndice no segundo volume de Grundgesetze, reconhecendo a contradição (ou, como Russell a chamou, de modo mais agourento, "Contradição"). Claramente transtornado, ele respondeu no dia 22 de junho:

> Sua descoberta da contradição me causou a maior surpresa, e quase direi, consternação, pois ela sacudiu a base sobre a qual eu pretendia construir a aritmética.(...) E é muito mais séria porque, com a perda de minha Regra V, não apenas o fundamento de minha aritmética, mas também o único possível fundamento da aritmética, parece ter desaparecido.

Subsequentemente, Frege e Russell trabalharam juntos na tentativa de resolver o paradoxo, ou, à falta disso, de encontrar um meio de evitar que ele infectasse o sistema de fundamento que estavam tentando construir. Frege, contudo, logo desistiu de sua ambição, voltando a focar sua atenção na filosofia da linguagem, enquanto após muito esforço Russell finalmente encontrou um meio bastante tortuoso de contornar o paradoxo que ele próprio tinha trazido ao mundo. Infelizmente, as complexidades dessa arrumação que Russell teve de fazer significaram que sua magnum opus – os três volumes dos Principia Mathematica, escritos em parceria com Alfred North Whitehead, descrevendo um sistema matemático formal baseado em um conjunto de axiomas (proposições gerais cuja veracidade é autoevidente) e regras de inferência por meio das quais qualquer parte de um raciocínio matemático correto pudesse ser exprimida[20] – era tão difícil de manejar quanto de usar.

Contudo, o Principia Mathematica funcionou – e tão bem que, em 1928, quando o matemático alemão David Hilbert (1862–1943) fez o famoso discurso pedindo provas da completude, consistência e decidibilidade da matemática, a PM, como era então normalmente chamada, forneceu o campo de teste no qual Kurt Gödel e, mais tarde, Alan Turing puseram as mãos. Gödel atacou a completude e a consistência, e Turing, a decidibilidade. Os resultados transformaram a matemática irrevogavelmente – e a levaram para caminhos que Frege não tinha sonhado.

3.

A ambição de Hilbert foi a de estabelecer e definir os fundamentos dos sistemas da matemática formal. A PM, apesar de toda a sua trabalheira, é o exemplo clássico de um sistema desse tipo, no sentido de que foi arquitetada de modo que de seus axiomas e regras de inferência toda sentença matemática verdadeira pudesse ser derivada. Contudo, o programa de Hilbert diferia do de Russell e do de Frege em dois pontos filosóficos principais. Primeiro, Hilbert repudiou o que Hardy chamou de "extrema doutrina Russelliana segundo a qual toda matemática é lógica e que a matemática não tem um fundamento próprio", aliando-se, em vez disso, a Kant, que argumentava "que a matemática tem à sua disposição um conteúdo assegurado independentemente da lógica, e que portanto não pode ser fornecido com um fundamento por meio da lógica apenas". Segundo, enquanto Russell via a lógica e a matemática, nas palavras de Hardy, como "ciências independentes que de alguma forma nos dão informação referente à forma e à estrutura da realidade", e argumentava que "os teoremas matemáticos têm significados que podemos entender diretamente, e isso é o que é importante quanto a eles", Hilbert via a matemática como um sistema formal, no qual os sinais elementares foram expurgados de todo significado. Postulados e teoremas seriam assim percebidos como fileiras de marcas que poderiam ser colocados juntos, separados, e novamente juntados em uma nova maneira simplesmente com a aplicação de um conjunto pré-estabelecido de regras.

A invocação de Kant feita por Hilbert provocou ceticismo em Hardy, que fez comentários jocosos sobre sua fé em "sinais concretos", escrevendo: "Melhor colocar de pronto o que para mim é uma objeção fatal a esse entendimento. Se Hilbert construir a matemática de Hilbert com uma série particular de marcas em uma determinada folha de papel, e eu as copiar em outra folha, terei construído uma nova matemática? Certamente é a mesma matemática, mesmo que ele escreva com lápis, e eu com tinta, e suas marcas sejam pretas, e as minhas vermelhas..." Para Hardy, os axiomas da matemática formal poderiam ser comparados a "uma peça de xadrez, um bastão, bola e varetas, o material com o qual nós jogamos. (...) Para usar a ilustração de Weyl, estamos jogando xadrez. Os axiomas correspondem à posição das peças; o processo de prova, às regras para movê-las; as fórmulas demonstráveis, a todas as possíveis posições que podem ocorrer no jogo". Mas o jogo não tem nenhum significado no sentido de que o rei não tem nenhum reino, a rainha, nenhum amante e os peões, nenhuma terra para cultivar; é "fundamental na lógica de Hilbert que, embora as fórmulas do sistema possam ter sido sugeridas, os 'significados' que as sugeriram ficam inteiramente à parte do sistema, de modo que o 'significado' de uma fórmula deve ser esquecido imediatamente depois que ela foi escrita".

Não obstante as objeções de Hardy, a matemática formalista permitiu a Hilbert dar um importante passo à frente. Da mesma forma que é possível discutir e analisar uma determinada partida de xadrez, é também possível fazer afirmações e julgamentos gerais sobre o xadrez. Agora Hilbert mostrava que, pela mesma lógica, era possível fazer afirmações sobre um sistema formal (mesmo que sem significado). Hilbert definia tais afirmações como integrando a categoria da "metamatemática". Assim (para tomar emprestado um exemplo de Ernest Nagel e James R. Newman), $2 + 3 = 5$ é uma expressão matemática. Mas a afirmação "$2 + 3 = 5$ é uma fórmula aritmética" pertence à metamatemática, "porque caracteriza uma certa fileira de sinais matemáticos como sendo uma fórmula". Da mesma forma, a afirmação "qualquer sistema matemático formal é completo, consistente e decidível" pertence à metamatemática. Por completo, Hilbert queria dizer que dentro daquele sistema qualquer afirmação verdadeira poderia ser formalmente provada e qualquer afirmação não verdadeira poderia ser formalmente "desprovada". Por consistente, ele quis dizer que dentro daquele sistema, nenhuma afirmação inválida como $2 + 2 = 5$ ou $1 = 0$ poderia ser alcançada por meio de um válido processo de prova. Finalmente, por decidível ele quis dizer que, dentro daquele sistema, poderia ser mostrado um "método definido" por meio do qual a veracidade ou falsidade de qualquer afirmação poderia ser asseverada. Essa última questão era comumente referida pelo seu nome em alemão: o Entscheidungsproblem, ou "problema de decisão".

Tão forte era a confiança de Hilbert nessas afirmações que quando, em um discurso que proferiu em 1928 em Bolonha, ele pediu provas delas, tinha certeza de que o pedido geraria resultados positivos. Em 1900, em um famoso discurso em Paris, ele tinha declarado que a "convicção da solvabilidade de qualquer problema matemático é um poderoso incentivo ao trabalhador. Ouvimos dentro de nós o chamamento perpétuo: aí está o problema. Busque sua solução. É possível achá-la por puro raciocínio, pois na matemática não existe ignorabimus". Em 1930 ele foi mais além, admitindo em um discurso por ocasião da recepção de um título de cidadão honorário de sua Königsberg natal, que "não há essa coisa de problema insolúvel". Foi nesse discurso, depois de mais uma vez depreciar o "o tolo ignorabimus", que ele fez sua famosa exortação: "Wir müssen wissen, Wir werden wissen" ("Devemos saber, precisamos saber").

Em tempos de paz o Congresso Internacional de Matemática ocorria a intervalos regulares de quatro anos. Por causa da Primeira Guerra Mundial, contudo, não houve congresso em 1916, enquanto em 1920 e 1924, em virtude da raiva do pós-guerra contra o nacionalismo alemão, a Alemanha foi sutilmente não convidada a enviar uma delegação. Em 1928, os organizadores italianos do congresso convidaram os alemães. Dessa vez, contudo, o matemático Ludwig Bieberbach (1886–1982), trabalhando em conjunto com L. E. J. Brouwer (1881–1966), organizou um boicote contra o congresso para protestar contra a exclusão da Alemanha dos congressos anteriores, e mais genericamente, contra o Tratado de Versalhes. Hilbert não apoiou o boicote e escreveu em resposta a uma carta enviada por Bieberbach: "Estamos convencidos de que adotar o pensamento de Herr Bieberbach trará infortúnio à ciência alemã e nos exporá a uma crítica justificada de todos os lados envolvidos.(...) Parece que nas presentes circunstâncias é um imperativo de conduta correta, e a cortesia mais elementar, adotar uma atitude amigável em relação ao Congresso". Ao final, o próprio Hilbert liderou uma delegação de 67 matemáticos a Bolonha, onde sublinhou o tema do pacifismo em um discurso:

> Consideremos que nós, como matemáticos, pertencemos ao ponto mais alto do cultivo das ciências exatas. Não temos outra escolha a não ser assumir esse mais alto posto, pois todos os limites, especialmente os nacionais, são contrários à natureza da matemática. É um completo engano de nossa ciência construir diferenças de acordo com povos e raças, e as razões dadas para esse procedimento são desprezíveis.
> A matemática não conhece raças. (...) Para a matemática, o completo mundo cultural é um só país.

Hilbert sugere, aqui, um íntimo paralelo entre o pacifismo e o formalismo. Diferenças raciais e nacionais eram meramente "significados sugeridos" dos quais os sinais devem ser liberados se a paz deve ser alcançada e depois mantida. O panorama sem fronteiras que ele descreve traz à mente a evocação de Russell do edifício matemático emergindo de "um nevoeiro outonal quando o viajante assoma uma colina italiana", um reino ideal não maculado pela divisão política. Não muitos anos depois, o correspondente em Berlim do Times de Londres estaria cobrindo uma reunião de matemáticos (...) na Universidade de Berlim para examinar a posição de sua ciência dentro do Terceiro Reich. Foi afirmado que a matemática alemã permaneceria aquela do "homem de Fausto", que a lógica apenas não seria uma base suficiente para ela, e que a intuição alemã que tinha produzido conceitos de infinito era superior ao equipamento lógico que os franceses e os italianos tinham trazido para apoiar o assunto.

A matemática era uma ciência heroica que transformou o caos em ordem. O nacional-socialismo tinha a mesma tarefa e exigia as mesmas qualidades. Assim a "conexão espiritual" entre eles e a nova ordem estava estabelecida – por meio de uma mistura de lógica e intuição.

Hardy, também, falou das diferenças nacionais na matemática, observando em seu ensaio bastante cético sobre a teoria da prova de Hilbert: "Estou interessado principalmente, no momento, na escola formalista, primeiro porque talvez seja o instinto natural de um matemático (quando não conflita com desejos mais fortes) ser tão formalista quanto possível, e segundo porque estou certo de que pouquíssima atenção foi colocada no formalismo na Inglaterra.(...)" O pragmatismo inglês conduziu a uma desconfiança natural do formalismo alemão, cuja impessoalidade arrepiante o fez tão atraente à máquina de propaganda do Terceiro Reich quanto a Hilbert com seus sonhos de um mundo sem fronteiras.

Na verdade, pode-se ler no programa de Hilbert uma tentativa, por meio da matemática, de evitar o iminente pesadelo, da mesma forma que se pode ler no subsequente desvio de Kurt Gödel daquele programa, tanto o tom lamentoso do idealismo da pré-guerra quanto o advento de uma época sangrenta na qual as metáforas prevalentes seriam o caos e a noite, e não a ordem e a aurora. Como Frege e Russell antes dele, Hilbert desejava estabelecer de uma vez por todas a segurança do panorama da matemática (e, por extensão, a segurança da Europa): dar a prova de que para a veracidade ou a falsidade de qualquer assertiva matemática – mesmo assertivas há muito não provadas tal como a conjectura de Goldbach, que estabelece simplesmente que qualquer número inteiro par, positivo, maior do que

2, é a soma de dois números primos – deveria existir, em algum lugar, uma prova. E não apenas qualquer prova; ao contrário, a menos que algum pessimista à margem da matemática deixasse passar, essa prova da provabilidade deveria ser "absoluta", com o que Hilbert queria dizer que ela deveria usar um número mínimo de princípios de inferência e não deveria se apoiar na consistência de um outro conjunto de axiomas. Apenas uma prova absoluta garantiria que a descrição matemática estaria não infetada por contradições escondidas como a antinomia de Russell. Em uma palestra sobre o infinito e o revolucionário trabalho de Georg Cantor (1845–1918), Hilbert já tinha falado de contradições que "apareciam, primeiramente de forma esporádica, e depois cada vez mais de forma severa e agourenta" na matemática, resumindo:

> Admitamos que a situação atual em que nos vemos com respeito aos paradoxos é intolerável no longo prazo. Pensemos: em matemática, esse padrão de confiabilidade e verdade, as próprias noções e inferências, como todos aprendem, ensinam e utilizam, levam a absurdos. E onde a confiabilidade e a verdade poderiam ser encontradas se o pensamento matemático nos falta?

Contudo, Hilbert não admitia a derrota. Ao contrário, ele insistia que deveria haver

> (...) uma maneira completamente satisfatória de escapar dos paradoxos sem cometer traição contra a nossa ciência.(...)
> Devemos investigar cuidadosamente esses caminhos de formar noções e esses modos de inferência que são

frutíferos; devemos alimentá-los, apoiá-los e torná-los utilizáveis, onde quer que haja a menor promessa de sucesso. Ninguém poderá nos desviar do paraíso que Cantor criou para nós.[21]

Uma prova absoluta de que a matemática estava estanque eliminaria para sempre o risco de expulsão – Adões e Evas matemáticos – daquele Éden.

Visto à luz de sua iminente dizimação, para não mencionar a dizimação da Europa, o programa de Hilbert surge como altamente idealista, até Platônico. Na sua essência, afinal, está a suposição de que mesmo provas ainda não descobertas já existem "em algum lugar por aí"; a dúvida é eliminada, e o matemático reafirmou que, com suficiente tempo e trabalho árduo, ele ou ela pode laçar qualquer fera que se esconda na selva da metafísica. O programa era a expressão perfeita da determinação de Hilbert de dotar os jovens matemáticos com o desejo de descobrir, pois procurava remover do esforço matemático qualquer causa de desespero ou mesmo de incerteza. Ao contrário, prometia uma saída para qualquer labirinto. "Wir müssen wissen, Wir werden wissen": embora o próprio unicórnio pudesse não existir, em alguma parte do mundo deveria haver evidência de que o unicórnio ou estava ou não estava, e se estava, que sua existência poderia ser mostrada por algum método definido. Contudo, a linguagem de Hilbert sugeria pelo menos um traço de ansiedade. Afinal, no universo judeu-cristão, Edens são por natureza temporários. O que Deus dá, Deus também pode tomar. Por meio de sua referência ao "paraíso", Hilbert parece estar se inclinando, embora subconscientemente, ao conhecimento de que embora o paraíso possa ser infinito, nossa estadia lá é definitivamente finita. Isso porque uma serpente se esconde nas árvores – o paradoxo.

4.

Em tudo – completude, consistência e decidibilidade – Hilbert revelou estar enganado. Em um artigo de 1931, com o título "On Formally Undecidable Propositions of *Principia Mathematica* and Related Systems", o jovem matemático austríaco Kurt Gödel (1906–1978) mostrou de forma incontroversa que a matemática como a conhecemos não pode ser utilizada para se provar consistente ou completa. Ironicamente, ele fez seu primeiro pronunciamento público a respeito de suas descobertas em Königsberg em 1930 – um dia antes de David Hilbert receber o título de cidadão honorário da cidade e fazer seu famoso discurso.

O método de Gödel era engenhoso. Para começar, ele apresentou um sistema no qual fórmulas aritméticas, teoremas e sequências podiam ser expressados sob a forma de números. Primeiro, anotou os símbolos básicos – o alfabeto – da aritmética e atribuiu a cada símbolo um número ("não" era 1, "ou" era 2 etc). Da mesma forma, números foram atribuídos às marcas básicas da pontuação, adição e multiplicação (um parêntese para a esquerda era 8, o sinal de multiplicação era 12 etc). Finalmente, foram dados números a três tipos de variáveis: variáveis numéricas, que podiam ser substituídas por numerais e expressões numéricas; sentenças variáveis, que podiam ser substituídas por fórmulas; e predicados variáveis, que podiam ser substituídos por predicados. Com esse sistema, Gödel mostrou ser possível expressar qualquer sentença aritmética numericamente. Por exemplo, a sentença $1 + 1 = 2$ seria primeiramente reescrita sob a forma de:

$$s\,0 + s\,0 = s\,s\,0$$

o "s" nesse caso significando "o sucessor imediato de". Esses signos seriam então reescritos dando seus equivalentes numéricos:

$$s\,0 + s\,0 = s\,s\,0$$

$$7\ 6\ 11\ 7\ 6\ 5\ 7\ 7\ 6$$

Sucessivos números primos, cada um elevado à potência dos números listados acima, seriam agora multiplicados juntos:

$$2^7 \times 3^6 \times 5^{11} \times 7^7 \times 11^6 \times 13^5 \times 17^7 \times 19^7 \times 23^6 = ?$$

A resposta a essa multiplicação é, claramente, um número imenso a ponto de desafiar o cálculo. Contudo, eis o ponto importante: aquele número, de acordo com o teorema fundamental da aritmética,[22] pode ser decomposto apenas de uma forma, nos fatores primos listados acima; ele representa o código único de uma equação determinada. Dessa forma, se um fosse fornecido com o número misterioso, seria simplesmente uma questão de cálculo decompô-lo em unidades distintas que poderiam ser traduzidas em 1 + 1 = 2. Nem a dificuldade do cálculo realmente importa, pois a intenção de Gödel era menos fornecer um modelo que funcionasse do que uma moldura teórica para mostrar que em princípio existia um meio pelo qual traduzir sentenças aritméticas em números de Gödel, e então traduzir números de Gödel de volta em sentenças aritméticas. Na verdade, seria necessário um computador para fazer os cálculos. Embora Gödel não estivesse visando o computador – pelo menos não conscientemente –, muita coisa de seu trabalho antecipou essa invenção.

No entanto, o sistema que Gödel desenvolveu lhe permitiu fazer muito mais do que meramente codificar afirmações matemáticas como números: tornou possível a ele inventar uma forma de expressar sentenças metamatemáticas sobre um sistema formal dentro daquele sistema. Em outras palavras, ele determinou um meio de não apenas dizer de outra forma sentenças como 2 + 3 = 5 com números longos, mas também dizer de outra forma sentenças como "2 + 3 = 5 é uma fórmula aritmética" com números longos, primeiro reformulando as sentenças em "fileiras" simbólicas e depois traduzindo as fileiras em seu código numérico. Ele não estava fazendo aquilo só por diversão: o ponto era codificar uma sentença metamatemática em particular – aquela que faria as paredes ruírem.

Essa sentença crucial diz: "A fórmula G, para a qual o número de Gödel é g, afirma que há uma fórmula com o número g de Gödel que não é provado dentro da PM ou nenhum sistema relacionado". Parece familiar? Os paradoxos sempre são insinceros. Essencialmente, Gödel estava apresentando uma fórmula que afirmava a sua própria falta de prova. Se essa fórmula é verdadeira, então ela não é provável. Se é provável, então ela não é verdadeira. Contudo, em um sistema matemático completo, alguém deveria ser capaz de provar ou "desprovar" qualquer afirmação feita usando aquele sistema, enquanto em um sistema matemático consistente deveria ser impossível ou provar uma afirmação que não é verdadeira ou "desprovar" uma afirmação que é verdadeira. Gödel acabou fazendo as duas coisas. Se, em outras palavras, a PM e seus sistemas relacionados – todos os sistemas relacionados, com efeito, toda a aritmética – eram consistentes, ele não podia ser completo. E embora pudesse em princípio acrescentar um axioma ao sistema a fim de torná-lo consistente, a consistência desse novo e mais forte sistema permaneceria não-provável dentro daquele sistema. Na verdade, seria possível acrescentar axiomas – uma infinidade de axiomas – cada vez tornando o sistema mais forte; ainda assim, a consistência de cada novo sistema permaneceria impossível de ser provada dentro daquele sistema.

Na verdade, Gödel tinha provado que afirmações podiam ser verdadeiras, mas não-prováveis, mesmo em sistemas englobando o escopo inteiro da matemática elementar. Isso queria dizer que qualquer parte de asserções matemáticas podia ser verdadeira, mas não necessariamente provável. Por exemplo, a conjectura de Goldbach, ao tempo em que Gödel publicou seu teorema, permanecia não provada por quase 190 anos.[23] Matemáticos em busca de soluções para esse e para outros problemas não solucionados ficaram desprovidos de qualquer segurança de que os tesouros que eles caçavam sequer existiam. Nem as palavras "verdade" e "prova" podiam mais ser consideradas matematicamente sinônimas – um grande golpe no programa de Hilbert.

Como era de esperar, a primeira reação de Hilbert ao artigo de Gödel foi de raiva. Como sua biógrafa Constance Reid escreve:

> No trabalho altamente engenhoso de Gödel, Hilbert viu, intelectualmente, que o objetivo a que ele tinha dedicado grande esforço desde o começo do século... não poderia ser atingido. (...) A confiança sem limites no poder do pensamento humano, que o tinha levado inexoravelmente a essa última grande obra de sua carreira, agora quase tornava impossível para ele aceitar emocionalmente o resultado gerado por Gödel. Havia talvez a rejeição bem humana ao fato de que a descoberta de Gödel era uma verificação de certas indicações, cujo significado ele tinha

até então se recusado a reconhecer, de que a moldura do formalismo não era suficientemente forte para o peso que ele desejava que ela suportasse.

Rapidamente, contudo, Hilbert fez um ajuste e começou a fazer um esforço para lidar com o novo mundo que Gödel tinha introduzido, animado talvez pela admiração de Gödel pelo trabalho de Hilbert, como também pela percepção de que "a teoria da prova talvez ainda pudesse ser desenvolvida a contento sem se prender ao programa original".

Quanto a Gödel, o impacto de seu artigo seria duradouro. Embora a prova deixasse aberta a possibilidade de que algum novo método exterior pudesse ser encontrado para provar a consistência da PM, ela tornava absolutamente claro que uma prova dessas poderia ser escrita usando os axiomas e as regras da PM. Mas isso tornava as alegações da PM absolutamente nulas e sem efeito. Gödel tinha dado um fim à era do projeto de totalização, do esforço do tipo Casaubon de fornecer uma chave para toda a matemática, e, após 1931, ninguém tentaria novamente escrever um livro com o título tão abrangente de Principia Mathematica.

Sobre o livro imponente de Russell e Whitehead, Gödel escreveu em 1944: "Como se pode esperar solucionar problemas matemáticos sistematicamente pela mera análise dos conceitos ocorrentes se nossa análise não é sequer suficiente para estabelecer os axiomas?" Poder-se-ia esperar que ele parasse por aí. Surpreendentemente, contudo, ele continua:

> Não se deve perder a esperança. Leibniz, em seus escritos sobre a *Characteristica Universalis*, não falou de um projeto utópico; se acreditamos em suas palavras, ele tinha desenvolvido esse cálculo de raciocínio em larga escala,

mas estava aguardando a publicação até que a semente pudesse cair em terreno fértil.

Gödel então cita Leibniz como afirmando que dentro de um prazo de cinco anos a "humanidade teria um novo tipo de instrumento que aumentaria os poderes da razão muito mais do que qualquer instrumento óptico jamais tinha ajudado o poder da visão".

E com que grau de seriedade deveremos aceitar esse encômio à antiga fantasia de Leibniz – fantasia, além disso, cuja impossibilidade de fundamento o próprio Gödel, mais do que ninguém, tinha demonstrado ser uma lei? Talvez o pesadelo em que o sonho tinha se transformado – o panorama cheio de buracos que substituíra as imponentes colinas italianas de Russell – fosse muito pesado para suportar. Os últimos anos de Gödel foram marcados por períodos cada vez mais frequentes de doença mental, durante os quais ele desenvolveu um terror contra geladeiras e aquecedores e se tornou um perturbado fã, como Turing também era, de Branca de Neve e os Sete Anões, o filme de Disney. Sua própria morte caiu bem em uma carreira construída sobre a exploração do paradoxo: convencido de que estranhos não identificados estavam tentando envenená-lo, ele se recusou a comer e morreu de inanição. Contudo, suas provas sobreviveram e afetaram a busca da matemática pura tão profundamente quanto a teoria da relatividade de Einstein fez ao estudo da física. Antes de seu artigo, os matemáticos tinham tratado os paradoxos lógicos como buracos em um panorama cuja firmeza fundamental eles admitiam sem questionamentos. Essas anomalias, eles acreditavam, tanto podiam ser preenchidas quanto contornadas. Mas agora Gödel tinha mostrado que o panorama era, em sua própria natureza, instável. Por baixo da superfície corriam linhas de instabilidade. Graças a Gödel, o paraíso tinha sido perdido, e o novo terreno no qual os matemáticos tinham sido lançados era, na melhor hipótese, inóspito, e na pior, hostil.

Essa, no mínimo, era a perspectiva da velha guarda. Para os matemáticos mais jovens, o trabalho de Gödel abriu a possibilidade de uma abordagem à disciplina mais livre, mais intuitiva, mesmo que eliminasse para sempre os sonhos de totalização. Na verdade, ele tinha demonstrado que era impossível provar a consistência dos axiomas, mas como Simon Singh afirma,

> isso não significava necessariamente que eles eram inconsistentes. Em seus corações, muitos matemáticos ainda acreditavam que a sua matemática continuaria consistente, mas em suas mentes eles não podiam provar isso. Muitos anos mais tarde, o grande teórico dos números André Weil diria: "Deus existe, pois a matemática é consistente, e o Diabo existe, pois não podemos provar isso".

Turing teria ficado alarmado ao saber que a questão em que ele estava se metendo era tão teológica.

NOTAS

1. Greve que durou 9 dias, entre 3 e 12 de maio de 1926, e que foi convocada para tentar evitar a redução dos salários dos mineiros de carvão, anunciada pelas empresas. (N.T.)
2. Festa em homenagem ao arcanjo São Miguel e expressão que designa o primeiro período de aulas nas universidades inglesas. (N.T.)
3. Organização de defesa formada geralmente por voluntários e ativa durante a Segunda Grande Guerra, entre 1940 e 1945. (N.T.)
4. Coincidentemente, P. N. Furbank, biógrafo de Forster, seria indicado o testamenteiro literário de Turing. (N.A.)
5. Na citação completa, Clive afirma que Maurice é "burguês, sem polimento e estúpido". (N.A.)
6. Prisão construída em 1844 e cenário de execuções entre 1845 e 1913. Oscar Wilde esteve preso lá de novembro de 1895 a maio de 1897. Enquanto preso ele escreveu De Profundis e, depois de preso, The Ballad of Reading Hall. (N.T.)
7. Região central de Londres, famosa por seus jardins, hospitais e instituições acadêmicas, e por suas ligações literárias com o Bloomsbury Group. Local do British Museum e da Royal Academy of Dramatic Art, entre outras instituições. (N.T.)
8. The Cambridge Conversazione Society, sociedade secreta fundada em 1820 por 12 estudantes; daí o nome Apóstolos. (N.T.)
9. O jogo consiste em responder à pergunta: "Se uma árvore cai no meio da floresta e não há ninguém por perto, a queda provoca um ruído?", o que gerava intermináveis discussões entre intelectuais e filósofos. (N.T.)
10. Giles Lytton Strachey (1880-1932), escritor e crítico. Conhecido por ter estabelecido uma nova forma de escrever biografia, que combinava insights psicológicos e simpatia com irreverência e humor. (N.T.)
11. Seus amigos mais íntimos eram Kenneth Harrison, Fred Clayton (que mais tarde escreveu um romance proto-homossexual, The Cloven Pine, sob o pseudônimo de Frank Clare) e James Atkins. Foi com Atkins que ele teve uma relação ocasionalmente sexual e por quem nutria sentimentos ambivalentes, porque Atkins, em sua mente, não podia se comparar ao perdido Christopher. (N.A.)
12. Sense-datum no singular, conceito amplamente utilizado na filosofia da percepção, segundo a qual os primeiros objetos de percepção são

objetos mentais. O conceito foi introduzido no início do século XX por filósofos como H. H. Price, G. E. Moore e Bertrand Russell. (N.T.)
13. Keynes pode estar aludindo à observação de Hardy de que "parecia, segundo a teoria de Russell, que se você pode entender que Edward é o pai de George, você poderia ser igualmente capaz de entender que Edward é o pai do azul". (N.A.)
14. Em Infinity and the Mind, Rudy Rucker descreve uma visita a uma famosa Bocca della Verità em Roma, um ralo esculpido em mármore com a forma de um rosto com a boca aberta; segundo a lenda, qualquer um que colocasse a mão dentro da boca e falasse uma mentira não conseguiria tirar a mão. Rucker colocou a mão dentro da boca e disse: "Não vou conseguir tirar a minha mão". (N.A.)
15. Matemático e filósofo inglês, criador da "álgebra booleana", base da atual aritmética computacional. (N.T.)
16. Friedrich Ludwig Gottlob Frege, matemático e filósofo alemão, considerado o fundador da lógica matemática e da filosofia analítica. (N.T.)
17. Na "álgebra booleana", + e – dão lugar a preposições. Um grande avanço no desenvolvimento do computador ocorreu quando houve a percepção de que os interruptores, que têm apenas dois estágios, ligado e desligado, podiam corresponder a operações no núcleo da aritmética binária: 0 e 1, verdadeiro e falso. (N.A.)
18. Provavelmente é válido notar aqui que Frege, para citar o filósofo Michael Dummett, era "um racista virulento, especificamente um anti-semita... um homem de opiniões de extrema-direita, severo oponente do sistema parlamentarista, dos democratas, dos liberais, dos católicos, dos franceses e, acima de tudo, dos judeus, que ele achava que deviam ser privados de direitos políticos, e, de preferência, expulsos da Alemanha". (N.A.)
19. Números cardinais são os substantivos da matemática (1, 2, 3...), enquanto os números ordinais são os adjetivos (primeiro, segundo, terceiro...). (N.A.)
20. John Kemeny descreveu os Principia Mathematica como "uma obra-prima discutida por praticamente todo filósofo e lida por praticamente nenhum". (N.A.)
21. Sobre essa observação G. H. Hardy acrescentou com desdém: "O pior que pode acontecer é que talvez tenhamos de ser um pouco mais estritos com nossas roupas". (N.A.)

22. O teorema fundamental da aritmética afirma que qualquer número inteiro positivo pode ser representado de forma única como um produto de números primos. (N.A.)
23. A conjectura de Goldbach – ainda não provada quando escrevo – foi o tema não apenas de um romance de 1992 (Uncle Petros and Goldbach's Conjecture, de Apostolos Doxiadis), mas de uma campanha de marketing dos editores inglês e americano do romance, Faber & Faber e Bloomsbury USA, respectivamente, que ofereceram US$ 1 milhão a quem conseguisse fazer o que o romance de Uncle Petros não conseguia e construir uma prova. Não era um grande risco para os editores, e ninguém ganhou. (N.A.)

[TRÊS]

A Máquina Universal

1.

Embora Hilbert tenha sido o primeiro a buscar uma solução para o *Entscheidungsproblem*, o próprio problema de decisão data do século XIII, quando o pensador medieval Raimundus Lullus (1232-1316) imaginou um método geral de solução de problemas que ele chamou de *ars magna*. Leibniz ampliou o estudo de Lullus, tanto para buscar o estabelecimento de uma linguagem simbólica (a *characteristica universalis*), com a qual efetivar a solução do problema, quanto para criar uma distinção "entre duas versões diferentes da *ars magna*. A primeira versão, *ars inveniendi*, encontra todas as verdadeiras afirmações científicas. A outra, *ars iudicandi*, permite que se decida se uma determinada afirmação científica é verdadeira ou não". O problema de decisão, como Hilbert o expressou, cai na rubrica da *ars iudicandi* e "pode ser restringido a uma questão de sim ou não: haverá um algoritmo que decida a validade de qualquer fórmula de primeira ordem?"[1]

Antes de continuarmos, uma digressão sobre a palavra "algoritmo", que tem uma história interessante. O *American Heritage Dictionary* define um algoritmo como um processo de solução de problema passo a passo, especialmente um procedimento computacional recursivo estabelecido para a solução de um problema num número de passos finito". A palavra é derivada do nome de um matemático persa do século IX, Muhammad ibn Mûsâ al-Khowârizmi, que por volta do ano 825 escreveu um importante texto matemático, *Kitab al-jabr wa'l-muqabala* (a palavra "álgebra" é uma derivação de *al-jabr*). Como um exemplo de algoritmo, Roger Penrose cita o de Euclides, um método para encontrar o maior fator comum entre dois números. Funciona da seguinte maneira: pegue dois números quaisquer – digamos 4.782 e 1.365. Qual é o maior número inteiro que divide os dois números sem deixar resto? Para achar a solução, primeiro dividimos o maior dos dois números pelo menor:

$$4.782 \div 1.365 = 3, \text{ com um resto de } 687$$

Depois dividimos o menor dos dois números – 1.365 – pelo resto, 687:

$$1.365 \div 687 = 1, \text{ com um resto de } 678$$

Continuando no mesmo método, encontramos o seguinte:

$$687 \div 678 = 1, \text{ com um resto de } 9$$

$$678 \div 9 = 75, \text{ com um resto de } 3$$

$$9 \div 3 = 3, \text{ com um resto de } 0$$

Portanto, 3 é o maior fator comum entre os dois números.

Naturalmente, alguns algoritmos são muito mais complexos do que esse, da mesma forma que alguns são mais simples. Somar números à mão, por exemplo, requer o uso de um simples algoritmo. Assim como determinar se um número é primo. Para cada algoritmo há infinitas possibilidades, pois uma infinidade de números é acrescentada. O que é crucial é que o processo de algoritmo é *sistemático*: isto é, o processo vai chegar a uma resposta dentro de um período finito de tempo, e com um número finito de passos. De certa forma, o *Entscheidungsproblem* poderia ser descrito como uma indagação por um tipo de ur-algoritmo, por meio do qual a validade ou provabilidade de qualquer proposição pode ser determinada. Isso era uma solicitação problemática, como o próprio Hilbert reconhecia; na verdade, ele a chamou de "o principal problema da lógica matemática".

Foi em sua obra *Grundzuge der theoretischen Logik*, co-escrita com Wilhelm Ackermann, e publicada em 1928, que Hilbert apresentou sua própria versão do *Entscheidungsproblem*. Nela, um capítulo intitulado "The Decision Problem" começa: "Das considerações da seção precedente emerge a importância fundamental de determinar se uma dada fórmula de um cálculo de predicados é ou não universalmente válida".[2] Vejamos a conjectura de Goldbach: haverá um algoritmo capaz de determinar se ele deriva de um dado conjunto particular de axiomas escritos na lógica de primeira ordem? "Claro que não existe esse teorema", o sempre cético Hardy escreveu, "e isso é uma felicidade, pois, se houvesse, precisaríamos ter um conjunto mecânico de regras para a solução de todos os problemas matemáticos, e nossas atividades como matemáticos chegariam a um fim".[3] Certamente um resultado positivo teria feito muito para neutralizar o efeito desanimador (para alguns) do artigo de Gödel, desde que em princípio aquele resultado representasse a realização da noção idealística de Leibniz de um *calculus ratiocinator*. Tal resultado, além disso, não era considerado impensável. Escrevendo em 1931, o matemático Jacques Herbrand (1908-1931) notou que "embora atualmente pareça improvável que o problema de decisão possa ser solucionado, ainda não foi provado que é impossível solucioná-lo". Esse resultado poderia até permitir a matemáticos colocar os resultados de Gödel de lado como um tipo de aberração lógica ao lado das linhas do paradoxo do mentiroso. Percebe-se uma divisão que é quase política, com um grupo vendo como uma realização o que o outro temia que pudesse trazer o colapso do próprio esforço matemático.

Turing provavelmente não estava em nenhum grupo. Seu isolamento (sem mencionar sua homossexualidade) fazia-o ficar relutante em se identificar com coletividades maiores. Ele claramente evitou, durante os anos politicamente turbulentos que ele passou em Cambridge, ter uma filiação política, a despeito de sua intensa (e pragmática) oposição à guerra. Ao longo das mesmas linhas ele considerava o Entscheidungsproblem simplesmente uma questão que requeria solução. Talvez porque ele não tenha enfrentado o problema desejando um resultado positivo ou negativo, ele foi capaz de atacá-lo de uma forma inteiramente nova.

Ele teve o primeiro contato com o Entscheidungsproblem em 1934, quando frequentou o curso do Professor M. H. A. "Max" Newman sobre os fundamentos da matemática. Newman (1897-1984) foi o expoente do ramo da matemática chamado de topologia, que trata da formalização de conceitos como conectividade, convergência e continuidade; das propriedades das figuras geométricas que podem ser esticadas sem se romper. No centro da topologia encontra-se a teoria dos conjuntos, que por seu turno levou a Hilbert, que por sua vez levou às questões que Hilbert tinha proposto na conferência de 1928 em Bolonha. Embora o artigo de 1931 de Gödel tenha estabelecido que o sistema axiomático corporificado na PM fosse indecidível e inconsistente, o Entscheidungsproblem, que Newman caracterizou como uma questão de encontrar um "processo mecânico" para testar a validade de uma afirmação, permaneceu não solucionado. Em uma rememoração escrita depois da morte de Turing, Newman sintetizou a situação até o ponto em que Turing decidiu enfrentar o desafio final de Hilbert:

O programa de decisão de Hilbert dos anos de 1920 e 1930 tinha como objetivo a descoberta de um processo geral, aplicável a qualquer teorema matemático expresso em completa forma simbólica, para decidir sobre a verdade ou a falsidade do teorema. Um primeiro golpe foi desferido quanto ao prospecto de encontrar uma nova pedra filosofal pelo teorema da incompletude de Gödel (1931), que tornou claro que a verdade ou a falsidade de A não poderia ser igualada à provabilidade de A ou não-A em qualquer base lógica finita, escolhida de uma vez por todas; mas ainda permanecia em princípio a possibilidade de encontrar um processo mecânico para decidir se A, ou não-A, ou nenhum, era formalmente provável em um dado sistema. Muitos estavam convencidos de que tal processo não era possível, mas Turing se dispôs a provar sua impossibilidade rigorosamente.

No verão após sua indicação como bolsista do King's College, Turing começou a correr longas distâncias dentro e nos arredores de Cambridge. Seu amigo Robin Gandy escreveu depois: "Lembro-me de Turing me contando que a 'ideia principal para o artigo' surgiu quando ele estava estendido na grama nas campinas de Grantchester". Gandy especulou que nessa época Turing "já tinha concebido alguma forma da máquina de Turing, e que o que ele queria dizer com 'ideia principal' era a percepção de que poderia haver uma máquina universal, e que ela poderia permitir um argumento diagonal". Algum tempo depois, Turing compartilhou essa ideia com seu amigo David Champernowne. Ele não comentou com Newman, a quem apresentou um documento escrito à máquina em abril de 1936. Da mesma forma que a inspiração – a rara emoção de vislumbrar um caminho – tinha surgido na solidão, foi na solidão que ele assumiu o trabalho de construir e escrever a prova.

O que produziu foi notável. Anteriormente, Hardy tinha rejeitado os suficientemente ingênuos por presumirem que os matemáticos faziam suas descobertas girando a manivela de alguma "máquina milagrosa". Lembremo-nos, contudo, que Turing era famoso por sua mente literal. Quando Newman, em sua palestra, descreveu o "método definido" de Hilbert como um "processo mecânico", ele deu início a uma ideia na cabeça de Turing cujas futuras repercussões seriam imensas. A palavra "mecânica", em seu sentido original, tinha se referido à ocupação manual, a trabalhos desenvolvidos pelos seres humanos. Por volta de 1930, contudo, mecânico queria dizer engrenagens, rotores, tubos de vácuo. Queria dizer uma máquina. Turing tomou as duas definições ao pé da letra.

Nos anos de 1930, quando ele começou seu trabalho sobre o Entscheidungsproblem, a palavra "computador" também tinha um significado diferente do que tem atualmente: significava simplesmente uma pessoa que fazia cálculos – isto é, uma pessoa envolvida no uso ativo dos algoritmos. A computação nos anos de 1930 exigia longas horas de trabalho humano, durante as quais quem computava podia ser auxiliado por ferramentas como o ábaco, ou até uma máquina de somar, mas tinha de fazer o trabalho sozinha.[4] Nenhuma máquina computadora existia, e embora o excêntrico gênio Charles Babbage tivesse no século XIX imaginado e projetado uma, sua "máquina analítica" nunca foi construída. A máquina de Babbage prenunciou a "máquina universal" de Turing, no sentido de que ela teria sido em princípio capaz de qualquer cálculo matemático. Diferia no fato de que Babbage não conseguiu fazer o avanço crucial de reconhecer que as instruções poderiam ser escritas na mesma linguagem matemática do procedimento a que elas se aplicavam. Em vez disso, ele imaginou um aparato essencialmente industrial, para cuja base foi projetada uma máquina para tecer os ricos padrões em um tecido com desenhos elaborados e intrincados, com as instruções codificadas em cartões perfurados. Uma vez mais, no caso de Babbage, o milieu da ciência da computação tocava o da literatura, já que uma de suas campeãs era Ada, condessa de Lovelace, filha de Lord Byron. Na verdade, Ada escreveu sobre a máquina de Babbage: "Podemos dizer muito apropriadamente que a Máquina Analítica tece padrões algébricos da mesma maneira que o tear de Jacquard tece flores e folhas".[5]

De acordo com Gandy, Turing não tinha conhecimento da planejada máquina de Babbage quando assumiu seu trabalho sobre o Entscheidungsproblem. Contudo, ele dividiu com Babbage uma abordagem que refletia o modo de ser essencialmente industrial da Inglaterra em que tinha crescido. Tecnologia, para Turing, significava fábricas fervilhando com trabalho humano – um milieu não diferente daquele em que Sidney Stratton faz sua descoberta em O Homem do Terno Branco. A máquina que ele imaginava tinha muito mais semelhança com uma máquina de tecer ou tricotar do que com um iPod, embora com o advento da eletrônica isso também mudasse.

Turing apresentou seus resultados em um artigo modestamente intitulado "On Computable Numbers, with an Application to the Entscheidungsproblem". Ele terminou o primeiro rascunho em abril de 1936, e o artigo foi publicado no início de 1937, em Proceedings of the London Mathematical Society. É dividido em três partes: a primeira define a ideia do "computable number" e da "máquina de computação"; a segunda apresenta o conceito de uma "máquina universal"; a terceira emprega esses conceitos para provar que o Entscheidungsproblem é insolúvel.

Como muitos dos trabalhos de Turing, "Computable Numbers" é marcado por uma curiosa mistura de frases cheias de modéstia, especulação meio filosófica e matemática altamente técnica. O resultado, para o leitor comum, é desconcertante, pois invariavelmente essas passagens, cuja importância é fácil de apreender, passam suave e imediatamente em densos pântanos de símbolos não familiares, letras alemãs e gregas, e números binários. E ainda o que é talvez mais surpreendente do que o estilo do artigo é a sua completa falta de ostentação intelectual. Na verdade, termina-se a leitura com um sentimento claro de que Turing não tinha nenhuma ideia da importância do que ele tinha acabado de fazer.

Como muitas vezes é o caso na matemática, a questão central que o artigo enfoca parece, na superfície pelo menos, ser extremamente simples. "Quais", Turing pergunta, "são os possíveis processos que podem ser utilizados na computação de um número?" Ele já tinha definido números computáveis

> como os números reais cujas expressões decimais são calculáveis por meios finitos. Embora o tema desse artigo seja ostensivamente os *números* computáveis, é quase tão fácil definir e investigar as funções computáveis de uma variável inteira ou uma variável real ou computável, predicados computáveis e assim por diante. Os problemas fundamentais envolvidos são, contudo, os mesmos em cada caso, e escolhi os números computáveis para tratamento explícito por envolver a técnica menos trabalhosa.

Como Hodges observa, "é característico de Turing que ele arejasse a questão de Hilbert colocando-a em termos não de prova, mas de números computáveis. A reformulação apostava claramente na alegação de ter encontrado uma ideia central da matemática". Ao mesmo tempo, Turing quer ter certeza de que nos lembremos (para citar Roger Penrose) que "a questão da computabilidade é de importância geral na matemática. (...) Podemos ter as máquinas de Turing que operam diretamente sobre mathematical formulae, como expressões algébricas ou trigonométricas, por exemplo, ou que realizam as manipulações formais do cálculo". Tais máquinas são versões tecnicamente mais complexas da máquina orientada para números que Turing apresenta poucas sentenças depois: "De acordo com minha definição, um número é computável se seu decimal pode ser registrado por uma máquina".

A importância dessa afirmação não deve ser subestimada. Falar de uma hipotética "máquina" de computação, especialmente em um artigo sobre matemática nos anos de 1930, era quebrar as regras de uma ortodoxia razoavelmente rígida. Nenhuma dessas máquinas existia à época, apenas máquinas de calcular muito cruas para fazer qualquer cálculo matemático complexo, e certamente não programáveis. Ainda assim, Turing oferece a frase com absolutamente nenhuma ostentação, e depois – tão rapidamente quanto tinha lançado o importante conceito da máquina de computação – deixa-a de lado, a fim de dar um esboço do que o resto do artigo vai incluir. Ele retorna à máquina apenas no segundo parágrafo da seção seguinte, no qual compara "um homem no processo de computar um número real na máquina que só é capaz de um número finito de condições". Ele chama essas condições de configurações-m.

Turing agora descreve como a máquina realmente funciona. Correndo por ela há uma fita dividida em células, e cada uma delas pode ser marcada com um símbolo. A qualquer momento apenas uma célula pode "estar na máquina". Essa célula é a "célula registrada", enquanto o símbolo que ele traz é o "símbolo registrado". O símbolo registrado "é o único que a máquina, por assim dizer, 'percebe diretamente'. Contudo, alterando as configurações-m, a máquina pode efetivamente lembrar alguns dos símbolos que foram 'vistos' (scanned) previamente". O comportamento da máquina a cada momento é determinado por sua configuração-m e pelo símbolo registrado, que, tomados em conjunto, Turing define como a configuração da máquina. Dependendo de sua configuração a máquina vai escrever um símbolo numa célula em branco, apagar um símbolo já escrito lá, mover a fita um espaço para a esquerda ou mover a fita um espaço para a direita. O que determina como ela irá agir é uma "tabela de comportamento" especificando a sequência das configurações-m de acordo com as quais a máquina pode executar seu algoritmo particular. "Em qualquer estágio do movimento da máquina", Turing continua, "o número na célula registrada, a sequência completa de todos os símbolos na fita e a configuração-m estarão descrevendo a configuração completa naquele estágio. As mudanças da máquina e da fita entre configurações completas sucessivas serão chamadas de movimentos da máquina". A distinção entre a configuração-m da máquina, a configuração e a completa configuração deve ser observada porque vai se tornar relevante à medida que o raciocínio progride. Embora essa máquina seja agora comumente chamada de "máquina de Turing", o próprio Turing a chamava de "máquina automática", ou "máquina-a".

Antes de observarmos um exemplo de como uma máquina específica de Turing funciona, vale a pena relembrar que quando Turing escreveu esse artigo, ele não estava, de fato, pensando em uma máquina que seria ou poderia vir a ser construída. Nem compartilhava, nesse estágio, o entusiasmo de Babbage do tipo

Rube Goldberg por manivelas e engrenagens.[6] O engenheiro em Turing surgiria depois; quando ele escreveu "Computable Numbers", imaginava sua máquina como um tipo de aparato literário – a analogia, por exemplo, por meio da qual podia conceber o conceito central dos números computáveis mais clara e economicamente. A analogia é uma ferramenta importante para tornar a matemática compreensível para os não matemáticos. Turing era diferente, pois construiu a analogia dentro da sua prova. Ao fazer isso, ele se distinguiu dos matemáticos que estavam seguindo caminhos menos elegantes (ou, como poderia ter dito, "mais trabalhosos") em sua busca pela mesma ideia.

Voltemos então à computadora humana. Mantendo o modo de ser da época, vamos imaginá-la passando seus dias em uma fábrica ou loja exploradora do trabalho muito comum aos vastos estratos operários descritos nos romances de Dickens ou em O Homem do Terno Branco. Essa fábrica, contudo, não produz botões ou ganchos para botões ou mesmo parte de motores ferroviários, mas números. Nela, uma multidão de mulheres senta-se a mesas, cada uma trabalhando arduamente um diferente algoritmo. Há tantas mulheres na fábrica quanto algoritmos. Uma está calculando raízes cúbicas. Outra está transformando números compostos em números primos. Uma outra está reunindo tabelas de logaritmos. Nossa "computadora" particular, felizmente ou não, é responsável por um dos algoritmos mais simples, ou menos desafiadores: ela está somando números. Como essa é uma fábrica de Turing, as computadoras estão trabalhando não em blocos de papel bidimensionais, mas em uma fita uni--dimensional da qual, presume-se, cada uma tem um estoque infinito. Essas fitas são "divididas em células, como um livro de aritmética de criança". Isso simplesmente quer dizer que a operação que a maior parte de nós faz verticalmente, ela faz horizontalmente. No momento nossa computadora em particular está sentada diante de sua fita com um lápis, fazendo uma soma:

$$9.251.754.803$$
$$+746.380$$
$$=\rule{3cm}{0.4pt}$$

Ou, como apareceria na fita:

| 7 | 4 | 6 | 3 | 8 | 0 | + | 9 | 2 | 5 | 1 | 7 | 5 | 4 | 8 | 0 | 3 | = |

Quanto tempo a maioria de nós levaria para fazer esse algoritmo elementar? Se não utilizássemos calculadoras, mas simplesmente alinhássemos os números e fizéssemos as operações de somar, levaríamos provavelmente meio minuto. Poderíamos, contudo, cometer enganos. Mais importante, a fim de completar a tarefa manual, teríamos de dividir a operação no que os programadores de computador chamam de sub-rotinas, pela simples razão de que poucos de nós tem memória capaz de gravar todos os números ao mesmo tempo. Turing reconhece isso desde o início, notando que a justificativa para sua definição de números computáveis "reside no fato de que a memória humana é necessariamente limitada". Esse é especialmente o caso quando se trata do que Turing chama de "símbolos compostos", dos quais ele observa: "A diferença, do nosso ponto de vista, entre os símbolos simples e compostos, é que os símbolos compostos, se são muito longos, não podem ser observados com uma olhada só. Isso está de acordo com a experiência. Não podemos dizer, com uma olhada, se 999999999999999 e 999999999999999 são o mesmo".

Então Turing introduz em sua argumentação o que ele chama de "estado de espírito" da computadora enquanto ela faz seu trabalho. Argumentos desse tipo, ele admite livremente, "são compelidos a ser, fundamentalmente, apelos à intuição, e por essa razão muito insatisfatórios matematicamente. A questão real é: 'Quais são os processos possíveis que podem ser realizados na computação de um número?'".

Ele ataca essa questão primeiramente apresentando um relato completo sobre o que está na cabeça da computadora enquanto ela faz o trabalho. Em qualquer momento, ele explica, seu comportamento é determinado por dois fatores: os símbolos para os quais ela está olhando e seu "estado de espírito". Obviamente há um limite para quantos símbolos ela pode apreender num momento. Por exemplo, se você me mostrar o número 352, posso lembrar dele e repeti-lo de volta para você sem dificuldade. Por outro lado, se você me mostrar o número 352.798.634.001, provavelmente terei de dividi-lo em unidades distintas a fim de repeti-lo. Como Turing explica, se nossa computadora deseja observar mais símbolos do que sua memória permite, ela "deve usar observações sucessivas. Também vamos supor que o número de estados de espírito que precisam ser levados em conta é finito".

Com efeito, Turing está tentando dividir o processo da aritmética elementar em suas partes mais básicas, muito semelhante a quando uma criança inquiridora precisa desmontar uma máquina para ver como ela funciona. A fim de realizar sua tarefa, ele escreve, a computadora deve primeiro "dividir" o algoritmo que está calculando "em 'operações simples' que são tão elementares que não é fácil imaginá-los divididos outra vez". Uma "operação simples" em que "não mais que um símbolo é alterado. Quaisquer outras mudanças podem ser divididas em operações simples desse tipo".

Para ter uma ideia do que Turing quer dizer agora, voltemos à nossa computadora e sua fita. Diante dela está uma equação (façamos uma curta, porque as páginas de um livro tornam difícil imprimir um segmento da fita muito grande).

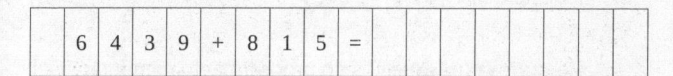

| 6 | 4 | 3 | 9 | + | 8 | 1 | 5 | = | | | | | |

O primeiro numeral que ela lê é o último dos três algarismos que formam o número 815: 5. Ela então olha para o 9, que é o último numeral do primeiro número, 6.439. Juntando os dois, ela chega a 14. Mas a fim de realizar seu cálculo – e esse é o ponto crucial de Turing – ela tem de observar uma célula de cada vez. Ela tem também de "levar" o 1 em 14, e para fazer isso, precisa inserir no seu cálculo um numeral que não será parte do resultado final mas que ocupa uma célula da fita (e sua mente) apenas até que esteja pronta para somar os numerais à esquerda dos dois com os quais acabou de lidar. Nesse diagrama vou indicar esses símbolos temporários imprimindo-os em negrito e itálico:

| 6 | 4 | 3 | 9 | + | 8 | 1 | 5 | = | | | ***1*** | 4 | |

As próximas células observadas seriam o 3 do primeiro número e o 1 do segundo. Eles somam 4, ao qual a computadora deve somar o 1 que é o resto da soma anterior de 9 e 5. O 1 é então apagado e substituído pelo próximo número permanente, que é um 5.

| | 6 | 4 | 3 | 9 | + | 8 | 1 | 5 | = | | | 5 | 4 | |

A computadora continua dessa maneira até que obtenha a resposta correta:

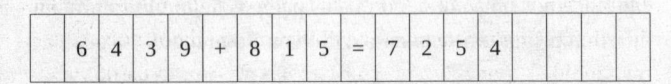

| 6 | 4 | 3 | 9 | + | 8 | 1 | 5 | = | 7 | 2 | 5 | 4 | | | |

Há outros dois aspectos do procedimento computacional que precisam ser enfocados se pretendemos estabelecer uma descrição completamente técnica. O primeiro é o problema de que Turing chama de "mudanças de distribuição das células observadas". E se nossa computadora está trabalhando num cálculo especialmente árduo – um no qual cada um dos números a ser somado tenha, digamos, 100 algarismos? Nesse caso, ela precisa observar e absorver uma sequência muita longa de células na fita. Mas como ela pode perceber, com uma só olhada, apenas um determinado tamanho da fita, que vai ter de dividir o processo computacional em subprocessos.

O segundo tema a ser levado em conta é a questão que Turing chama de "reconhecibilidade imediata". Células "marcadas com símbolos especiais", poder-se-ia pensar, seriam por definição "reconhecíveis imediatamente" pela computadora. Isso tem um sentido óbvio: quando calculando, nossas mentes distinguirão instantaneamente símbolos como $+, -, =, \pi$ e $\supseteq$ dos números que os cercam. Mas o que acontece quando encontramos uma sequência que constitui um símbolo especial, como os números que em trabalhos matemáticos são usados para etiquetar equações e teoremas? Da mesma forma que um símbolo composto como 999999999999999 pode ser usado para indicar um número grande, na "maioria dos trabalhos matemáticos as equações e teoremas são numerados. Normalmente os números não vão além (digamos) de 1.000. Mas se o trabalho for muito longo, podemos chegar ao Teorema 157767733443477; então, mais além no artigo, podemos encontrar, '... assim (aplicando o Teorema 157767733443477) temos...'". Mas, da mesma forma que uma computadora humana poderia comparar os dois números, "número por número, possivelmente ticando os números com um lápis para ter certeza de que não foram contados duas vezes", é possível projetar uma máquina capaz de fazer mais ou menos a mesma coisa.

Agora temos uma espécie de mapa rodoviário mostrando os procedimentos através dos quais a computadora realiza seu trabalho na fábrica: por meio de uma sucessão complexa e trabalhosa de passos – observações, reconhecimentos, operações –, ela é capaz de fazer a soma com a qual nós começamos: soma 746.380 e 9.251.754.803 e obtém 9.252.501.183. As "simples operações" em que seu procedimento é dividido em:

(a) Mudanças do símbolo em uma das células observadas.
(b) Mudanças de uma das células observadas para outra célula dentro de (um certo número de) células de umas das células anteriormente observadas.

E como "algumas dessas mudanças necessariamente envolvem uma mudança de estado de espírito",

a operação simples mais geral a ser feita deve ser uma das seguintes:

(A) Uma possível mudança *(a)* de símbolo junto de uma possível mudança de estado de espírito.
(B) Uma possível mudança *(b)* das células observadas, junto com uma possível mudança de estado de espírito.

"A operação realmente feita", Turing conclui, "é determinada... pelo estado de espírito da computadora e dos símbolos observados. Em particular, determinam o estado de espírito da computadora depois que a operação é realizada".

É nesse ponto que Turing oferece a coisa mais próxima de um floreio retórico triunfante em todo o seu artigo. "Agora podemos", ele escreve, "construir uma máquina capaz de fazer o trabalho desse computador". E antes que sua referência aos "estados de espírito" possa provocar obstáculos dos matemáticos desconfortáveis com métodos tão não-ortodoxos, ele primeiro oferece um argumento alternativo, que depende da ideia de uma "nota de instruções" fornecida à computadora antes de ela iniciar seu trabalho. De acordo com esse argumento, a computadora – e quem pode culpá-la, dado o caráter tedioso de seu trabalho? – faz uma porção de intervalos. Ela realiza uma etapa da soma, então se levanta e come um sanduíche. Realiza outra etapa e toma uma xícara de chá. Realiza outra etapa e vai ao banheiro. Nesse ritmo ela vai levar um tempo longo e fragmentado para terminar o trabalho, mas isso não importa. Rapidez, nessa fábrica, não é da sua essência. Além disso, ela tem a "nota de instruções" – a qual, claro, corresponde à "tabela de comportamento" com a qual Turing começou a discussão de sua hipotética máquina-a.

2.

Vejamos agora o que se encontra nas essências do artigo de Turing. De repente, as mulheres na fábrica desaparecem. Nossa computadora desaparece, a fim, esperamos, de assumir uma função repousante e gratificante. Em seu lugar senta-se uma máquina de Turing. Na verdade, no lugar de cada uma das mulheres senta-se uma máquina de Turing. Uma fábrica cheia de máquinas de Turing, cada uma desenvolvendo algum algoritmo específico. Focalizemos, por um momento, a máquina que substituiu nossa amiga particular, a mulher que soma os números. Para simplificar as coisas – e porque a máquina acabou de começar seu trabalho –, vamos dar a ela uma tarefa ainda mais simples do que a que as colegas humanas estavam fazendo. Vamos pedir à máquina de Turing que some 2 e 2.[7]

A essa altura precisamos alterar o sistema notacional que estamos utilizando. Nossa computadora humana vem usando a notação arábica, um sistema que, por empregar dez símbolos (0, 1, 2, 3, 4, 5, 6, 7, 8, 9), é conhecido como sistema decimal. Ao fazer a soma do algoritmo, por seu lado, nossa máquina vai empregar o sistema unário, muito mais simples, que requer apenas um símbolo: 1. No sistema unário, o número 2 é escrito 11; o número 3, 111; o número 4, 1111, e assim por diante. Muitas vezes utilizamos o sistema unário ocasionalmente, quando fazemos as anotações do placar de jogos de cartas.

Então, a fita corre pela máquina. Para uma operação elementar como a adição, apenas um símbolo é exigido: o símbolo 1. Quando a fita se aproxima da máquina, que presumivelmente está situada em alguma parte à esquerda dos dois conjuntos de números, ela lê o seguinte:

Máquina
↓

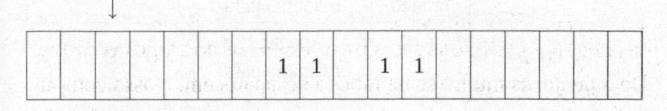

						1	1		1	1					

A máquina trabalha exatamente da mesma maneira que nossa computadora humana: isto é, ela observa as células uma de cada vez e então realiza uma operação específica em cada uma delas. A operação em cada caso é determinada pela lista de instruções da máquina, que nesse caso é organizada como uma série de configurações-m, cada uma etiquetada com uma letra. Dependendo de sua configuração-m, a máquina vai responder de maneiras diferentes a cada um dos dois símbolos, um 1 e um espaço em branco, e então se mover para uma nova configuração-m (a partir daqui vou utilizar intermitentemente "estado" como sinônimo para configuração-m).

Configuração-*m*	Símbolo	Ação	Nova configuração-*m*
A	em branco	Mover uma célula para a direita	A
A	1	Mover uma célula para a direita	B
B	1	Mover uma célula para a direita	B
B	em branco	Imprimir 1; Mover uma célula para a direita	C
C	1	Mover uma célula para a direita	D
C	em branco	Mover uma célula para a esquerda	D
D	em branco	Sem movimento; máquina para	D
D	1	Apagar 1; máquina para	D

Ao somar 2 e 2 (ou, como a máquina vê, 11 e 11), a máquina segue a lista de instruções, com o resultado seguinte.

Ela começa no estado A, então lê a sucessão de espaços em branco, que não altera. Ao chegar ao primeiro 1, ela muda para o estado B. No estado B, chega ao segundo 1 e move, uma vez mais, uma célula para a direita (para os 1, os estados A e B são idênticos). Ela então chega, no estado B, a um espaço em branco, que de acordo com suas instruções, ela apaga e substitui por um 1. A máquina agora passa para o estado C, no qual ela encontra – mas não altera – o próximo 1. Contudo, agora ela mudou para o estado D. Isso significa que apaga o próximo 1, deixando um espaço em branco. Nesse ponto a máquina para, tendo já completado a operação (nos diagramas seguintes, a flecha indica a posição do visor na máquina).

Máquina no estado A, antes de realizar o algoritmo:

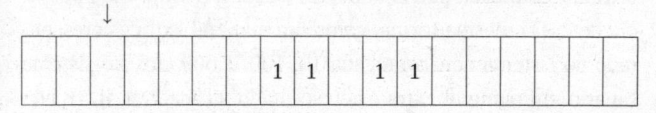

↓

							1	1		1	1					

Máquina no estado D, depois de realizar o algoritmo:

↓

							1	1	1	1						

Como podemos ver, os dois conjuntos de 2 foram substituídos por um conjunto de 4. Por meio de um algoritmo que nem sequer requer a menção dos termos usuais associados com a adição, estabelecemos que $2 + 2 = 4$.

Em "Computable Numbers", Turing dá dois exemplos de máquinas-a. Estas também exigem que utilizemos um novo sistema notacional – o sistema binário. Para entender a diferença entre os sistemas binário, unário e denário/decimal, é útil imaginar uma escada com infinitos degraus, cada um correspondendo a um número natural. No sistema unário, esses degraus têm a mesma largura. No sistema denário, cada degrau fica mais estreito a cada potência de 10. Isto é, os primeiros 9 degraus têm a mesma largura. No 10o degrau ocorre um estreitamento. Os degraus mantêm a mesma largura do 10o até o 100o, ponto em que os degraus se estreitam novamente, permanecendo da mesma largura até que o 1000o seja alcançado... e assim por diante. A cada vez que esse estreitamento ocorre um outro numeral é acrescentado.

No sistema binário, os degraus da escada se estreitam exatamente da mesma forma que no sistema denário, mas em vez de estreitar com cada potência de 10, eles estreitam a cada potência de 2. Da mesma forma, como um numeral extra é acrescentado no sistema denário a cada 10, 100, 1.000 etc., no sistema binário um numeral extra é acrescentado a cada 2, 4, 8, 16 etc. Como as mudanças ocorrem em múltiplos de 2, contudo, o símbolo binário requer apenas dois símbolos para o sistema denário de 10: 0 e 1.

Sistema denário	Sistema binário
0	0
1	1
2	10
3	11
4	100
5	101
6	110
7	111

Sistema denário	Sistema binário
8	1000
9	1001
10	1010
11	1011
12	1100
13	1101
14	1110
15	1111
16	10000
17	10001
18	10010
32	100000
33	100001

A grande vantagem do sistema binário na programação do computador é que ele permite o uso da álgebra booleana, com o 1 e o 0 correspondendo às posições on (ligado) e ao off (desligado) de uma válvula, interruptor ou circuito. Além disso, o sistema permite uma codificação muito mais econômica de números grandes do que seria possível com o sistema unário. Finalmente, o sistema binário simplifica a codificação das letras, dos símbolos matemáticos e dos sinais de pontuação, que também podem ser representados em forma binária.

A primeira máquina-a que Turing dá como exemplo é uma máquina muito simples projetada para gerar a sequência infinita 010101... (nesse caso, as elipses indicam que a sequência continua indefinidamente sem mudança). Essa máquina difere da que foi descrita anteriormente no fato de que precisa imprimir e reconhecer dois símbolos: 0 e 1. Sua lista de comportamento é assim:

Configuração-*m*	Símbolo	Ação	Nova configuração-*m*
A	em branco	Imprimir 0; Mover uma célula para a direita	B
B	em branco	Mover uma célula para a direita	C
C	em branco	Imprimir 1; mover uma célula para a direita	D
D	em branco	Mover uma célula para a direita	A

Uma máquina de Turing ligeiramente mais complicada imprime a sequência 001011011101111011111. (...) Essa máquina deve ser capaz de imprimir ə, x, 0 e 1 (o estranho símbolo ə é usado como um provisório que indica o início de uma sequência e não é parte da própria sequência; como o x, serve para minimizar o número de passos que o computador precisa seguir a fim de obter o resultado). Como Turing explica,

> os primeiros três símbolos da fita serão "əə0"; os outros números seguem em células alternadas. Nas células intermediárias nunca imprimimos nada a não ser "x". Essas letras servem para "guardar o lugar" para nós e são apagadas quando não precisamos mais delas. Também fazemos com que em cada sequência de números nas células alternadas não haja espaços em branco.[8]

A máquina dessa forma "rabisca" passos intermediários no cálculo, como a nossa computadora humana fez. Sua lista de comportamento, não é preciso dizer, é um pouco mais complicada que a das máquinas anteriores (como essa máquina exige muitos movimentos adicionais, aqui vamos utilizar L para indicar "mover uma célula para a esquerda", R para significar "mover uma célula para a direita", P para "imprimir" e E para "apagar").

Configuração-m	Símbolo	Ação	Nova configuração-m
A	em branco	P ə; R; P ə, R; P0; R; R; P0; L; L	B
B	1	R; Px; L; L; L	B
B	0	nenhuma ação	C
C	0 ou 1	R; R	C
C	em branco	P1; L	D
D	x	Ex; R	C
D	ə	R	E
D	em branco	L; L	D
E	0, 1, x, ou ə	R;R	E
E	em branco	P0; L; L	B

Turing continua para mostrar as primeiras sequências de símbolos que a lista gera, ao lado das configurações-m que entram em ação em cada estágio. A fita começa no estado A e imprime esta sequência:

A
↓

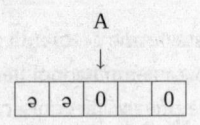

| ə | ə | 0 | | 0 | |

A máquina, que agora está visualizando um 0, então muda para o estado B. Segundo a nova lista de instruções, ela não faz nada mas muda para o estado C, ponto em que é emitida outra lista de instruções, dizendo-lhe para se mover dois espaços para a direita. Como a máquina ainda está no estado C e encontrou um outro 0, ela se move mais dois espaços para a direita:

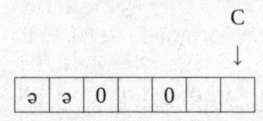

C
↓

| ə | ə | 0 | | 0 | | |

A máquina agora encontrou um espaço em branco. Consultando sua lista de instruções, ela verifica que quando no estado C, ela deveria, ao encontrar um espaço em branco, imprimir um 1, mover uma célula para a esquerda e mudar para o estado D:

D
↓

| ə | ə | 0 | | 0 | | 1 |

No estado D, sua instrução, quando encontra um espaço em branco, é mover duas células para a esquerda, permanecendo no estado D. Encontrando outro espaço em branco, a máquina move outras duas células para a esquerda, onde encontra um ə. Sua nova instrução é mover uma célula para a direita e mudar para o estado E. Agora ela vê um 0. No estado E, sua instrução para qualquer símbolo é mover-se mais duas células para a direita, permanecendo no estado E. Visualizando ainda um outro 0, ela move *mais* duas células para a direita, onde encontra um 1. Movendo mais duas células para a direita, ela encontra um espaço em branco. No estado E, sua instrução depois de encontrar um espaço em branco é imprimir um 0, mover duas células para a esquerda (onde encontra um 1) e retornar ao estado B. Seguindo as instruções do estado B sobre o que fazer quando encontra um 1, a máquina move uma célula para a direita, imprime um x, depois move três células para a esquerda:

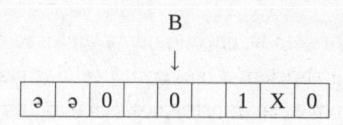

ə	ə	0		0		1	X	0

B ↓ (acima da terceira célula a partir da esquerda)

A máquina, ainda no estado B, agora encontrou um outro 0. Ela muda para o estado C, move duas células para a direita, encontra um 1, move mais duas células para a direita, encontra um 0, move *mais* duas células para a direita, encontra um espaço em branco, imprime um 1 e move uma célula para a esquerda. Agora a fita tem a seguinte apresentação:

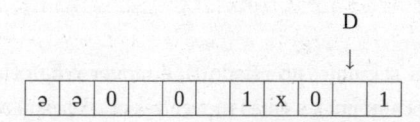

ə	ə	0		0		1	x	0		1

D ↓

A máquina está agora visualizando o espaço em branco logo à esquerda do último 1 e mudou para o estado D. Ela move duas células para a esquerda; então, permanecendo no estado

D, apaga o x segundo as suas instruções e move uma célula para a direita, onde vê um 0. Agora ela muda para o estado C, move duas células para a direita, visualiza um 1, move mais duas células para a direita, vê um espaço em branco, imprime um 1, move uma célula para a esquerda e muda de novo para o estado D:

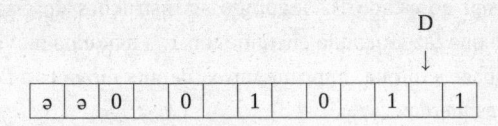

ə	ə	0		0		1	0	1	1

D ↓ (acima da 8ª célula)

A máquina, agora em D, encontra uma sucessão de espaços em branco, que a compelem a mover dez células para a esquerda, onde encontra um ə. Suas instruções, ao encontrar esse símbolo, são mover uma célula para a direita e mudar para o estado E. As instruções para o estado E agora requerem que ela mova, no total, 12 células para a direita, ponto em que uma vez mais encontra um espaço em branco. A máquina agora imprime um 0, move duas células para a esquerda e volta ao estado B.

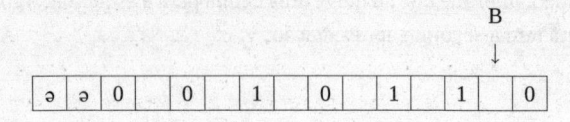

ə	ə	0		0		1	0	1	1	0

B ↓

A instrução seguinte, no estado B, é mover uma célula para a direita, imprimir um x e então mover três células para a esquerda. Essa operação é repetida duas vezes, produzindo dois x.

ə	ə	0		0		1	0	1	x	1	x	0

C ↓

Uma série de novos movimentos adiciona um 1, apaga os x e adiciona outro
1. Esse processo repete-se até que tenhamos:

| ə | ə | 0 | | 0 | | 1 | | 0 | | 1 | | 1 | | 0 | | 1 | | 1 | | 1 |

Nós agora geramos o início de uma sequência infinita para a qual essa máquina em particular foi projetada; temos 0010110111..., escritos em células alternadas. Como Turing nota, "a convenção de escrever os números apenas em células alternadas é muito útil: farei sempre uso dela. Chamarei a sequência de células alternadas de células-F, e as outras sequências, de células-E. Os símbolos nas células-E serão passíveis de serem apagados. Os símbolos nas células-F formam uma sequência contínua". As células-E geram o bloco de rascunho no qual a máquina trabalha as operações básicas do algoritmo que ela está realizando.

Lida em notação unária, a sequência gerada pela segunda máquina de Turing é simplesmente a sequência dos números naturais, com cada número separado dos anteriores e posteriores por um 0. A equação pela qual essa máquina produz um algoritmo deveria então ser escrita

$$y = x + 1$$

com a máquina incessantemente colocando valores para x e gerando valores para y.

Lida em notação binária, por outro lado, temos a seguinte sequência (com cada número, mais uma vez, separado por um 0 dos anteriores e posteriores):

1, 3, 7, 15, 31, 63, 127, ...

Esses números – cada um deles escrito em notação binária como uma sequência de 1s (1, 11, 111, 1111, 11111, 111111 etc.) – têm em comum o fato de que cada um é um a menos que uma potência de 2. A equação pela qual essa máquina de Turing produz o algoritmo pode então ser escrita

$$y = 2^x - 1$$

com a máquina, uma vez mais, calculando sucessivos valores para y.

Vale a pena notar que nos dois exemplos de Turing, o que a máquina gera não é um número computável, mas uma sequência computável. Muitas explicações sobre a máquina de Turing dão exemplos como esse com o qual eu comecei, de máquinas que aplicam um algoritmo a um conjunto determinado de valores (nesse caso 2 e 2), encontram uma solução (nesse caso 4) e então param. As máquinas de Turing, ao contrário, continuam sem cessar, cada uma imprimindo uma sequência infinita de números inteiros. Os dois tipos se enquadram na definição de Stephen Kleene de um algoritmo como "um processo finitamente descrito, suficiente para nos guiar até a resposta para qualquer uma das infinitas perguntas, mas finitamente nos muitos passos no caso de cada equação". O primeiro tipo, contudo, dá apenas uma das infinitas questões, enquanto a segunda dá todas elas. Então, no caso do segundo exemplo de Turing, cada uma das respostas que a máquina gera – 1, 3, 7, 15 etc. – se enquadra na definição de um número computável, enquanto os números tomados juntos se enquadram na definição de uma sequência computável infinita. Alterando as configurações da máquina para que ela responda a um n específico e então pare é uma questão simples e não provoca diferenças significativas na tese de Turing.

Comparativamente falando, ambas as máquinas de Turing são elementares. Na verdade, um dos principais pontos de Turing é que para qualquer processo algorítmico, não importa quão complexo, existe uma máquina de Turing para a qual uma lista específica de comportamento vai afetar aquele algoritmo. Cada uma destas máquinas de Turing seria definida por sua lista de comportamento, cuja complexidade depende da complexidade do algoritmo em questão. Para alguns algoritmos, a lista de comportamento pode exigir dúzias de configurações-m e símbolos. Em seu artigo, Turing esboça provas para a computadorização algorítmica pelas máquinas de Turing de valores para p, e, todos os números algébricos reais e os zeros reais das funções de Bessel.[9]

Para simplificar o processo, Turing cria, em seu artigo, uma espécie de sinal para escrever listas de comportamento. Ele começa com a lista para a primeira de suas duas máquinas, aquela que imprime a sequência 0101010101:

Configuração-m	Símbolo	Ação	Nova configuração-m
A	em branco	Imprimir 0; mover uma célula para a direita	B
B	em branco	Mover uma célula para a direita	C
C	em branco	Imprimir 1; mover uma célula para a direita	D
D	em branco	Mover uma célula para a direita	A

Turing agora propõe atribuir números às configurações-m, chamando-as $q_1, q_2, q_3, q_4 \ldots q_r$. Além disso, números são atribuídos aos símbolos, que serão chamados de $S_1, S_2, S_3, S_4, \ldots S_r$. Em particular, S_0 vai significar um espaço em branco, S_1 vai significar um 0, e S_2 vai significar um 1. A lista agora pode ser reescrita da seguinte maneira:

Configuração-m	Símbolo	Ação	Nova configuração-m
q_1	S_0	P S_1, R	q_2
q_2	S_0	P S_0, R	q_3
q_3	S_0	P S_2, R	q_4
q_4	S_0	P S_0, R	q_1

Perceba que nessa notação, "mover para a direita" é escrito como P S0, R, significando "imprimir em branco e depois mover para a direita". Uma notação similar cuidará de qualquer E (apagar).

Os Ps agora podem ser removidos, e a sequência inteira reescrita em uma única linha será:

$$q_1 \, S_0 \, S_1 \, R \, q_2; \, q_2 \, S_0 \, S_0 \, R \, q_3; \, q_3 \, S_0 \, S_2 \, R \, q_4; \, q_4 \, S_0 \, S_0 \, R \, q_1;$$

Turing em seguida atribui a cada símbolo uma letra de acordo com o seguinte esquema: q_i vai ser substituído pela letra D seguida de *i* repetições da letra A, enquanto S_j será substituído pela letra D seguida de *j* repetições da letra C. Direita e esquerda continuam sendo escritas como R e L, enquanto "não mover" é escrito com um N. De acordo com esse sistema, $q_1 \, S_0 \, S_1 \, R \, q_2$ seriam então expressos como *DADDCRDAA*, com *DA* substituindo q_1, *D* substituindo S_0, *DC* substituindo S_1 e *DAA* substituindo q_2. A sequência agora fica:

DADDCRDAA; DAADDRDAAA;
DAAADCCRDAAAA; DAAAADDRDA;

Turing chama isso de *descrição padrão*, ou DP (em inglês, SD, standard *description*) da máquina. Contudo, ele tem uma outra transformação em mente. Atribuindo um numeral a cada letra – 1 para A, 2 para C, 3 para D, 4 para L, 5 para R, 6 para N e 7 para; – ele é capaz de representar essa descrição padrão como uma sequência de numerais.[10] Os números inteiros representados por esses numerais ele chama de *número descritivo* da máquina (em inglês, DN, *description number*). Para a máquina que discutimos, o número descritivo seria:

31332531173113353111731113322531111731111335317

Esse é, obviamente, um número muito longo. Contudo, é microscópico comparado com o número descritivo de máquinas mais complexas de Turing. Para tornar as coisas ainda mais difíceis, esse número, em circunstâncias normais, seria escrito em alguma versão de notação binária, tornando-o mais simples para uma máquina ler, mas muito mais trabalhoso para um ser humano. Mas nada disso importa. Como o computador humano que ela substitui, a máquina de Turing não tem pressa. Ao contrário: porque ele vive em um universo hipotético, intocável pelas preocupações humanas como velocidade ou eficiência, ela tem todo o tempo do mundo.

3.

Turing agora introduziu e explicou a ideia de uma máquina-*a* e apresentou um sistema para codificar sua lista de instruções. Ele também estabeleceu que para cada procedimento algorítmico, uma máquina-*a* deve, por definição, existir. E assim como a sequência

001011011101111... pode ser gerada pela lista que demos, "qualquer sequência computável é capaz de ser descrita nos termos dessa lista". De maneira mais importante, "a cada sequência computável corresponde pelo menos um número descritivo, enquanto a nenhum número descritivo corresponde mais do que uma sequência computável". Da mesma forma que as sequências computáveis definem as máquinas que as geram, cada máquina de Turing define uma sequência computável. A singularidade dos números descritivos até nos permitiria listá-los, por assim dizer, alfabeticamente, começando com 0 e continuando até o infinito. Em tal lista, a máquina para a qual acabamos de calcular, o número descritivo estaria na posição de número 313325311731133531117311113322531111731111335317.

Cada máquina, contudo, gera uma sequência computável válida? A resposta é não. Algumas máquinas, como Roger Penrose afirma, são um "fiasco". Um exemplo de uma máquina "fiasco" proposto por Martin Davis seria uma para a qual a lista de instruções fosse mais ou menos a seguinte:

Configuração-m	Símbolo	Ação	Nova configuração-m
A	0	Mover uma célula para a direita; imprimir 1	B
B	1	Mover uma célula para a esquerda; apagar 0; imprimir 1	C
C	1	Mover uma célula para a direita; apagar 1; imprimir 0	B

Essa máquina ficaria indefinidamente indo e vindo entre 0 e 1; ela nem imprimiria uma sequência coerente nem pararia. Turing chama máquinas desse tipo de circulares. Por outro lado, uma máquina não-circular é aquela capaz de gerar uma sequência computável. Aparentemente se antecipando a muita cogitação sobre a diferença entre um número computável e uma sequência computável, Turing acrescenta: "Devemos evitar confusão falando mais frequentemente de sequências computáveis do que de números computáveis".

Todas as máquinas que discutimos, com exceção da última, são máquinas não-circulares. A primeira delas – a máquina projetada para somar dois números – é alimentada com um dado de entrada e então para quando chega à resposta; as duas máquinas que Turing dá como exemplo sequências computáveis. Não seria difícil, contudo, projetar uma variante da máquina que gerasse a sequência 001011011101111... Lembre-se que essa máquina simplesmente dá respostas sucessivas (e infinitas) à equação $y = 2x - 1$ quando é alimentada pelos números naturais de 1 em diante. A máquina variante seria projetada para plugar um número natural de cada vez na equação, parando quando ela der cada resposta. Assim, se alguém desse como entrada $x = 3$ na máquina, ela passaria por um processo que concluiria com a resposta desejada – 7 – e pararia. Mas seria possível alguém projetar uma máquina de Turing que analisasse qualquer outra máquina de Turing e decidisse se aquela era circular ou não-circular? Essa questão – conhecida como o problema da parada – está na essência do artigo de Turing e leva diretamente à sua análise do Entscheidungsproblem.

A análise de Turing sobre o problema da parada leva-o ao que inquestionavelmente é seu mais surpreendente e original salto. Ao propor um método para investigar como alguém pode determinar se uma dada máquina de Turing é circular ou não-circular, ele avança a ideia de uma "máquina universal": uma máquina de Turing que é capaz de imitar o comportamento de qualquer outra máquina de Turing, não importa qual algoritmo esteja projetada para realizar. É essa hipotética "máquina universal" que realmente constitui o protótipo do computador moderno.

A parte do artigo de Turing que descreve sua máquina universal começa com a modéstia característica. "É possível", ele escreve, "inventar uma máquina única que pode ser utilizada para computar qualquer sequência computável. Se essa máquina U for provida de uma fita no início da qual esteja escrita a DP de alguma máquina de computação M, então U vai computar a mesma sequência de M". Lembremos que DP quer dizer "descrição padrão" – a sequência de letras para a qual qualquer lista de comportamento de qualquer máquina de Turing pode ser traduzida e que, por sua vez, pode ser traduzida para o número inteiro (binário ou denário) que é o "número descritivo" da máquina.

Ao explicar o comportamento de U, Turing começa apresentando uma terceira máquina, M', "a qual vai escrever nas células-F da fita as configurações sucessivas completas de M". Lembremos que anteriormente Turing definiu a "completa configuração" da máquina em qualquer estágio de seu progresso como incluindo "o movimento da máquina, o número da célula visualizada, a sequência completa de todos os símbolos na fita e a configuração-m". Como um exemplo de M, ele lembra a segunda máquina mencionada no artigo, aquela que gera a sequência 001011011101111. (...) Como a lista de comportamento dessa máquina pode ser traduzida com letras em sua descrição padrão, então a sequência dos movimentos pela qual a máquina passa ao seguir as regras prescritas por sua lista de comportamento pode ser reescrita usando letras. Uma vez mais, cada configuração-m é escrita com D seguida do número apropriado de As, enquanto cada símbolo é escrito como D seguido do apropriado número de Cs. Como antes, 0 é escrito como DC; 1, como DCC; e um espaço em branco, como D. O símbolo ə é escrito como DCCC e, embora Turing não mencione o x, pode-se presumir que ele seria escrito como DCCCC.

Utilizando esse esquema, M' pode imprimir as sequências dos símbolos das células-F gerados por M:

DA: DCCCDCCCDAADCDDC:
DCCCDCCCDAAAD-CDDC: ...

Os sinais de Turing, aqui, requerem um pouco de decifração. O primeiro DA significa que a máquina começa em configuração-m A, que lhe diz para imprimir a sequência əə00 e depois mudar para configuração-m B. A segunda sequência de letras descreve a ação tomada como um resultado dessa instrução, e equivale a uma abreviação de

əə B 0 espaço em branco 0

Essa é, sem dúvida a sequência escrita nas células-F no ponto em que a máquina move para a configuração-*m* C, com a configuração-*m* que gerou essa sequência (B) inserida entre os əs e os números reais que foram impressos nas células-F: dois 0s e um espaço em branco. Um sinal de dois-pontos separa essa descrição da seguinte, que aparece abreviada

əəəə C 0 espaço em branco 0

Esse é o estado da máquina quando ela muda para a próxima configuração completa. Nenhum novo número foi gerado porque, como lembramos, a configuração-*m* B, depois de encontrar um 0, não faz nada; ela simplesmente diz à máquina para mudar para a configuração-*m* C. Em letras, essa sequência fica assim:

DCCCDCCCDAAADCDDC

A próxima configuração completa, seguindo a implementação da configuração-*m* C, depois de encontrar um 0, descreve a máquina como tendo movido dois espaços em branco para a direita mas permanecendo em C. Isso apareceria

əə C 0 espaço em branco 0 espaço
em branco espaço em branco

que seria traduzido assim:

DCCCDCCCDAAADCDDCDDCDD

Agora a máquina, ainda em configuração-*m* C, encontra a si mesma em um espaço em branco, onde é instruída a imprimir um 1, mover-se uma célula para a esquerda e entrar em configuração-*m* D:

əə D 0 espaço em branco 0 espaço em branco 1

Ou:

DCCCDCCCDAAADCDDCDDCC

Uma vez mais, dois-pontos separam as descrições das configurações completas da máquina em cada movimento que ela faz.

A : əə B 0 espaço em branco 0 : əə C 0 espaço em branco
0 : əə C 0 espaço em branco 0 espaço em branco espaço em
branco: əə D 0 espaço em branco 0 espaço em branco 1

Ou:

> *DA: DCCCDCCCDAADCDDC:*
> *DCCCDCCCDAAADCDDC:*
> *DCCCDCCCDAAADCDDCDD:*
> *DCCCDCCCDAAAADCDDCDDCC*

"Não é difícil ver", Turing conclui,

> que se *M* pode ser construída, *M'* também pode. A maneira de operar de *M'* poderia ser feita para depender de ter as regras de operação (isto é, a DP) de *M* escrita em alguma parte dentro dela (isto é, dentro de *M'*); cada passo poderia ser desenvolvido relacionando-se com essas regras. Temos apenas que ver essas regras como sendo capazes de serem retiradas e permutadas com outras, e temos então alguma coisa muita próxima da máquina universal.

Turing descreve aqui – novamente com pouca ostentação – um protótipo de um computador moderno, no qual as regras são armazenadas "em algum lugar dentro" da máquina, o software dentro do hardware, mas que pode ser "retirado e permutado com outros". É um momento de visão que se torna ainda mais extraordinário pela aparente falha do autor em compreender suas implicações.

Apenas uma coisa está faltando: "No momento a máquina M' não imprime números". Ela imprime apenas representações (sob a forma de letras) dos números que M imprimiria. Turing corrige essa omissão fazendo com que M' imprima "entre cada par sucessivo de configurações completas os números que aparecem nas novas configurações, mas não nas antigas". A sequência se torna

DA: 0: 0: *DCCCDCCCDAADCDDC:*
DCCCDCCCDAAADCDDC: ...

Deixando de fora os dois əs que, lembremos, funcionam apenas para indicar o início de uma sequência, os únicos números impressos como resultado da configuração-*m* B são um par de 0s. De início pode parecer ligeiramente estranho que esses números devam ser impressos *antes* das instruções que os geraram – e devemos nos lembrar que a máquina com a qual estamos lidando não é *M*, mas *M'*, e que a função de *M'* não é gerar a sequência, mas descrever o comportamento de *M* ao gerar a sequência. Nenhum número aparece entre a segunda e a terceira descrição porque a terceira – *DCCCDCCCDAADCDDC* – de fato não resulta na geração de mais nenhum 0s ou 1s. Por outro lado, se fôssemos continuar a sequência, logo veríamos um 1:

DA: 0: 0: *DCCCDCCCDAADCDDC*:
DCCCDCCCDAAADCDDC:
DCCCDCCCDAAADCDDCDD: 1:
DCCCDCCCDAAAADCDDCDDCC: ...

Nossa máquina *M'* está agora, com efeito, operando como uma máquina universal, porque além das completas configurações de *M*, ela está imprimindo a sequência computável que *M* foi projetado para gerar. Com uma indiferença típica, Turing conclui: "Não é totalmente óbvio que as células-E deixem espaço necessário para o 'trabalho duro', mas esse é, de fato, o caso". Finalmente, ele nota que "a sequência de letras entre os dois-pontos... pode ser utilizada como descrições padrão das configurações completas. Quando as letras são substituídas por números... devemos ter uma descrição numérica da configuração completa, que pode ser chamada de seu número descritivo". Por exemplo, a descrição padrão de uma configuração completa *DCCCDCCCDAAAADCDDCDDCC* seria traduzida no número descritivo 3222322231111323323322.

4.

O próximo passo de Turing é desenvolver a lista de comportamento para uma máquina universal chamada de *U*. Nesse ponto, a linguagem simbólica que ele emprega – uma combinação de letras alemãs (góticas) em caixa alta e caixa baixa, e letras em grego em caixa baixa – se torna muitíssimo confusa; na verdade, tomando emprestada uma frase de Roger Penrose, o sistema de esqueletos de listas de Turing "seria muito mais complicado de explicar do que a própria máquina". Tentarei, nas páginas seguintes, oferecer um resumo mais fácil de suas ideias para o leitor.

Lembremos que a fim de usar a máquina universal, U, temos que alimentar nela o número descritivo de uma máquina específica de Turing, T. A configuração-m relacionada na lista de comportamento de U vai agora levar a máquina através de uma série de manobras por meio das quais ela será capaz de deduzir do número descritivo de T o processo algorítmico que T segue. U pode então obter o mesmo resultado que T. Assim, se T é a máquina de Turing que pode gerar a sequência 0101010..., e queremos que U repita T, primeiro alimentamos U com o número descritivo de T:

31332531173113353111731113322531111731111335317

U, por outro lado, age sobre esse número de acordo com as instruções especificadas por sua própria lista de comportamento, com o resultado de que ela gera a mesma sequência que *T*: 0101010...

É importante reconhecer, aqui, que dentro do labirinto de Turing, de letras dos alfabetos alemão e grego, encontra-se um relato preciso e detalhado sobre como U funciona: a sequência de configuração-m que ela segue em seu caminho para se tornar, pelo menos por uma vez, T. Além disso, não há nenhum limite para o que U é capaz. Na verdade, como Stephen Kleene observa, nos anos subsequentes os matemáticos

> se convenceram de que todos os possíveis algoritmos para calcular funções número-teóricas podem ser personificados nas máquinas de Turing (tese de Turing). Os ingredientes que são basicamente necessários foram todos fornecidos por Turing: um número fixo e finito de símbolos, um número fixo (talvez muito amplo) de estados, ações determinadas pela condição de uma célula visualizada e o estado de acordo com a constituição de uma máquina particular (isto é, sua lista), espaço ilimitado (na fita) para receber as questões, fornecer as respostas e temporariamente armazenar rascunhos, e tempo (os momentos) para completar os cálculos.

A fim de operar como uma máquina de Turing, tudo o que a máquina universal requer é seu número descritivo. Isso significa que para operar U, seria em princípio preciso estabelecer uma relação de números descritivos de todas as máquinas de Turing a fim de que eles pudessem ser alimentados em U quando exigido (essa relação, naturalmente, incluiria o número descritivo para a própria U – um número descritivo tão singular quanto qualquer outro. Utilizando uma codificação um pouco diferente da de Turing, Roger Penrose fornece um número descritivo para U. Ele tem 1.653 dígitos e toma uma página inteira deste livro). Algumas dessas máquinas seriam, pela definição de Turing, circulares, porque nunca produziriam números computáveis ou sequências computáveis. Mas outras seriam não-circulares. Turing define o "número que é um número descritivo de uma máquina não-circular" como um "número satisfatório". Por analogia, o número que é o número descritivo de uma máquina circular seria definido como um número insatisfatório.

Agora Turing pode começar seu ataque ao Entscheidungsproblem. A pergunta que ele faz é: existe um algoritmo (e então uma máquina de Turing) que pode agir sobre o número descritivo de outra máquina de Turing, a fim de decidir se aquele número é satisfatório? Em teoria, uma máquina dessas (vamos chamá-la de D) seria capaz de analisar o número descritivo de uma outra máquina de Turing, M, e então chegar a uma conclusão a respeito de sua viabilidade. Se acontecesse de M ser uma máquina circular, D terminaria suas computações imprimindo um 1. Se acontecesse de M ser uma máquina não-circular, então D terminaria imprimindo um 0. A máquina D, se ela existisse, em alguns casos chegaria a uma solução positiva com relação ao Entscheidungsproblem, no sentido de que seu veredicto sobre a circularidade ou não-circularidade de alguma máquina específica de Turing forneceria um julgamento quanto à decidibilidade da afirmação à qual aquela máquina de Turing corresponde. Por exemplo, um matemático tentando determinar a veracidade ou a falsidade da conjectura de Goldbach teria simplesmente de alimentá-la com o número descritivo da máquina projetada para transformar números pares em soma de dois números primos, parando apenas quando encontrasse um que não se transformasse. Se a máquina imprimisse um 1, ele saberia que a conjectura de Goldbach era verdadeira. Mais comumente, a máquina D poderia ser utilizada para testar todas as afirmações lógicas – até aquelas que não se enquadrassem no modelo "tente todos os números" mencionado acima – pois, por definição, uma prova é uma série de invocações de axiomas e deduções baseados em regras de inferência, e portanto um processo mecanicamente verificável. Uma prova deve consistir também em um número finito de sentenças (ou fileiras) cada uma empregando símbolos de um alfabeto simbólico finito. Isso significa que, em teoria, uma máquina D poderia ser alimentada com toda combinação possível de todos os símbolos possíveis do alfabeto. Levaria um tempo muito longo, mas como já notamos, no mundo de Turing o tempo não é essencial. D poderia simplesmente verificar as possíveis fileiras, uma a uma, eliminando aquelas que não faziam sentido e verificando aquelas que eram provas válidas.

Mas será que uma máquina assim poderia existir? Turing coloca essa indagação tomando o clássico enfoque da reductio ad absurdum. Isto é, ele começa com uma suposição: digamos que D, de fato, existe. Colocamos D para trabalhar na primeira máquina de Turing (M0) na nossa lista de todas as máquinas de Turing, pedindo-lhe para nos dizer se, quando alimentada com o número natural m, M0 gera uma sequência computável. Nesse caso, D vai imprimir um 0. No caso contrário, D vai imprimir um 1. Fazemos então a mesma coisa com M1, M2, M3, ... até Mn, observando no decorrer do processo quais máquinas imprimem 0 e quais imprimem 1. As máquinas que imprimem 0 são as máquinas "boas", aquelas que são não-circulares.

Em seguida preparamos uma lista de sequências computáveis geradas pelas máquinas não-circulares, da primeira até a última. Para cada uma dessas máquinas escrevemos a sequência computável que ela gera como números inteiros diferentes, começando com 0. Esta será obviamente uma lista muito longa; o importante é que é exatamente o tipo de lista que se adapta ao método inventado por George Cantor durante suas investigações sobre o infinito. Esse método é conhecido como método diagonal.

Aqui está como Turing a utilizou. Imaginemos que uma porção de alguma parte do meio da lista seja assim:

1	1	1	1	1	1	1	1	...
1	3	7	15	31	63	127	255	...
0	1	0	1	0	1	0	1	...
1	2	3	4	5	6	7	8	...
1	2	3	5	8	13	21	34	...
3	6	12	24	48	96	192	384	...
2	3	5	7	11	13	17	19	...
0	1	8	27	64	125	216	343	...

Tenha em mente que essa é uma lista completamente arbitrária de sequências computáveis reais. O arranjo também é arbitrário, porque não terá nenhuma relação com o que vamos fazer.

Nós agora geramos uma nova sequência traçando uma faixa diagonal no diagrama – ou seja, tomando o primeiro número da primeira sequência, o segundo número da segunda sequência etc.:

1	1	1	1	1	1	1	1	...
1	**3**	7	15	31	63	127	255	...
0	1	**0**	1	0	1	0	1	...
1	2	3	**4**	5	6	7	8	...
1	2	3	5	**8**	13	21	34	...
3	6	12	24	48	**96**	192	384	...
2	3	5	7	11	13	**17**	19	...
0	1	8	27	64	125	216	**343**	...

A nova sequência que geramos é

1	3	0	4	8	96	17	343	...

Agora adicionamos 1 a cada um dos números dessa sequência. A nova sequência é

2	4	1	5	9	97	18	344	...

Como o método diagonal é apenas o tipo de processo algorítmico para o qual se poderia projetar uma máquina de Turing, essa é obviamente uma sequência computável. Contudo, a lista da qual ela foi derivada inclui todas as sequências que podem ser computadas por máquinas não-circulares de acordo com a máquina D – isto é, todas as sequências computáveis –, e essa lista não pode incluir nossa nova sequência, pois nossa sequência difere da primeira sequência na lista em sua primeira célula, da segunda em sua segunda etc. Uma contradição surgiu. Portanto, não pode existir uma máquina D.

Como Turing escreve, essa prova, "embora perfeitamente sensata, tem a desvantagem de poder deixar o leitor com o sentimento de que 'deve haver alguma coisa errada'". Afinal de contas, o número gerado através do método diagonal pode ser descrito; por que então ele não pode ser computado? Essa é uma questão importante e que será feita logo. Primeiro, contudo, ele oferece uma prova alternativa de que D não pode existir – e que não tem a desvantagem de deixar o leitor sentindo-se como se tivesse caído em um buraco, e que também "oferece um certo vislumbre do significado da ideia de 'não-circular'".

Essa prova alternativa emprega a máquina universal. Imaginemos que podemos de alguma forma ligar a máquina que decide, D, à máquina universal, U, criando dessa forma uma nova máquina híbrida, DU. Nessa máquina nós alimentamos o número descritivo da máquina arbitrária de Turing, M. A DU agora opera D, que determina se M é circular ou não-circular. Se M é circular, o processo para, já que não haveria sentido em alimentar o número descritivo de uma máquina circular em U, o que replicaria sua circularidade e iria permanecer para sempre. Se, contudo, M se revela não-circular, U pode ser utilizada para simular sua ação algorítmica Pelo fato de DU incluir esse mecanismo de "verificação", por meio do qual ela pode ter certeza de que U é alimentada apenas com os números descritivos de máquina não-circulares, a própria DU é não-circular; isto é, em nenhuma circunstância ela vai desviar para a circularidade.

Agora nós alimentamos o número descritivo de DU na própria DU. D rapidamente estabelece que o número descritivo de DU é, como Turing já mostrou, satisfatório – isto é, que DU é não-circular. Portanto ela passa o número descritivo para U, que simula a ação de DU, alimentando o número descritivo de DU em D, que então o passa para U, que então simula a ação de DU ... e assim por diante. Em outras palavras, DU, quando alimentada com seu próprio número descritivo, funciona para sempre. DU é circular. Mas acabamos de mostrar que DU é não-circular.

E como é impossível que DU seja as duas coisas, Turing escreve: "Concluímos que não pode existir uma máquina D". Decidibilidade é impossível. Estamos de volta à terra dos paradoxos, com Epimênides declarando que ele é um mentiroso, e Bertrand Russell arruinando os planos de Frege.

5.

A próxima manobra de Turing em sua caminhada rumo a uma solução para o *Entscheidungsproblem*, prenuncia uma estratégia que mais tarde ele empregou em seu trabalho sobre a inteligência artificial. Ele mostra que se podemos responder a uma simples indagação – existe uma máquina E que, quando alimentada com o número descritivo de uma máquina M arbitrária de Turing, vai estabelecer se M sempre imprime um dado símbolo? –, então podemos responder a uma indagação mais complexa: existe uma máquina que pode estabelecer se uma dada fórmula lógica é ou não provável? Esse passo é necessário se Turing pretende tornar sua prova irrefutável, satisfazendo as exigências do rigor matemático.

Ele começa, uma vez mais, fazendo uma suposição reductio ad absurdum. Digamos que a máquina E existe e que queremos utilizá-la para descobrir se M sempre imprime um 0. Alimentamos E com o número descritivo de M e ela responde nos dizendo se M imprime ou não imprime um 0 em algum ponto de sua ação. Para usar o mesmo exemplo de Turing, se a sequência que M imprime é

$$ABA01AAB0010AB\ldots$$

então E vai nos dizer, sim, M algumas vezes imprime 0s.

Em seguida construímos uma variante de M – M1 – que imprime a mesma sequência que M, mas substitui o primeiro 0 por outro símbolo; digamos que 1%. Então, onde M imprime a sequência

$$ABA01AAB0010AB\dots$$

M_1 imprime a sequência

$$ABA\%1AAB0010AB\dots$$

Da mesma forma construímos uma máquina, M_2, que substitui os primeiros *dois* 0s na sequência que *M* imprime por %s:

$$ABA\%1AAB\%010AB\dots$$

E assim para M_3, M_4, ... M_n ...

Nós agora construímos uma outra máquina – H – que, quando alimentada com a descrição padrão de M, gera sucessivamente as descrições padrão de M, M1, M2, ... Mn (em um parênteses, Turing nos assegura que a tal máquina existe). Combinando H com nossa indagação original "existe uma máquina que imprima um 0?", E, obtemos uma nova máquina, HE. Quando alimentada com o número descritivo de M, HE primeiro assume seu modo H e escreve a descrição padrão de M. Mudando para o modo E, HE então determina, a partir daquela descrição padrão, se M vai imprimir um 0. Se a resposta é que M nunca imprime um 0, HE imprime :0:. HE então assume o mesmo procedimento para M1, M2, ... Mn, em cada caso imprimindo :0: se a máquina mostra que nunca imprime um 0. Devemos lembrar que HE vai imprimir :0: apenas nos casos em que M nunca imprime zeros (isto é, 1111111 ...) ou quando M imprime um número finito de 0s (por exemplo, 00011111111 ...), caso em que, em algum ponto na interação de M1, M2, ... Mn, nós obteremos uma sequência ao longo das linhas de %%%1111111. ... Se, por outro lado, M imprime um número infinito de 0s, HE não imprimirá :0:.

O passo final é sugestivo da prova anterior de Turing, segundo a qual a máquina D não pode existir: alimentamos nossa hipotética máquina E com o número descritivo da própria HE. Lembremos que a função de E é determinar se uma dada máquina arbitrária de Turing sempre imprime um dado símbolo, nesse caso um 0. Se a própria HE é mostrada como nunca imprimindo um 0, então M deve imprimir 0 infinitamente muitas vezes. Mas se HE algumas vezes imprime 0, então M não deve imprimir nenhum 0 ou um número finito de 0s. Um processo similar nos permitiria determinar se M imprime um número finito ou infinito de 1s. Como cada número computável deve conter um número infinito de 0s ou um número infinito de 1s (ou possivelmente os dois), Turing agora pode concluir: "Com uma combinação desses processos nós temos um processo para determinar se M imprime uma infinidade de números, isto é, temos um processo para determinar se M é não-circular". Turing já mostrou, contudo, que não pode haver esse processo. Portanto, a máquina E não pode existir.

Agora Turing é capaz, finalmente, de estabelecer a insolubilidade do Entscheidungsproblem. Ele já tinha demonstrado um método para expressar a ação de uma determinada máquina de Turing numericamente. Agora explica como representar essa ação sob a forma de uma fórmula lógica, a que chama de Un (M). Para o olho não treinado, a linguagem simbólica que ele utiliza aqui parece, no mínimo, desencorajadora, mas o salto que ela representa é intuitivamente fácil de apreender. Ele começa mostrando como descrever aspectos simples de M utilizando afirmações lógicas e depois codificando essas afirmações em fórmulas lógicas. Por exemplo, a afirmação "na completa configuração x (de M) o símbolo na célula y é S" seria codificada como uma fórmula lógica que ele chama RS1 (x,y). Da mesma forma, a afirmação "na completa configuração x a célula y deve ser visualizada" será codificada como I (x,y); a afirmação "na completa configuração x a configuração-m é qm" será codificada como kqm; e a afirmação "y é o sucessor imediato de x" será codificada como F(x,y). Utilizando essas subfórmulas, Turing pode agora escrever a fórmula lógica Un (M) e então mostrar que Un (M) "tem a interpretação 'em alguma completa configuração de M, S1 (isto é, 0) aparece na fita'". Segue-se que "se existe um método geral para determinar se Un (M) é provável, então existe um método geral para determinar se M sempre imprime um 0". Anteriormente Turing explicou que em seu uso, a expressão "existe um processo geral para determinar..." é equivalente à expressão "existe uma máquina que vai determinar...". Podemos, portanto, concluir que se existe uma máquina para solucionar o Entscheidungsproblem, então também deve existir uma máquina E. Na verdade, talvez seja por isso que Turing nomeou essa máquina em particular com a letra E. Mas como sabemos que a máquina E não pode existir, podemos concluir que uma solução para o Entscheidungsproblem também não pode existir. Portanto, o Entscheidungsproblem não pode ser solucionado. Usando a lógica – e uma máquina milagrosa – Turing colocou um ponto final no velho ideial de um panorama matemático sereno e sem empecilhos.

NOTAS DO CAPÍTULO

1. Na lógica simbólica, a lógica de primeira ordem (também chamada cálculo de predicado de primeira ordem) consiste em afirmações quantificadas que começam com os chamados quantificadores existenciais e universais ($\exists\ldots$) ($\forall\ldots$). O primeiro se traduz em: "Existe um objeto tal que..." O segundo se traduz em: "Para todos os objetos, é o caso de...". (N.A.)
2. Hilbert apresenta uma versão de um problema de decisão, contudo, como o problema 10 de sua famosa palestra de 1900, cujo texto está incluído na obra *The Hilbert Challenge*, de Jeremy J. Gray. (N.A.)
3. Contudo, como Prabhakar Ragde assinala, "um processo de decisão pode não ser eficiente (isto é, pode requerer milhões de anos em um computador rápido ...) e quase certamente não seria revelador". (N.A.)
4. Acompanho Martin Davis quando ele se refere ao computador como "ela", pois, como Davis enfatiza, naquele período a maior parte de "quem computava" era, de fato, constituída de mulheres. (N.A.)
5. Esta passagem é citada por Robin Gandy em seu fascinante ensaio "The Confluence of Ideias in 1936". Aí Gandy também menciona dois inventores pouco conhecidos que fizeram propostas para máquinas universais de cálculos depois de Babbage: P. E. Ludgate, em 1909, e L. Torres y Quevedo, em 1914. Outros se referiram a Babbage em trabalhos sobre a construção de máquinas mais simples, mas em cada um desses casos "a ênfase está em programar uma sequência repetitiva fixa de operações aritméticas. A importância fundamental da repetição condicional e da transferência condicional para uma teoria geral de máquinas de calcular não é reconhecida...". (N.A.)
6. No obituário de Turing escrito para o *Times*, de Londres, contudo, Newman escreveu: "A descrição que ele fez de uma máquina de computação 'universal' era inteiramente teórica em seu objetivo, mas o forte interesse de Turing por todos os experimentos práticos

fez dele já então interessado na possibilidade de realmente construir uma máquina nessas condições". (N.A.)

7. Este exemplo é baseado em outro dado por Andrew Hodges na biografia. (N.A.)

8. Alterei ligeiramente os símbolos que Turing utilizou originalmente. (N.A.)

9. Turing computa π como $4[1 - \frac{1}{3} + \frac{1}{5} - \frac{1}{7} + \frac{1}{9}...]$. Ele computa *e*, um número irracional que tem um papel importante, entre outras coisas, no cálculo de logaritmos naturais, como $1 + 1 + \frac{1}{2!} + \frac{1}{3!} + \cdots$. Como já vimos antes, números algébricos são os números irracionais que satisfazem equações algébricas. As funções de Bessel são as soluções para as equações diferenciais de Bessel: $x^2 \frac{d^2y}{dx^2} + x\frac{dy}{dx}1 + (x^2 - m^2)y = 0$. (N.A.)

10. A tese de Turing, contudo, de forma nenhuma depende da utilização desse sistema de código particular, e de fato outros sistemas de código são muito mais econômicos. Nem seu sistema de código está limitado a essas letras particulares e números. Por exemplo, pode-se atribuir a letra P (e o número 8) ao símbolo –, indicando um número negativo. Também se pode atribuir a letra Q (e o número 9) ao símbolo /, indicando a linha de divisão entre o numerador e o denominador de uma fração. (N.A.)

[QUATRO]

Sutil é o Senhor

1.

Turing agora tinha chegado ao seu resultado. Ele obtivera uma definição para uma categoria completamente nova de números, os "números computáveis", e, ao longo do caminho, provara a insolubilidade do Entscheidungsproblem. Mas, mais importante, ele introduzira no campo da matemática um conceito surpreendente e original: a máquina-a. "É difícil hoje", Newman escreveu em suas memórias, "perceber o quanto foi ousada a inovação de introduzir conversas sobre fitas de papel e padrões perfurados nelas nas discussões sobre os fundamentos da matemática. (...)". Foi igualmente ousado falar de "estados de espírito" em um artigo sobre matemática; como Hodges observa, o argumento suplementar da "lista de instrução" foi, em muitos aspectos, uma abordagem "mais segura". Contudo, o problema sobre como os seres humanos pensam povoara a mente de Turing pelo menos desde 1931, quando ele escreveu um ensaio intitulado "Nature of Spirit" para a mãe de Christopher Morcom. O ensaio começa com um relato geral da influência dos desenvolvimentos da física e da mecânica quântica sobre a concepção científica do universo e depois passa rapidamente para a questão do livre-arbítrio:

> Temos uma vontade que é capaz de determinar a ação dos átomos provavelmente em uma pequena porção do cérebro, ou possivelmente sobre ele todo. O resto do corpo age de maneira a amplificar isso. Agora surge a indagação que precisa ser respondida sobre como a ação dos

outros átomos do universo é regulada. Provavelmente pela mesma lei e simplesmente pelos efeitos remotos do espírito, mas como eles não têm um aparelho amplificador, parecem ser regulados por puro acaso. A aparente não-predestinação da física é quase uma combinação de acasos.

Em outras palavras, o acaso tinha, na era da mecânica quântica, suplantado o "espírito" como o princípio guia que deve estar na origem de todo esforço para entender o universo – será mesmo? Turing é claramente ambivalente nesse ponto. Embora os átomos, em sua ação, "*pareçam* ser regulados por puro acaso" (o grifo é meu), de fato estão "provavelmente" sujeitos à mesma "vontade" por meio da qual nós, como seres humanos, somos capazes de controlar pelo menos uma pequena porção de nosso cérebro. Assim, "os efeitos remotos do espírito" *não* foram, de fato, banidos.

O que Turing parece estar lutando para reconciliar aqui é sua dedicação ao rigor científico (uma dedicação parcialmente instilada nele por Christopher Morcom) e seu anseio de preservar alguma ligação com o espírito de Christopher depois de sua morte. Na verdade, nesse ponto o ensaio se torna mais pessoal e embora o nome de Christopher nunca seja mencionado, seu fantasma paira nos espaços em branco:

> Pessoalmente acredito que o espírito é conectado eternamente com a matéria, mas não sempre pelo mesmo tipo de corpo. Acreditei ser possível para um espírito à beira da morte ir para um universo separado do nosso, mas agora considero que a matéria e o espírito são tão conectados que isso seria uma contradição em termos. É possível, contudo, mas improvável que tal universo exista.

O espírito sobrevive ao corpo? Se sobrevive, como e onde? A questão é religiosa por natureza; contudo, ao discuti-la, Turing tem o cuidado de nunca cair na linguagem do misticismo ou de sacrificar sua visão "científica" objetiva. Certamente teria sido um consolo para ele imaginar que o espírito de Christopher Morcom, de alguma forma, não tinha apenas sobrevivido a seu corpo, mas permaneceu no mesmo "universo" de Turing:

> Então, no que tange à real conexão entre o espírito e o corpo, considero que o corpo, por ser um corpo vivo, pode "atrair" e ligar-se a um "espírito", e enquanto o corpo está vivo e acordado os dois estão firmemente conectados. Quando o corpo está dormindo não sei imaginar o que acontece, mas quando o corpo morre o "mecanismo" do corpo que tem o espírito sai, e o espírito encontra um novo corpo, mais cedo ou mais tarde, ou talvez imediatamente.
> Quanto à questão de por que temos corpo e por que não podemos viver livres como espíritos e nos comunicar como tais, nós provavelmente poderíamos fazer isso, mas não haveria o que quer que fosse para fazer. O corpo fornece alguma coisa para o espírito cuidar e usar.

Há alguma coisa intensamente íntima e tocante a respeito dessa passagem, escrita para dar consolo à mãe de um jovem a quem Turing adorava, e com cujo "espírito" ele espera permanecer "conectado" através do seu corpo. Mais de duas décadas antes, Forster escrevera o prefácio de Howards End com as palavras "Only connect. (...)" A frase reaparece no capítulo 22 do romance, onde Forster escreve: "Conecte apenas a prosa e a paixão, e as duas serão exaltadas, e o amor humano será visto em seu ponto máximo. Não viva mais aos pedaços". A exortação de Forster pode ser lida como um chamamento a conectar o corpo e o espírito, e com isso ele discorda de Clive Durham, que é capaz de sustentar sua relação com Maurice apenas enquanto o sexo não tem nenhum papel nela; o que escandaliza Clive, no final do romance, não é só a descoberta de que Maurice está para fugir com o guarda-caça de Clive, Alec Scudder, mas o anúncio de que Maurice e Alex se "amaram". Turing, ao contrário, conclui seu ensaio com a apaixonada afirmação da atração física que sugere a possibilidade de Forster ter tido uma influência indireta sobre ele. Não fosse pelo corpo, que "fornece alguma coisa para o espírito cuidar e usar", o espírito, presumivelmente, definhará. Sem o corpo para dar-lhe expressão, o espírito permanece uma abstração da qual, no longo prazo, nenhum suporte pode ser derivado.

Como Hodges observou, "Nature of Spirit" antecipa as investigações sobre a questão do livre-arbítrio e do determinismo – o grau em que o espírito controla o corpo e vice-versa – que posteriormente forneceu o esqueleto para "Computable Numbers". Afinal de contas, os dois pontos de vista nos quais Turing está interessado aqui são argumentos paralelos exatos do "estado de espírito" e da "lista de instrução" de "Computable Numbers". Contudo, a ideia de investigar um "estado de espírito" pode também ter vindo do King's College. Na verdade, John Maynard Keynes, ao descrever a "religião" da Principia Ethica de G. E. Moore, também tinha utilizado o termo "estado de espírito", escrevendo que para ele e seus colegas Apóstolos, "estados de espírito não estavam associados à ação, à realização ou às consequências. Eles consistiam em permanentes estados apaixonados de contemplação e comunhão, amplamente não tocados pelos 'antes' ou pelo 'depois'". O valor desses estados de espírito, Keynes continuou, dependia, de acordo com o princípio da unidade orgânica, do estado dos interesses como um todo e que não podiam ser analisados por partes, de maneira útil. Por exemplo, o valor do estado de espírito de estar apaixonado não dependia meramente da natureza das próprias emoções, mas também do valor de seu objeto, da reciprocidade e natureza das emoções do objeto; mas não dependia, se me lembro corretamente, ou não dependia muito, do que aconteceu, ou de como alguém se sentia em relação a isso. (...)

À primeira vista, o mundo de "apaixonada contemplação" e de amizade romântica de Keynes parece distante do de Turing, com seus computadores humanos fazendo operações algorítmicas. Contudo há um elemento comum. Os dois homens eram instigados por um impulso de analisar a percepção mental da experiência, de dividi-la em suas unidades distintas: em um caso, "permanentes estados apaixonados de contemplação e comunhão, amplamente não tocados pelo 'antes' e pelo 'depois'", e em outro, os "momentos" – as configurações-m – em que um processo computacional pode ser subdividido. Além disso, sob a superfície das duas análises do mental existe um tácito entendimento de que esses estados devem tomar uma forma física se pretendem ter significado. O corpo está implícito no ensaio de Keynes, da mesma forma que a não dita possibilidade de que uma máquina-a poderia ser verdadeiramente construída ecoa no uso hipotético, até mesmo abstrato, da analogia da máquina feito por Turing.

2.

Turing terminou seu primeiro rascunho de "Computable Numbers" na primavera de 1936. É difícil supor se a essa altura ele tinha consciência do alcance de suas ramificações. Em muitos aspectos ele era um dissidente tão improvável quanto Gödel, de cujos resultados ele se esforçou ao máximo para distinguir-se:

> Talvez deva ser salientado que o que eu quero provar é muito diferente dos bem conhecidos resultados de Gödel. Gödel mostrou que (no formalismo da Principia Mathematica) há proposições U tais que nem U nem –U podem ser provados. Como consequência, é mostrado que nenhuma prova da consistência da Principia Mathematica (ou de K) pode ser dada dentro daquele formalismo. Por outro lado, mostrarei que não há método geral que revele se uma dada fórmula U pode ser provada em K, ou, o que vem a dar no mesmo, se o sistema consistindo de K com –U acrescentado como um axioma extra é consistente.

O resultado de Turing deu ênfase ao processo. Na verdade, esse artigo teve como ponto de partida a ideia típica de Gödel, de que as operações matemáticas envolvendo números poderiam ser expressas *como* números. Mas então seu fascínio pela mente levou Turing a uma direção diferente da de Gödel, um autoproclamado "platonista" e "matemático realista" que uma vez tentou uma prova ontológica da existência de Deus. De muitas maneiras, Gödel era um antiformalista. Como ele escreveu em uma carta para Hao Wang (no dia 7 de dezembro de 1967):

> Posso acrescentar que minha concepção objetiva da matemática e da metamatemática em geral, e do raciocínio transfinito em particular, foi também fundamental para meu outro trabalho sobre lógica.

Como alguém poderia na verdade pensar em expressar a metamatemática nos próprios sistemas matemáticos se os últimos são considerados como consistindo em símbolos sem sentido, os quais adquirem algum significado substituto apenas por meio da metamatemática?

Diferentemente de Turing, as preocupações de Gödel não eram do tipo que inevitavelmente o levariam para o Entscheidungsproblem. Contudo, o resultado de Turing, quando ele chegou lá, tinha um sabor nitidamente gödeliano: isto é, sua resposta, em certo sentido, não era nenhuma resposta, já que na verdade ele tinha mostrado que o problema de decisão em si era um exemplo de um problema indecidível. Por outro lado, o artigo de Turing era imensamente construtivo, no sentido de que desenvolveu uma teoria nitidamente de computabilidade enquanto dava exemplos específicos de grandes classes de Computable Numbers. O artigo também colocou em circulação o primeiro modelo de uma máquina computadora.[1] Não importa que essa máquina, pelo menos em princípio, fosse hipotética; sua simplicidade era em muitos aspectos sua maior virtude.

Em abril de 1936, Turing deu o rascunho de seu "Computable Numbers" a Newman. No início, de acordo com Solomon Feferman, Newman ficou "cético com a análise de Turing, pensando que nada tão claro em sua concepção básica como as máquinas de Turing poderia ser utilizado para resolver esse problema pendente", mas logo mudou de ideia e encorajou Turing a publicar seu artigo. Turing ficou naturalmente exultante. Aos 24 anos de idade, estava prestes a fazer uma grande contribuição à sua disciplina, do tipo que iria garantir sua posição em Cambridge e aumentar sua bolsa irrisória de 300 libras anuais. Tudo parecia ir de vento em popa. Mas de repente surgiu uma dificuldade.

No mês de maio, Newman recebeu pelo correio uma separata de um artigo escrito por Alonzo Church, um matemático de Princeton, intitulado "An Unsolvable Problem of Elementary Number Theory". O artigo introduzia um sistema chamado cálculo lambda, desenvolvido por Church em conjunto com seus alunos Stephen Kleene e John Barkley Rosser, e depois utilizado para propor uma definição de "definibilidade-λ" que na verdade era sinônimo da definição de Turing para computabilidade. Pior para Turing, em um segundo artigo Church usava o conceito da definibilidade-λ para mostrar que o Entscheidungsproblem era insolúvel. O primeiro artigo, embora já tivesse sido apresentado à American Mathematical Society no dia 19 de abril de 1935, tinha levado um ano para cruzar o oceano. O segundo tinha aparecido no Journal of Symbolic Logic na mesma época em que Turing estava terminando o primeiro rascunho de "Computable Numbers".

Newman mostrou a novidade dos artigos de Church a Turing, para quem elas foram um choque. Uma vez mais – como em Sherborne, como com Sierpinski, como com seu artigo – a história o tinha derrotado na chegada. Church, ele explicou à sua mãe, "estava fazendo as mesmas coisas de uma maneira diferente". Mas isso queria dizer que seu artigo era impublicável? Newman, para grande alívio de Turing, pensava que não. Ao contrário, ele disse à mãe, "o Sr. Newman e eu decidimos que o método é suficientemente diferente (do de Church) para garantir a publicação de meu artigo também". Newman até sugeriu que Turing fosse para Princeton a fim de estudar com Church, e com essa finalidade escreveu a Church uma carta relatando a situação:

> Uma separata que o senhor gentilmente me enviou recentemente com o artigo na qual define "números calculáveis" e

mostra que o Entscheidungsproblem é insolúvel pela lógica de Hilbert foi motivo de um interesse muito penoso para um jovem daqui, A. M. Turing, que estava prestes a publicar um artigo no qual usou a definição "Números Computáveis" com o mesmo objetivo. Seu tratamento – que consiste em descrever uma máquina que vai produzir mecanicamente qualquer sequência computável – é bastante diferente do seu, mas parece ter grande mérito, e eu penso ser de grande importância que ele pudesse viajar e trabalhar com o senhor no próximo ano, se isso for possível.

Newman estava temeroso, mesmo nesse estágio inicial, que o hábito de Turing de trabalhar em isolamento pudesse terminar afetando sua carreira. Mais tarde, em suas memórias, Newman escreveu que "a forte preferência de seu aluno de considerar tudo desde os primeiros princípios, em vez de pedir emprestado de outros... deu originalidade e independência a seu trabalho, mas também sem dúvida o atrasou, e mais tarde o tornou um autor difícil de ler". Como regra, a maioria dos matemáticos trabalha só, e suas únicas ferramentas são um lápis e um bloco de anotações (ou um quadro-negro e um pedaço de giz); mesmo assim, nos círculos matemáticos, um excesso de isolamento auto-imposto tende a ser visto com desaprovação. Trabalhar sozinho, como Turing fazia, envolve uma escolha difícil. De um lado, como Gandy mais tarde argumentaria, "é quase verdadeiro dizer que Turing foi bem-sucedido em suas análises porque não tinha familiaridade com o trabalho dos outros. (...) A abordagem é nova, o estilo é original em sua clareza e simplicidade. (...) Elogiemos a mente livre de coisas alheias". Por outro lado, o desconhecimento de Turing do que seus contemporâneos estavam desenvolvendo significou que o artigo de Church o pegou de surpresa. Como acontecia, a preocupação com a questão da computabilidade estava impregnando intensamente o ar matemático de meados dos anos de 1930. Não apenas Church, Kleene e Rosser, mas também Gödel, Jacques Herbrand e Emil Post estavam trabalhando no problema, cada um descrito por meio de sua própria terminologia: a "efetiva calculabilidade" de Herbrand era equivalente à "definibilidade-λ" de Church, ao conceito de Gödel sobre a "função recursiva",[2] ao de Turing dos números computáveis, da mesma forma que a formulação de Post para um "processo finito-1" (desenvolvido com o conhecimento do trabalho de Church, mas não do de Turing, e publicado também no Journal of Symbolic Logic em 1936) apresentava uma surpreendente semelhança com a máquina-a de Turing:

> Na formulação seguinte... dois conceitos estão envolvidos: o do espaço de símbolos no qual o trabalho derivado do problema a resolver deve ser desenvolvido, e um conjunto de instruções fixo e inalterado que vai direcionar as operações no símbolo de espaço e determinar a ordem na qual essas instruções deverão ser aplicadas.

Mais do que utilizar a metáfora da máquina, Post imaginou um tipo de fábrica dividida em "boxes" nos quais "o solucionador de problema ou trabalhador deve se mover e trabalhar... sendo capaz de começar e operar em um boxe de cada vez. E além da presença do trabalhador, o boxe deve admitir uma de duas possíveis condições, isto é, estar vazio e sem marca, ou ter uma única marca, digamos, um traço vertical". Embora Post fosse cidadão americano e ensinasse no City College em Nova York, seu ambiente de referência era o mesmo do modo de ser da produção em massa presente em O Homem do Terno Branco.[3]

Contudo, sua sequência de boxes é literalmente análoga à fita de Turing, da mesma forma que seu "trabalhador" é análogo à máquina-a. Na verdade, a exatidão do paralelo entre a formulação de Post e a máquina de Turing dá crédito à concepção platônica da matemática como um processo de descobrimento mais do que uma invenção. Era como se uma ideia estivesse emanando da própria natureza, ávida para encontrar uma forma de expressão. E embora Church tivesse a real vantagem de ter sido o primeiro na linha de partida, ainda não era muito claro se seu cálculo lambda, no final, provaria ser a abordagem em circulação mais utilizável, mais pragmática, ou mais convincente.

3.

O próprio Church era decididamente uma figura estranha. Nascido em Washington, D.C., em 1903, tinha passado quase toda a vida adulta em Princeton, obtendo o grau de bacharel, de mestre e o Ph.D. da universidade antes de entrar para seu corpo docente em 1929. O único período que passou fora de Princeton foi em 1927 e 1928, quando como National Research Fellow ele estudou em Harvard, em Göttingen com Hilbert e em Amsterdã com Brouwer. Recordando seus anos em Princeton, o matemático italiano Gian Carlo Rota se lembra de Church como parecendo "um cruzamento entre um panda e uma coruja grande. Ele falava devagar, em parágrafos completos que pareciam ter sido tirados de um livro, enunciados devagar e num tom igual, como se falados por uma máquina. Quando interrompido, faria uma pausa por um período desconfortavelmente longo para retomar o fio de seu argumento".

Church era famoso por trabalhar a noite inteira, deixando suas anotações – cuidadosamente marcadas com lápis coloridos – para a secretária do departamento de matemática pegá-las e datilografar pela manhã. Ele contribuía pouco para o departamento, além de ensinar e editar a seção de resenhas do Journal of Symbolic Logic, que ajudou a fundar em 1936; na verdade, sua ausência dos encontros do corpo docente muitas vezes gerava desaprovação e pode ter sido parte da razão pela qual só foi promovido a posto de full professor, o mais alto posto de professor, em 1947 – 18 anos depois de entrar para o corpo docente.

Circulavam histórias sobre o alheamento de Church. Seu colega Albert Tucker se lembra de o reitor de Princeton lhe ter contado "que muitas vezes encontrou Church andando pelo campus, e que falava com Church mas ele não respondia". Quando o chá da tarde era servido no salão comum dos departamentos, Church chegaria "quase ao final, pegaria qualquer resto de leite e de creme deixado nas jarras, colocaria tudo em qualquer dos bules de chá já quase vazios e beberia a mistura. Depois sairia para sua sala e lá trabalharia a noite toda". Seu estilo de dar aulas era pedante e excessivamente detalhista, o que provocava o gracejo segundo o qual "se Church disse que algo é óbvio, isso quer dizer que todo mundo viu que era óbvio meia hora antes".[4]

Seu comportamento tendia para a compulsão. Por exemplo, Rota lembra que ele tinha uma vasta coleção de romances de ficção-científica, cada um deles marcado de forma secreta, ou com um círculo ou uma cruz. Em alguns casos, fazia correções de números de páginas erradas nas margens do sumário. Suas aulas, conforme Rota, invariavelmente "começavam com uma cerimônia de dez minutos de limpeza do quadro-negro, até que ele ficasse imaculadamente limpo. Tentávamos poupar-lhe o esforço apagando o quadro-negro antes de sua chegada, mas sem sucesso. O ritual não podia ser cancelado; muitas vezes era preciso água, sabão e uma escova, e era seguido por outros dez minutos de total silêncio até que o quadro-negro secasse". As aulas não requeriam nada em termos de preparação, pois consistiam na recitação literal de textos datilografados e preparados ao longo de 20 anos e mantidos na Fine Hall Library. Naquelas raras ocasiões em que Church se sentia obrigado a divergir do texto preparado, ele advertia os alunos com antecedência.

Em certo sentido, a meticulosidade de Church era parte integrante de seu talento como lógico; como Tucker observa, "ele era completamente alheio a tudo que acontecia no mundo, exceto na lógica matemática". De acordo com Rota, Church nunca era capaz de fazer uma afirmação simples como "está chovendo", porque "essa afirmação, tomada isoladamente, não faz sentido. (...) Ele diria, em vez disso: 'Vou ter de adiar minha partida para a Nassau Street, visto que está chovendo, fato que posso verificar olhando pela janela'". Da mesma forma, o cálculo lambda não tinha nenhuma falha em sua precisão; nas palavras de Kleene, ele "apresentava a notável característica (de estar) contido em uma formulação muito simples e quase inevitável, chegando a uma conexão natural sem nenhuma predeterminação de seu resultado". Ainda assim, Kleene ponderava, "para tornar o mais plausível a identificação com efetiva calculabilidade – que na verdade acho convincente, a computabilidade de Turing (tinha) a vantagem de mirar diretamente no objetivo. (...)". As definições-λ de Church podiam, como Turing modestamente afirmou, ser mais "convenientes", mas a máquina-a era "possivelmente mais convincente".

Mas estranhamente, quanto menor a arena acadêmica, mais altas deviam ser as apostas. Em 1936, a disciplina da lógica matemática não apenas tinha poucos adeptos como de alguma forma tinha má reputação na comunidade matemática mais ampla, particularmente nos EUA. Como Church relembrou em uma entrevista concedida a William Aspray em 1984, "não havia muitos outros interessados nesse campo, que não era tido como um campo respeitável, com alguma justiça. Havia um monte de bobagens publicadas sob esse título". O fato de poucos matemáticos estarem interessados em alguma coisa tão antiga quanto o Entscheidungsproblem, contudo, não fazia sua resolução menos importante para os dois homens, cada um deles se vendo, justificadamente, como vitorioso em uma batalha que vinha sendo disputada há séculos. Além disso, ambos precisavam do reconhecimento. Em 1936, afinal de contas, Church tinha apenas 33 anos, somente nove a mais do que Turing. Ele ainda era professor-assistente e não tinha outros meios para manter a si e sua família (que incluía um pai idoso, juiz aposentado), além do salário que recebia em Princeton. Na matemática, o progresso acontece apenas com publicações de trabalhos importantes, liberadas pelas autoridades após crítica minuciosa. Reivindicar o Entscheidungsproblem por meio da "tese de Church" era tão importante para Church quanto reivindicar a mesma coisa por meio da "tese de Turing" era para Turing.[5] No entanto, na entrevista concedida a Aspray, em 1984, quando Church estava com 80 anos, ele foi curiosamente evasivo sobre a primeira vez que ouviu falar de Turing e dos "Computable Numbers". Na verdade, a conversa é mais reveladora pelo que deixa de fora do que pelo que inclui:

> Aspray: Se o senhor não se importa, gostaria de fazer mais algumas perguntas sobre esse tópico, pois tem especial interesse para mim desde que escrevi minha dissertação sobre Turing. Como o senhor ficou sabendo do trabalho de Turing?
> Church: Bem, Turing ficou sabendo do meu trabalho ao ler meu artigo publicado no American Journal of

Mathematics. À época seu trabalho estava bem adiantado para publicação. Talvez já estivesse pronto para publicação. De qualquer modo, ele conseguiu que um periódico britânico o publicasse rapidamente, e uns seis meses mais tarde seu artigo apareceu. Ao mesmo tempo, acho, Newman me escreveu sobre ele da Inglaterra.

Além de erros na cronologia, o que surpreende nessa passagem é que Church responde à pergunta "Como o senhor tomou conhecimento do trabalho de Turing?" como se ela fosse "Como Turing tomou conhecimento do *seu* trabalho?" Para Turing, Church conta a Aspray, as notícias de seus próprios resultados foram "um grande desapontamento". Nunca soubemos como Church tomou conhecimento dos resultados de Turing.

Uma questão estava acima da discussão: embora os métodos que Church e Turing empregaram fossem completamente diferentes – na verdade, foi a singularidade dos métodos de Turing que fizeram com que seu artigo fosse tão impressionante –, as conclusões a que chegaram foram idênticas. Isso significou que Turing teria de admitir ter tido conhecimento do trabalho de Church antes que pudesse publicar "Computable Numbers", de modo que naquele mês de agosto ele fez um esboço, como um apêndice ao artigo, da equivalência entre sua noção de computabilidade e a definibilidade-λ de Church. Depois encaminhou o manuscrito. Church demonstrou interesse em tê-lo em Princeton, e no dia 23 de setembro a mãe de Turing se despediu dele em Southampton, onde ele tomou o Berengaria, da Cunard, viajando na classe econômica. Entre os itens que levou consigo estavam um violino velho, comprado em uma loja de Farringdon Road em Londres, e um velho sextante. "De todas as coisas incômodas de levar", sua mãe escreveu, "acredite, ele levou um velho sextante e sua caixa. Embora tenha feito algumas medições, com o movimento do navio, um defeito no instrumento e a inexperiência de Alan, ele duvidou da sua precisão". Turing colocou a seguinte anotação em uma carta enviada a bordo do Berengaria: 41o 20'N. 62o W.

Ele chegou a Nova York no dia 29 de setembro. Desde a criação, em 1932, do Institute for Advanced Study, Princeton se transformara na Göettingen do século XX – e embora o instituto permanecesse uma entidade separada do departamento de matemática da universidade, o fato de os dois estarem situados dentro de Fine Hall gerava uma distinção acadêmica. Turing escreveu à mãe:

> O departamento de matemática confirmou todas as expectativas. Há um grande número dos mais eminentes matemáticos aqui: J. v. Neumann, Weyl, Courant, Hardy, Einstein, Lefschetz e também um monte de peixes menores. Infelizmente, não há mais tantos lógicos quanto no ano passado. Church está, claro, mas Gödel, Kleene, Rosser e Bernays, que estavam aqui no ano passado, saíram. Acho que não me importo muito com a falta deles, exceto Gödel. Kleene e Rosser são, imagino, apenas discípulos de Church e não têm muito a oferecer que eu não possa obter com Church. Acho que Bernays está ficando meio ultrapassado, impressão que seus escritos me passam, mas se eu o encontrasse talvez tivesse uma impressão diferente.

Bernays, de fato, tinha sido um dos discípulos de Hilbert em Göttingen; em 1930 ele tinha declarado sua fé otimista de que uma solução positiva para o Entscheidungsproblem seria encontrada. Quanto a Hardy, como um homossexual de Cambridge, ele teria se constituído, seria possível admitir, em um provável mentor para Turing. Ao contrário, Turing relatou: "Ele era muito distante ou possivelmente tímido. Eu o encontrei nos aposentos de Maurice Pryce[6] no dia em que cheguei e ele não falou uma palavra comigo. Mas está ficando mais amigo agora".

Uma fotografia de passaporte de Alan Turing dos anos de 1930. (King's College Library, Cambridge)

Como a maioria dos estudantes de pós-graduação do departamento de matemática, Turing passou a maior parte de seu tempo em Fine Hall, um edifício de três andares em tijolo vermelho, com janelas de caixilhos elaborados e teto em ardósia. Não obstante seu estilo gótico espalhafatoso, Fine Hall fora inaugurada apenas em 1931. O matemático Oswald Veblen (1880-1960), mentor de Church e o espírito por trás de sua construção, e também sobrinho do economista Thorstein Veblen, pretendeu copiar a arquitetura de Oxford e Cambridge. Embora fosse de Iowa e de ascendência norueguesa, Veblen tinha claras tendências anglófilas; tinha dado aulas em Oxford e era casado com Elizabeth Richardson, irmã do físico inglês Owen Willans Richardson. Talvez por essa razão ele tenha concebido Fine Hall como uma espécie de universidade de Oxbridge, embora para uso exclusivo de matemáticos e físicos. E da mesma forma que nas faculdades de Oxford havia salas comuns para os mais moços, onde os estudantes podiam se misturar com o corpo docente, e salas comuns para os mais velhos, onde os professores podiam se reunir entre eles e beber vinho do Porto, em Fine Hall havia uma sala comum (análoga à sala para os mais moços) aberta a todo mundo (situada de tal forma que quem quisesse ir à biblioteca tinha de passar por ela), bem como uma sala reservada para uso exclusivo dos professores, dentro do princípio "nem sempre entendido por aqueles que tentam estabelecer relações mais próximas entre o corpo docente e os estudantes que em toda forma de relacionamento social as disposições para a privacidade são tão importantes quanto aquelas para a proximidade". Nessa "sala dos professores", membros do corpo docente podiam conversar ou ler diante de uma lareira requintada, cercada por símbolos matemáticos, incluindo uma mosca explorando a fita de Moebius; sobre o aparador havia uma citação de Einstein: "Raffiniert ist der Herr Gott, aber boshaft ist er nicht" – que o matemático e físico H. P. Robertson traduziu por "Sutil é o Senhor, mas malicioso Ele não é". Algumas das janelas eram divididas em poliedros, enquanto em outras os vitrais estavam gravados com fórmulas, inclusive $E = mc^2$.

O mesmo esforço foi feito para copiar tanto o ritual de Oxbridge quanto sua arquitetura; assim, no curso de graduação, os alunos usavam becas para jantar, enquanto na sala comum de Fine Hall, o chá era servido toda tarde às 3 horas. Contudo, a despeito do chá, a sala comum tinha um tom casual distinto (e marcadamente americano) que era completamente diferente do tom de King's College. Alunos de pós-graduação com pouco dinheiro passavam quase todo o tempo ali, voltando para seus quartos mobiliados apenas para dormir. Não havia moças ou garçons para servir o chá; ao contrário, os chás eram organizados e servidos por estudantes bolsistas, por ganharem mais dinheiro e terem menos trabalho. Ao lado da sala havia uma quitinete com um fogão elétrico e – maravilha das maravilhas – uma máquina de lavar pratos; lá havia uma grande quantidade de "cookies" (para Turing um termo estrangeiro) pedidos por atacado da National Biscuit Company, que logo se tornaria a Nabisco. Principalmente durante a recessão era necessário impor-se uma cota no número de biscoitos servidos, a fim de desencorajar os famintos estudantes de pós-graduação a não os transformarem em uma refeição.

O que não era de surpreender é que poucos professores utilizavam a sala reservada apenas para eles. A sala comum era muito mais divertida. Sempre eram disputados jogos: go,[7] xadrez e kriegspiel [8] (uma variedade de xadrez às cegas), além de jogos inventados lá mesmo, como psicologia, um jogo de cartas do qual um amigo de Turing, Shaun Wylie, gostava imensamente. Wylie, que era de Oxford (seu pai fora um dos mais importantes professores lá), estava terminando o último de seus três anos em Princeton exatamente quando Turing estava começando o primeiro do que seria seu período de dois. Rapidamente, Wylie o atraiu para seu círculo de estudantes de pós-graduação americanos e ingleses. Outros membros incluíam Francis Price, Will

Jones e Bobby Burrell. O grupo organizava caçadas ao tesouro, leitura de peças e até um time de hóquei que jogava contra as moças da escola da srta. Fine (a srta. Fine era irmã do reitor Fine, que deu nome ao Fine Hall) e de Vassar. Mas Turing, embora fosse visto com afeição e considerado um "membro honorário da panelinha", ficava um pouco distante. "Acho que ele ficava satisfeito de estar envolvido", Wylie contou mais tarde a Frederick Nebeker, "mas certamente naquela época ele não era uma pessoa com liderança".

Considerando-se tudo, Princeton acabou se revelando muito confusa para um inglês de classe média como Turing. Ele ficava intrigado, por exemplo, com o fato de que nenhum dos estudantes de pós-graduação que encontrava se preocupasse em "discutir negócios. É muito diferente de Cambridge nesse aspecto". O modo de falar dos americanos também o chocava:

> Ao falar, esses americanos têm várias peculiaridades que de alguma forma soam estranhas para mim. Sempre que agradecemos a eles por alguma coisa, eles dizem "You're welcome".[9] De início até gostei, achando que eu era bem-vindo, mas agora sei que a expressão sai como uma bola rebatida pela parede e fico bastante apreensivo. Outro hábito que eles têm é fazer o som descrito pelos autores como "Aha". Eles o usam quando não têm nada adequado a responder ou a acrescentar, mas pensam que o silêncio poderia ser rude.

Os aspectos mais fluidos da interação social americana eram particularmente desconcertantes para um jovem crescido em uma sociedade definida por distinções de classe, reticências físicas e rígidas noções de propriedade. "Embora preparado para encontrar democracia em plena florescência", a Sra. Turing escreveu, "a familiaridade do pessoal da área comercial surpreendeu (Turing); ele citou como extremo o caso do moço da caminhonete da lavanderia, que, enquanto explicava o que faria em resposta a um pedido de Alan, colocou seu braço no ombro dele. Isso seria impensável na Inglaterra". Claro que, lendo nas entrelinhas, pode-se imaginar se, por trás da consternação de Turing com a "familiaridade" do moço da caminhonete da lavanderia, não havia um desconforto mais profundo: surpresa ao encontrar uma possibilidade erótica aberta, incerteza sobre como responder a ela e até um desapontamento em retrospectiva em relação a uma oportunidade perdida.

Ele recebia as notícias da Pátria Mãe pelos jornais americanos. "Envio alguns recortes sobre a Sra. Simpson", ele escreveu à mãe no dia 22 de novembro, "como amostras representativas do que temos aqui sobre esse assunto. Acho que a senhora nunca ouviu falar dela, mas durante alguns dias ela foi assunto de primeira página por aqui". Pouco mais de uma semana depois ele se queixava de estar "horrorizado com a maneira como as pessoas estavam tentando interferir no casamento do rei. Pode ser que o rei não devesse se casar com a Sra. Simpson, mas isso só diz respeito a ele. Eu não toleraria nenhuma interferência dos bispos e acho que o rei também não deve tolerar".

Palavras fortes, especialmente para uma mãe. Contudo, Turing tinha motivos para se identificar com a provação de Edward VIII; suas histórias de amor, afinal de contas, eram também do tipo que não teria aprovação de bispos. A hipocrisia da igreja da Inglaterra lhe provocava indignação, da mesma forma que o aparente esforço da imprensa britânica para ocultar a história. "Acredito que o governo quis se livrar dele e encontrou na Sra. Simpson uma boa oportunidade", escreveu. Claramente, a ideia de que as instituições políticas pudessem utilizar a vida pessoal de um homem contra ele não chocou nem surpreendeu Turing particularmente, embora o perturbasse como perturbou o que ele chamou de comportamento "vergonhoso" do arcebispo de Canterbury: "Ele esperou até que Edward estivesse fora do seu caminho e então descarregou uma enorme quantidade de insultos desnecessários. Ele não ousou fazer isso enquanto Edward era rei. Além disso, não se opunha a que o rei tivesse a Sra. Simpson como amante, mas casar com ela, ah, isso não!".

Era o tipo de hipocrisia sexual em que Turing tinha crescido, em escolas em que o comportamento homossexual era tolerado, desde que nunca fosse mencionado, ou que pudesse evoluir para uma identidade homossexual. E de que maneira rápida a tolerância muda se transformava em brutal repressão, quando os amantes decidiam revelar-se! A política do arcebispo, de "não perguntar, não contar", irritava Turing profundamente, não apenas em relação ao rei e à Sra. Simpson, mas por causa das implicações que isso tinha para seu próprio futuro. Na verdade, imagine que em maio de 1939 ele ainda estava se aborrecendo com a abdicação, dizendo à sua mãe que estava "feliz que a Família Real estivesse se opondo ao gabinete, e insistindo em suas tentativas de manter o casamento de Edward VIII sem alarde".

Em Princeton, entretanto, havia festas a que comparecer – o tipo de festas em que o destino da Sra. Simpson poderia ser tema de conversas. Embora os matemáticos normalmente não tenham a reputação de serem amantes de festas, a turma de Fine Hall tinha fama de ser sociável. Notadamente, o enérgico e fascinante John von Neumann e sua segunda mulher, Klara, que davam magníficas festas em sua casa, para as quais os estudantes de pós-graduação eram muitas vezes convidados. Hermann Weyl e sua mulher, Hella, faziam reuniões durantes as quais café turco era servido. Em contraste, os ocasionais jantares que Church oferecia com sua mulher, Mary, eram muitas vezes enfadonhos, pelo menos a se julgar pelo que Turing contava a sua mãe. "Church me convidou para jantar a noite passada", escreveu no mês de outubro. "Considerando que os convidados eram todos da universidade, achei a conversa muito frustrante. Pelo que me lembro, eles não falaram nada além de suas cidades natais."

Quanto a Church, se tomou algum conhecimento de Turing, mais tarde esqueceu-se. Muitos anos depois, William Aspray lhe pediu que citasse os estudantes de pós-graduação com quem trabalhara nos anos de 1930. A resposta que ele deu é digna de nota, uma vez mais, pelo nome que omite: Turing. Lembrado de Turing por Aspray, Church continuou: "Sim, esqueci-me dele quando falei de meus alunos. Na verdade, ele não foi realmente meu aluno. Ele veio para Princeton como aluno de pós-graduação e escreveu lá sua tese". Quando pediu que descrevesse a personalidade de Turing, Church disse: "Não tive muito contato com ele para saber. Ele tinha a reputação de ser solitário e bastante estranho". A mesma coisa, naturalmente, poderia ser dita dele próprio.

4.

"Computable Numbers" foi publicado pelo Proceedings of the London Mathematical Society em janeiro de 1937. Para frustração de Turing, a repercussão foi decididamente decepcionante. "Recebi duas cartas solicitando reimpressões", ele escreveu à mãe, uma delas de seu velho amigo de Cambridge, R. B. Braithwaite,

> e outra de um proffessor (sic) da Alemanha. (...) Eles parecem muito interessados no artigo. Penso que possivelmente

ele está provocando certa impressão. Fiquei desapontado com sua repercussão aqui. Esperava que Weyl, que tinha feito algum trabalho bem ligado a ele há alguns anos, fosse pelo menos fazer algumas observações.

Mas Weyl, cuja monografia Das Kontinuum, de 1918, tinha sido um texto de referência na análise clássica, não disse nada. Tampouco, aparentemente, o elegante e cosmopolita John von Neumann, assim como Weyl, um antigo seguidor do programa de Hilbert. Von Neumann estava na plateia do discurso de 1930 em Königsberg, no qual Gödel tinha anunciado seu teorema da incompletude, e depois da apresentação, tinha se aproximado de Gödel solicitando mais detalhes. De acordo com Solomon Feferman, ele "foi um dos primeiros a perceber o significado dos resultados da incompletude de Gödel. De fato, fala-se que ele chegou ao segundo teorema da incompletude... independentemente de Gödel, assim que ele soube do primeiro teorema da incompletude de Gödel".

Von Neumann era famoso não apenas por sua assombrosa aptidão matemática, mas também pela variedade de seus interesses – em uma disciplina notável por sua departamentalização, ele era uma espécie de homem dos sete ofícios – e quando as descobertas de Gödel foram publicadas, ele abandonou completamente a lógica em favor de outras áreas, uma vez chegando a asseverar que nunca mais tinha lido nada sobre o tema depois de 1931. A maioria de seus colegas duvidava que isso fosse verdade; em todo caso, sua aparente aversão à lógica pode estar por trás da sua omissão em responder, positiva ou negativamente, a "Computable Numbers".

Ironicamente, parte do problema era que em 1937, Princeton era um centro muito importante para a matemática e a física.

Cada vez mais o Institute for Advanced Study estava se transformando em uma rota de escape para os cientistas europeus forçados a deixar seus lares devido ao surgimento do nazismo. Como resultado, o prestígio da comunidade crescia na proporção direta do fluxo de professores emigrados de antigos centros de influência como Göttingen. Poucas vezes tantas mentes brilhantes se reuniram em um único edifício. Como Joseph Daly explicou a Aspray: "Você tinha von Neumann, tinha Einstein, tinha Veblen, tinha Knebelman, T. Y. Thomas e Al Tucker. Tudo estava acontecendo ao mesmo tempo, e o grande problema para os estudantes de pós-graduação era evitar ficar emaranhado entre 16 áreas e não chegar a lugar nenhum".

Os lógicos já eram minoria – uma situação que a ausência de Gödel e a defecção de von Neumann só piorou. E solucionar o Entscheidungsproblem não parecia grande coisa quando se tinha Albert Einstein bem à mão. Para ser percebido em Princeton era preciso fazer alguma coisa, mas também era preciso saber como se promover, e nessa área Turing – tímido desde o início – era muito menos capaz do que seu amigo Maurice Pryce, sobre quem ele tinha escrito à mãe: "Maurice tem muito mais consciência das coisas certas que podem ajudar em sua carreira. Ele se esforça muito para se relacionar com os matemáticos influentes". O fato de Turing ter ficado em segundo lugar na sucessão de Church, que era do corpo docente de Princeton, apenas aumentou sua dificuldade, assim como o fato de seu artigo não ter gerado comentários. Como Newman tinha observado, seu isolamento, embora trouxesse originalidade a seu pensamento, tornava sua prosa impenetrável. No final, foi preciso tempo para penetrar em "Computable Numbers" e reconhecer a surpreendente originalidade em sua base, e poucos de seus colegas tinham paciência para isso.

O artigo realmente era alguma coisa nova. Quando foram executadas pela primeira vez, as composições de Chopin fizeram seus ouvintes ficarem perplexos e até indignados. As pinturas de Monet horrorizaram os parisienses de sua época. "Computable Numbers" não gerou reações tão violentas, mas estava à frente de seu tempo e, num certo sentido, o silêncio com que foi recebido refletia a incapacidade da época em que Turing estava trabalhando de registrar as implicações do que ele tinha feito. Em 1936, afinal de contas, a analogia de Post com a fábrica representava uma linguagem simbólica muito mais reconhecível do que a máquina-a de Turing. Quanto a Church, embora seu cálculo lambda gozasse de uma certa elegância, como também da virtude da contenção, ele não apresentava nada da ousadia ou do vigor imaginativo que fizeram da formulação de Turing algo tão fascinante e tão memorável.

Por sua vez, Church foi mais que generoso com seu suposto aluno. Fazendo uma resenha de "Computable Numbers" no Journal *of* Symbolic *Logic*, ele escreveu:

> Na verdade, está envolvida aqui a equivalência de três noções diferentes: computabilidade pela máquina de Turing, recursividade geral no sentido de Herbrand-Gödel-Kleene e definibilidade-λ no sentido de Kleene e deste resenhador. A primeira tem a vantagem de fazer a identificação com eficácia no sentido ordinário (não explicitamente definido) imediatamente evidente – isto é, sem a necessidade de provar teoremas preliminares. A segunda e a terceira têm a vantagem da adequação para personificação em um sistema de lógica simbólica.

Deve-se observar que a resenha de Church marcou a utilização pela primeira vez da expressão "máquina de

Turing" – evidência mesmo nesse estágio inicial do grau em que a máquina, para além do problema para cuja solução ela tinha sido desenvolvida, estava assumindo vida própria. A máquina era visualmente atraente, incansavelmente mudando a fita para a frente e para trás entre suas mandíbulas. Para usar termos de teatro, a máquina estava começando a roubar a cena de todos os outros personagens – de Hilbert, de Church e até de seu inventor.

Nesse meio tempo, Turing trabalhou sob a direção de Church em um artigo que pretendia dispor a equivalência da compatibilidade entre Turing e a definibilidade-λ. Ele foi publicado no verão de 1937 no Journal of Symbolic Logic. No círculo dos que se importavam com essas coisas, ocorreram algumas discussões sobre qual sistema ao final demonstraria ser mais útil. Kleene, por exemplo, achou que era "na verdade mais fácil trabalhar com funções recursivas gerais do que com as complicadas tabelas da máquina de Turing", enquanto Post criticou alguns detalhes do artigo de Turing. Nenhum de seus colegas foi tão longe a ponto de negar a importância do trabalho de Turing. Contudo, também nenhum deles o recebeu com entusiasmo.

Estava claro que, pelo menos por enquanto – e pelo menos em Princeton –, a máquina de Turing teria de ficar em segundo plano em relação a outras abordagens. O reino podia ser pequeno, mas Church era o regente, e Turing era suficientemente esclarecido para não cometer regicídio. Em vez disso, ele continuou trabalhando em sua tese de Ph.D., que Church orientava, escreveu dois ensaios sobre teoria de grupos, um deles em resposta a um problema proposto por von Neumann (parecia que von Neumann estava desejoso de encorajar Turing, desde que o trabalho em questão não tivesse nada a ver com lógica). Turing também fez uma palestra sobre computabilidade no Mathematics Club, mas o comparecimento foi pequeno. "É preciso ter uma reputação se você deseja ser ouvido", ele escreveu à mãe. "Na semana seguinte à minha palestra, G. D. Birkhoff[10] fez uma outra. Ele tem uma ótima reputação e a sala estava lotada. Mas a palestra não esteve no nível habitual. Na verdade, todo mundo ficou rindo dela depois." Parecia que Turing estava rapidamente aprendendo uma penosa lição: muitas vezes, a reputação excede o talento. O que ainda restava ver era se ele desenvolveria as habilidades de enturmar-se, já praticadas por seu amigo Maurice Pryce.

5.

Retraimento social à parte, as habilidades de Turing não passaram despercebidas em Princeton. Por exemplo, ele foi encorajado por Luther Eisenhart, reitor do Departamento de Matemática, e sua mulher, Katherine. Como ele escreveu à mãe em fevereiro de 1937:

> Fui ao habitual chá dos domingos na casa dos Eisenhart ontem, e eles se revezaram na tentativa de me persuadir a ficar mais um ano. A Sra. Eisenhart argumentou principalmente com razões sociais, semi-morais e semi-sociológicas para sugerir como seria bom ficar mais um ano. O reitor interveio com alusões de que a Procter Fellowship seria minha, se eu solicitasse (trata-se de uma bolsa de 2.000 libras por ano). Eu disse que achava que o King's talvez preferisse que eu voltasse, mas fiz uma vaga promessa de que os sondaria para saber.

Ele sondou o King's – mas sem sucesso. A universidade não ofereceu uma bolsa (Maurice Pryce foi quem recebeu uma) e no final – com muita relutância, pois já estava com saudades de casa –, Turing concordou em ficar mais um ano. Von Neumann lhe escreveu uma carta de recomendação para a Procter – e o que é digno de nota, enfatizou o trabalho de Turing sobre as teorias de quase todas as funções periódicas ou grupos contínuos, mas não disse nada sobre "Computable Numbers" – e isso selou o acordo. Como Turing escreveu à mãe, ele agora seria "um homem rico". Mesmo assim, decidiu voltar à Inglaterra para passar o verão e no dia 23 de junho – dia de seu 25o aniversário – embarcou em um navio que saiu de Nova York.

De volta a Cambridge, Turing manteve-se ocupado corrigindo alguns erros em "Computable Numbers", trabalhando em sua tese para o Ph.D. e completando o artigo que estava escrevendo sob a orientação de Church estabelecendo a equivalência da sua própria noção de computabilidade, definibilidade-λ e o conceito de Gödel (retomado por Kleene) de "recursividade geral". Talvez o trabalho mais interessante que ele empreendeu, contudo, envolveu um problema matemático que era particularmente remoto do mundo rarefeito da lógica. Tratava-se da hipótese de Riemann, naquela época um tema de grande preocupação entre os teóricos dos números. Enquanto escrevo, a hipótese de Riemann continua não resolvida; na verdade, ela é considerada o mais importante problema não resolvido da matemática.

A hipótese de Riemann se refere à distribuição dos números primos. Graças a Euclides, sabemos que há infinitos números primos. Mas há um padrão na sequência em que eles aparecem? De início, a distribuição parece ser arbitrária:

1, *2*, *3*, 4, *5*, 6, *7*, 8, 9, 10, *11*, 12, *13*, 14, 15,
16, *17*, 18, *19*, 20, 21, 22, *23*, 24, 25

Além disso, à medida que se avança na reta numérica, parece haver cada vez menos números primos:

N	Número de primos de 1 a N	% de primos de 1 a N
10	4	40
100	25	25
1000	168	16,8
10000	1229	12,29
100000	9592	9,59

De fato, contudo, há um padrão para os primos, como Karl Gauss (1777-1855) descobriu por volta de 1793, quando tinha 15 anos. Gauss reconheceu uma correlação entre a distribuição dos números primos até um certo número n e o logaritmo natural daquele número. Como resultado, foi capaz de desenvolver o que mais tarde seria chamado de teorema dos números primos, uma fórmula para determinar o número de primos até um certo número – ou alguma coisa próxima: inevitavelmente a fórmula superestimou, em um pequeno grau, o número dos primos. O passo seguinte foi descobrir uma maneira de eliminar o "erro" no teorema dos números primos – quer dizer, encontrar uma fórmula pela qual o exato número de primos até um certo número n inconcebivelmente enorme pudesse ser calculado.

Foi então que o matemático alemão Bernhard Riemann (1826-1866) apareceu. Riemann estava trabalhando com a assim chamada função zeta, expressa pela letra grega z e calculada de acordo com a fórmula

$$\zeta(x) = \frac{1}{1^x} + \frac{1}{2^x} + \frac{1}{3^x} \cdots + \frac{1}{n^x} \cdots$$

Alimentando a função zeta com números complexos,[11] Riemann descobriu que poderia eliminar o erro no teorema dos números primos. Através de cálculos extremamente difíceis, ele foi capaz de formular a hipótese de que, sempre que a função zeta, depois de alimentada com um número complexo expresso por x, tomasse o valor de 0, a parte real do número complexo x seria $\frac{1}{2}$. Isso significou que em um gráfico da função, todos os zeros seriam colocados ao longo da chamada linha-crítica de $\frac{1}{2}$. Os elaborados cálculos matemáticos que Riemann mapeou entre os zeros da função zeta e os números primos significaram que se sua hipótese era verdadeira, o erro no teorema dos números primos podia ser eliminado.

Mas a hipótese de Riemann era verdadeira? Poderia ser provada? A não-comprovação seria fácil, uma questão de encontrar apenas um zero fora da linha crítica. Infelizmente, testar os zeros da hipótese de Riemann era uma tarefa tecnicamente desafiadora e requeria o uso de uma matemática altamente complexa. Uma fórmula desenvolvida por G. H. Hardy e J. E. Littlewood, por exemplo, lhes permitiu confirmar por volta do final dos anos de 1920 que os primeiros 138 zeros estavam na linha crítica, mas acabou impraticável para o cálculo dos zeros além deles. Da mesma forma, um projeto desenvolvido em 1935 por E. C. "Ted" Titchmarsh (1899-1963), um matemático de Oxford, para o mapeamento de zeros utilizando máquinas com cartões perfurados criados para o cálculo de movimentos celestes, estabeleceu apenas que os primeiros 1.041 zeros ficavam ao longo da linha crítica. Um único contra-exemplo bastaria para a não-comprovação da hipótese. A comprovação, por outro lado, deveria ser teórica, eliminando inteiramente a possibilidade de haver um simples zero fora da linha, até o infinito (naturalmente, uma terceira possibilidade era que a hipótese se revelasse verdadeira, mas fosse não-comprovável, no sentido godeliano. Até agora, contudo, ninguém foi capaz de também provar a sua não-provabilidade). Os rumores de que o próprio Riemann tinha uma prova de sua hipótese – queimada, junto de outros papéis importantes, por uma governanta superzelosa depois de sua morte – somente aumentaram a sensação de urgência e de frustração que cercava o problema. Opiniões sobre a validade da hipótese variaram enormemente; mesmo a opinião de Hardy, que passou boa parte do tempo brigando com Riemann, oscilou em vários pontos. Em 1937, ano em que estava morando em Princeton, ele aparentemente estava sentindo algum pessimismo a respeito da verdade da hipótese – pessimismo que bem pode ter transferido a Turing.

O trabalho de Turing naquele verão envolveu um aspecto particularmente antigo da hipótese de Riemann. Embora a aplicação do teorema dos números primos de Gauss sugerisse que o teorema sempre superestimaria o número de primos até n, em 1933 o matemático Stanley Skewes, de Cambridge, tinha mostrado que em algum ponto antes de 10101034 ocorria uma interseção, e a fórmula começava a subestimar o número de primos. Hardy observou que 10101034 era provavelmente o maior número capaz de servir a qualquer "propósito definido" da matemática e tentou indicar a sua enormidade dizendo que

> o número de prótons no universo é de cerca de 1080. O número de possíveis lances no xadrez é muito maior, talvez 101050. Se o universo fosse um tabuleiro de xadrez, os prótons, as peças e qualquer troca de posição de um próton, um movimento, então o número possível de lances seria alguma coisa como o número de Skewes.

A ambição de Turing era abaixar o limite estabelecido por Skewes ou determinar a não-comprovação da hipótese de Riemann totalmente. Embora tenha feito um rascunho de um artigo, ele nunca publicou os resultados. Depois de sua morte, o artigo circulou e um certo número de erros foi descoberto, todos corrigidos por A. M. Cohen e M. J. E. Mayhew em 1968. Usando os métodos de Turing, eles foram capazes de abaixar o limite estabelecido por Skewes para 1010529,7. Contudo, depois se soube que em 1966 R. S. Lehman tinha reduzido o limite para 1,65 X 101165 com um outro método. Mesmo morto, Turing parecia estar fadado a ser derrotado na hora decisiva.

6.

Quando Turing retornou a Princeton no verão de 1937, Hardy já não residia lá; ele tinha voltado para Cambridge, onde começava a trabalhar em suas memórias, A Mathematician's Apology, que seriam publicadas em 1940. Toda a amizade posta de lado, ele e Turing nunca tinham realmente sido concordes, pois nas palavras de Hodges, "uma geração e uma variedade de camadas de reserva" os dividiam. Hardy era também um matemático muito mais ortodoxo do que Turing. Seu trabalho se encaixava muito mais dentro do campo de visão da matemática pura, razão pela qual ele podia afirmar, em A Mathematician's Apology, que

> a matemática "real", dos matemáticos "reais", a matemática de Fermat, Euler, Gauss, Abel e Riemann, é quase completamente "inútil" (e isso é tão verdade para a matemática "aplicada" quanto para a matemática "pura"). Não é possível justificar a vida de qualquer legítimo profissional matemático na base da "utilidade" de seu trabalho.

Hardy via a matemática como fundamentalmente inocente, até neutra – uma espécie de Suíça das ciências – e isso significava que já em 1940 ele ainda estava se "confortando" com o entendimento de que "ninguém ainda descobriu nenhum artefato militar que use a teoria dos números ou da relatividade, e parece muito improvável que alguém vá conseguir isso nos próximos anos". Como um matemático puro, ele desejava afirmar a fé de que sua disciplina permaneceria para sempre "gentil e limpa", mesmo que na Alemanha o Terceiro Reich estivesse transformando uma máquina de escrever em uma máquina de encriptação chamada Enigma – em produção desde 1913 – para uso militar, e que nos Estados Unidos a teoria da relatividade estivesse sendo aplicada na produção de uma bomba atômica. A simples construção de um código aparentemente indecifrável, e de uma máquina para transmiti-lo, seria a primeira das muitas tarefas para as quais os matemáticos seriam requisitados durante o esforço de guerra; longe de poderem dedicar-se a sua "gentil e limpa" ciência, eles agora teriam de colocar suas habilidades à disposição de máquinas militares rivais, uma projetada para dominar o mundo, outra para evitar que isso acontecesse. Na verdade, Hardy estava tão completamente enganado em sua afirmação que não se pode deixar de imaginar quanto do que ele escreveu era apenas desejo. Pois logo o destino da Europa estaria apoiado, em grande parte, nos ombros de um pequeno grupo de cientistas. Suas decisões salvariam vidas e custariam vidas. Alan Turing seria um deles.

Na maior parte dos seus 25 anos ele tentou conciliar sua paixão pela lógica matemática com seu impulso de construir coisas. Como homossexual, ele estava acostumado a levar uma vida dupla; agora o engenheiro confinado nele começava a clamar por atenção, e não muito depois de chegar a Princeton ele escreveu à mãe:

> A senhora muitas vezes me perguntou sobre as possíveis aplicações dos vários ramos da matemática. Acabei de

descobrir uma possível aplicação para o tipo de coisa em que estou trabalhando no momento. Ela responde à pergunta "Qual é o tipo de código ou de linguagem cifrada mais geral possível", e ao mesmo tempo (muito naturalmente) me possibilita construir um monte de códigos especiais e interessantes. Um deles é quase impossível de decifrar sem a chave, e muito rápido de codificar. Espero que possa vendê-lo ao governo de Sua Majestade por uma soma adicional, mas tenho muitas dúvidas sobre a moralidade dessas coisas. O que a senhora acha?

Questões de moralidade à parte, o projeto o intrigou tanto que assim que se instalou novamente em Princeton, Turing desenvolveu um plano para construir, na sala de máquinas supervisionada pelo departamento de física, um multiplicador eletrônico operando interruptores operados por relés especificamente com o objetivo de encriptação. O uso desses interruptores, em 1937, era em si uma novidade, assim como o uso de números binários, que por sua vez possibilitavam o emprego de dois conceitos da álgebra booleana, com verdadeiro e falso representados por 0 e 1 e 0 e 1, em etapas, associados às posições de on e off dos interruptores. Nessa abordagem, Turing estava copiando a pesquisa de um contemporâneo, Claude Shannon (1916-2001), cuja tese de mestrado no MIT, em 1937, A Symbolic Analysis of Relay and Switching Circuits, seria o primeiro trabalho publicado a descrever a utilização da álgebra booleana em uma máquina baseada em conceito de on e off.

Como Turing explicou ao físico Malcolm MacPhail, a ideia por trás da máquina de encriptação era "multiplicar o número correspondente a uma mensagem específica por um número secreto e transmitir o horrendamente longo resultado dessa multiplicação. O tamanho do número secreto era determinado pela exigência de que acarretaria o trabalho de 100 alemães em calculadoras de mesa durante 8 horas por dia, durante 100 anos, para descobrir o fator secreto em uma operação de rotina!" Segundo MacPhail, Turing na verdade construiu os primeiros três ou quatro estágios desse projeto. Ele não sabia, naturalmente, que dentro de poucos anos a Segunda Guerra Mundial irromperia e ele seria enviado pelo governo para Bletchley Park, onde se encarregaria de projetar uma máquina de decifração muito mais complexa. Contudo, ele já estava na trilha do que se tornaria o foco de sua preocupação nos 12 anos seguintes: a aplicação da lógica matemática no desenvolvimento de máquinas.

Embora o multiplicador eletrônico, que Turing nunca concluiu, fosse o principal projeto de seu tempo de folga para o ano acadêmico de 1937-1938, ele não tinha esquecido a hipótese de Riemann. A máquina de cartões perfurados de Titchmarsh só tinha conseguido estabelecer que os primeiros 1.041 zeros da função zeta estavam na linha crítica de $\frac{1}{2}$. Agora Turing se propunha a construir uma máquina baseada em uma de Liverpool, que fazia os cálculos necessários para prever os movimentos da maré. Ele recentemente tomara conhecimento de um método poderoso para calcular os zeros que o próprio Riemann descobrira, e que o matemático Carl Ludwig Siegel (1896-1981) redescobrira entre os papéis que a mulher de Riemann, Elise, tinha conseguido resgatar de sua governanta piromaníaca. Como Titchmarsh antes dele, Turing tinha percebido um paralelo entre a fórmula de Riemann e aquelas que eram aplicadas na previsão das marés, de órbitas planetárias e outros fenômenos físicos desse tipo. A máquina de Liverpool era uma máquina analógica – funcionava duplicando os movimentos das marés que pretendia calcular – e em princípio uma máquina similar para o cálculo dos zeros da função zeta poderia funcionar da mesma forma... ou para sempre ou até que chegasse a um zero fora da linha crítica. A despeito do encorajamento escrito de Titchmarsh, contudo, Turing parece não ter tido a oportunidade de colocar suas ideias em teste – pelo menos enquanto permaneceu em Princeton.

Oficialmente, ele estava se dedicando à tese que estava escrevendo sob a orientação de Church. Seria um tratado sobre um problema relacionado ao teorema da incompletude de Gödel. Na esteira do resultado obtido por Gödel, muito esforço estava sendo despendido nos círculos da lógica para encontrar um meio de minimizar seu impacto, de modo que interferisse o mínimo possível na prática da matemática. Esse projeto, naturalmente, estava muito mais dentro do campo de visão de Alonzo Church, e Turing o assumiu principalmente por sua sugestão. Church, a princípio, não ficou inteiramente convencido da incompletude do teorema e passou vários anos buscando o equivalente matemático das brechas. O que realmente o irritou em relação a Gödel, contudo, foi que Gödel "considerava completamente insatisfatória" a proposta de Church de "usar a definibilidade-λ como uma definição de efetiva calculabilidade". Como resposta, Church sugeriu que se Gödel pudesse "apresentar qualquer definição de calculabilidade que parecesse mesmo parcialmente satisfatória", ele (Church) "se encarregaria de provar que ela estava incluída no cálculo lambda". O que, sem dúvida, ele poderia: o ponto que Church não percebia é que as objeções de Gödel ao cálculo lambda eram filosóficas, até mesmo de natureza estética, que se cristalizaram tão logo ele leu "Computable Numbers".

Gödel não tinha encontrado Turing nem iria encontrar; em 1937 ele estava morando em Josefstadt, distrito de Viena onde viviam os cientistas, e retornaria a Princeton apenas no outono de 1938, época em que Turing já tinha voltado para a Inglaterra.

Contudo, ele estava rapidamente deixando claro que preferia a formulação de Turing à de Church.[12] A universalidade e a clareza da máquina-a – o fato de que, nas palavras de Kleene, "ela ia direto ao objetivo" – atraíram o discípulo de Platão em Gödel, que em 1946 aplaudiu Turing por

> dar uma definição absoluta de uma interessante noção epistemológica, isto é, uma que não depende do formalismo escolhido. Em todos os outros casos tratados previamente, tais como a demonstrabilidade e a definibilidade, foi possível defini-las apenas relativamente a uma dada linguagem, e para cada linguagem individual fica claro que a que se obtém desta forma não é a que se procura.

Por "definibilidade" Gödel sem dúvida estava aludindo à definibilidade-λ de Church, que ele considerava tão "insatisfatória". Por outro lado, Gödel mais tarde escreveu que "devido ao trabalho de A. M. Turing, uma definição precisa e inquestionavelmente adequada do conceito geral de um sistema formal pode agora ser dada..." Como Feferman observa, Gödel nunca falou publicamente sobre sua insatisfação com a tese de Church. Mesmo assim, deixava claro o que sentia. Para Church, receber uma nota abaixo da necessária da maior personalidade de sua área deve ter sido doloroso.

Se a óbvia preferência de Gödel pela abordagem de Turing fez com que Church mantivesse distância de seu aluno é um assunto para especulação. Em algumas coisas eles eram muito parecidos – os dois eram excêntricos, solitários, ligeiramente fora de prumo no que dizia respeito às relações sociais. Enquanto Church era genuinamente antissocial – na verdade, quase aspergeriano[13] em sua rigidez e falta de comunicabilidade –, Turing expressava sem sentimento de vergonha uma ânsia de amizade e amor, de ligações forsterianas, que apenas sua ansiedade sexual frustrava. Ele era profundamente pragmático, queria entender como as margaridas cresciam, inventar e registrar tintas e construir máquinas de escrever e computadores. Church, ao contrário, vivia quase só em seus pensamentos. Margaridas e máquinas de escrever eram para ele o que ovelhas com chifre e ovelhas brancas eram para Boole: peças no jogo da lógica. Anteriormente, no mesmo século, Bertrand Russell tinha asseverado que "a matemática pura é o tema em que não sabemos do que estamos falando, ou se o que estamos falando é verdadeiro". Church se filiava à tradição formalista, insistindo que os símbolos matemáticos fossem rigorosamente despidos de qualquer conteúdo semântico que pudesse ser inerente a eles. Essa perspectiva era muito perturbadora para Gödel, dado que ele decidiu "diferir de... interpretações formais e sintáticas da ciência e da matemática". Ao final, não é menos surpreendente que Turing tenha achado que trabalhar com Church era uma experiência limitativa e frustrante do que Gödel – o autoproclamado realista – acharia irritante a sistemática exclusão do significado "semântico" que era, na visão de Church, a grande virtude do cálculo lambda.

NOTAS DO CAPÍTULO

1. Hodges corretamente pede cautela no uso do termo "máquina de Turing", enfatizando que a frase é "análoga ao 'livro impresso' ao se referir a uma classe de muitos exemplos potencialmente infinitos. (...) Também, embora falemos da máquina universal de Turing, há infinitamente muitos projetos com essa propriedade". (N.A.)
2. Jacques Herbrand (1908–1931) cunhou o termo "efetivamente calculável" pouco antes de sua morte, em um acidente de esqui, aos 23 anos de idade. De acordo com Church, o trabalho que ele próprio conduziu em conjunto com Kleene e Rosser teve origem nas palestras que Gödel proferiu em Princeton em 1934, para as quais Kleene e Rosser fizeram as anotações. Casti e DePauli dão uma boa definição da função recursiva, chamado-a de "uma função para a qual há uma regra mecânica para computar os valores da função a partir de valores prévios, um após o outro, começando com algum valor inicial". (N.A.)
3. Post, que perdera um braço em um acidente quando criança, provavelmente era bipolar. Ele morreu em 1954, aos 57 anos de idade, depois de sofrer um ataque cardíaco durante uma sessão de terapia por eletrochoque. (N.A.)
4. A brincadeira – envolvendo outros proeminentes matemáticos de Princeton – também continuava: "Se Weyl diz que isso é óbvio, von Neumann pode provar. Se Lefschetz diz que é óbvio, então é falso". (N.A.)
5. O interessante é que os dois nomes continuam em circulação, embora a tese seja mais conhecida atualmente como a "tese de Church-Turing". (N.A.)
6. Maurice Pryce (1913-2003), físico e professor de Oxford. (N.A.)
7. Jogo de origem japonesa disputado em um tabuleiro com 361 interseções. (N.T.)
8. Jogo semelhante ao xadrez, em que os dois jogadores só vêem as suas peças no tabuleiro à frente e precisam memorizar as jogadas

do oponente, que são faladas pelo árbitro, que usa um terceiro tabuleiro. (N.T.)

9. No inglês americano, "you're welcome" significa "por nada" e "você é bem-vindo". Na Inglaterra, é comum responder a "thank you" com "my pleasure". (N.T.)

10. Embora George David Birkhoff (1884-1944) fosse considerado um dos maiores matemáticos de seu tempo, ele também era, nas palavras de Einstein, "um dos maiores anti-semitas em todo o mundo", sempre mantendo os judeus fora de seu departamento em Harvard. (N.A.)

11. Um número complexo é definido como a combinação de um número real com um número dito imaginário. Um número imaginário é, de forma simplificada, a raiz quadrada de um número negativo – imaginário porque qualquer número, positivo ou negativo, quando multiplicado por si mesmo dá um resultado positivo. Sendo assim, $\sqrt{-1}$ não pode existir e é "imaginário". $\sqrt{-1}$ – a base de todos os números imaginários – é representada como i. Pela mesma simbologia, $\sqrt{-4}$ é 2i, $\sqrt{-9}$ é 3i etc. Porque combinam números reais com números imaginários, os números complexos são expressos como 3 + 6i, – 2,547 – 1,34i etc.. (N.A.)

12. De acordo com Kleene, "somente depois que a formulação de Turing apareceu foi que Gödel aceitou a tese de Church, que então se tornou a tese Church-Turing". (N.A.)

13. Nome derivado de Hans Asperger, médico vienense que publicou, em 1944, um trabalho descrevendo jovens com inteligência e desenvolvimento de linguagem normal, mas que tinham deficiências de relacionamento e de habilidades de comunicação. (N.T.)

[CINCO]

A Casca Macia

1.

Foi neste ponto que a vida intelectual de Alan Turing começou a divergir do curso a que ela parecia fadada. Depois de recusar uma oferta para trabalhar como assistente de John von Neumann em Princeton (com um salário de 1.500 dólares por ano), ele retornou à Inglaterra no outono, onde foi convocado para um curso de criptografia e encriptação conduzido pela Government Code and Cipher School, em Londres. De alguma forma, seu interesse por códigos e quebra de códigos – sem mencionar seu talento para a matemática – tinha chegado aos ouvidos do comandante Alastair Denniston, o diretor da escola. Embora longe de ser um fervoroso patriota, Turing não tinha problemas em emprestar seus serviços ao governo; a guerra parecia muito provável, e ele tinha grande desconfiança de Hitler. A decisão de fazer o curso marcou o começo de uma longa associação com o governo britânico, que teria, nas palavras de Hodge, repercussões "proféticas", no sentido de que exigia que Turing, pela primeira vez, "abrisse mão de parte de seu cérebro, com a promessa de manter os segredos do governo".

O ano de 1938 também viu a primeira exibição britânica da versão Disney de *Branca de Neve e os Sete Anões* – um filme que, curiosamente, exerceu grande fascínio tanto em Turing quanto em Gödel. Turing assistiu *Branca de Neve* com o amigo David Champernowne e sentiu um grande prazer com a cena em que a Rainha Malvada mergulha a maçã no caldo envenenado. "Mergulhe a maçã no caldo/Deixe o sono mortal impregná--la", ela canta, e depois cacareja para seu parceiro, um corvo, enquanto o veneno forma um crânio na superfície da maçã. "Veja a casca", a rainha continua.

Um símbolo do que está dentro.
Agora fique vermelha para tentar a Branca de Neve,
Para fazê-la sentir vontade de dar uma mordida.

A Rainha oferece a maçã ao corvo, que bate as asas violentamente, tentando escapar. "Não é para você, é para Branca de Neve", fala a rainha, rindo.

Quando ela morder a casca macia
Para saborear a maçã que lhe dei,
Sua respiração vai parar, seu sangue vai congelar,
E eu serei a mais bela de toda a terra!

A cena cativou Turing com tal intensidade que ele passou a cantarolar os versos da rainha a todo instante. Talvez o que o tenha fascinado fosse seu erotismo mórbido, sem mencionar a alusão gritante ao mito bíblico: a maçã tenta Branca de Neve da mesma forma que uma outra tentou Eva. Contudo, enquanto Eva morde a maçã por vontade própria (ela poderia, afinal de contas, ter resistido às bajulações da serpente), Branca de Neve é a vítima de uma campanha de embuste muito bem orquestrada da parte da rainha, que se veste como uma bruxa e tenta uma grande variedade de estratagemas para persuadir Branca de Neve a comer a maçã; na verdade, no final ela consegue convencer sua rival só depois de dizer que a maçã é "mágica" e que ela vai atender aos pedidos de Branca de Neve. A rainha só consegue vencer a resistência de Branca de Neve, e convencê-la a morder a "casca macia", apelando para sua paixão pelo príncipe, e fazendo isso, perde sua virgindade psicológica e se condena a um "sono da morte". Qual aspecto da repleta arquitetura psicossexual do filme fascinou Turing, contudo, ele nunca revelou.

Nos feriados do Natal, Turing fez um outro curso de treinamento conduzido pela Government Code and Cipher School e, depois disso, visitava a escola a cada duas ou três semanas para ajudar no trabalho que lá era desenvolvido. Mas ele não tinha esquecido seu projeto de Princeton de construir uma máquina capaz de calcular os zeros da função zeta de Riemann, e de Cambridge ele candidatou-se a um subsídio da Royal Society para pagar o custo de construção da máquina, indicando Hardy e Titchmarsh como referências. No formulário de solicitação ele escreveu,

> O engenho será de pouco valor permanente. Ele pode ser usado com o objetivo de fazer cálculos similares para uma grande variedade de t, e poderia ser usado para algumas outras investigações relacionadas com a função zeta. Não consigo pensar em qualquer aplicação que não seja relacionada com a função zeta.

A ênfase que Turing colocou na falta de "valor permanente" da máquina aumentou seu distanciamento da máquina universal. Aquela máquina, afinal de contas, podia realizar *qualquer* algoritmo apresentado a ela, enquanto a máquina que Turing queria construir com o dinheiro do subsídio tinha um objetivo tão restrito que tornava difícil desafiar qualquer esforço para pensar em outras utilizações. A afirmação de Turing é tão errática, na verdade, que nos faz imaginar se ele talvez não quisesse que seu projeto fosse rejeitado. De um jeito ou de outro, a Royal Society concedeu-lhe um subsídio de 40 libras, e ele concentrou-se com afinco na construção do aparato com o qual ele esperava provar, de uma vez por todas, a falsidade da hipótese de Riemann.

Seu plano inicial era imitar o projeto da máquina de Liverpool, que utilizava um sistema de cordas e roldanas para simular as ondas senoidais periódicas correspondentes aos movimentos das marés, e depois somar seus valores; uma resposta poderia ser obtida com a medição dos comprimentos da corda quando elas se enrolavam nas roldanas. Mas depois de consultar Donald MacPhail, um estudante de engenharia mecânica em Cambridge, irmão do amigo de Turing de Princeton, Malcolm MacPhail, ele mudou de ideia e decidiu que em vez de cordas e roldanas, ele reproduziria os movimentos circulares da função zeta por meio de rodas dentadas que se encaixassem. Assim como a máquina de Liverpool, esta seria uma máquina analógica, reproduzindo os movimentos com a finalidade de medi-los. Em contraste, as máquinas digitais (das quais os primeiros computadores são exemplos) trabalham manipulando símbolos, e podem, portanto, ser utilizadas de uma maneira muito mais geral. O fato de que a máquina que Turing planejava seria analógica limitava, por definição, sua aplicabilidade.

O dinheiro existia, contudo, de modo que MacPhail fez o esboço de um plano detalhado (agora no Arquivo Turing no King's College), e durante um tempo o chão dos aposentos de Turing ficou coberto de rodas dentadas feitas com precisão aguardando sua eventual incorporação na máquina. Mas o projeto estava destinado, uma vez mais, a ficar inacabado. A guerra interveio. De fato, foi só em 1950 que Alan Turing foi finalmente capaz de usar a máquina para testar os zeros da função zeta de Riemann. E ela seria digital.

2.

No semestre da primavera de 1939 em Cambridge, Turing estava envolvido em dois cursos, ambos intitulados "The Foundations of Mathematics". O primeiro, uma investigação sobre a história da lógica matemática, ele próprio ministrava. O curso tinha 14 alunos, embora ele tivesse dito à mãe que suspeitava que o número caísse com o passar do tempo. O segundo, uma investigação sobre a base filosófica da matemática, era ministrado pelo filósofo austríaco Ludwig Wittgenstein. Entre os participantes, além de Turing, diversas pessoas com nomes singulares: R. G. Bosanquet, Yorick Smythies, Rush Rhees, Marya Lutman-Kokoszynska e John Wisdom. As anotações eram feitas por Bosanquet, Rhees, Smythies e Norman Malcolm, um estudante americano de pós-graduação de filosofia que mais tarde escreveu uma notável biografia do filósofo.

Wittgenstein era uma figura excêntrica. Herdeiro de uma família rica e intelectualmente dotada (seu pai foi engenheiro e uma espécie de magnata da indústria siderúrgica austríaca), ele tinha Russell e Frege entre seus mentores intelectuais e era amigo íntimo de Keynes e de Hardy. Como tinha sido educado no Trinity College, em Cambridge, ele falava um inglês irrepreensível e, em 1937, tinha assumido a cadeira de filosofia em Cambridge, anteriormente exercida por G. E. Moore. Com a morte do pai em 1912, ele herdara uma grande fortuna, mas tinha distribuído a maior parte do dinheiro, uma boa quantia na forma de grandes doações anônimas para promover a literatura. Também agiu como uma espécie de benfeitor do poeta Rainer Maria Rilke.

Como Turing, Wittgenstein era um "solitário absoluto" e frequentemente retirava-se para uma fazenda rural na Noruega, onde podia escrever e pensar em isolamento. Seu desejo de zombar dos valores do mundo nos quais tinha sido criado o levou, durante um tempo, a trabalhar como professor. Durante a Primeira Guerra Mundial ele alistou-se no exército austríaco como voluntário, sendo preso pelos italianos, que o mantiveram como prisioneiro de guerra por quase um ano. O manuscrito de um dos seus trabalhos mais originais e inovadores, o *Tratado Lógico-Filosófico*, estava em sua mochila nessa época. Felizmente, ele tinha conseguido encaminhar cópias para Russell e Frege, graças principalmente à intervenção de John Maynard Keynes.

Em 1939 Wittgenstein tinha 50 anos. Malcolm, que o conheceu por volta dessa época, escreve que quando encontrou o autor do *Tratado Lógico-Filosófico* pela primeira vez, ele esperava

> alguém mais velho, mas esse homem parecia *jovem* – talvez uns 35 anos. Seu rosto era magro e moreno, o perfil era aquilino e surpreendentemente bonito, sua cabeça era coberta com uma massa encaracolada de cabelo castanho. Notei a respeitosa atenção que todos na sala lhe devotavam.(...) Tinha aparência concentrada, fazia uma gesticulação vigorosa com as mãos, como se estivesse discursando. Todos os outros permaneciam em um silêncio atento de expectativa. Testemunhei esse fenômeno inúmeras vezes depois e acabei achando aquilo inteiramente natural.

E, em contraste gritante com as aulas de Alonzo Church, que nunca fugiam do texto preparado na biblioteca de Fine Hall, as de Wittgenstein "eram dadas sem preparação nem anotações". Ele contou a Malcolm "uma vez tentou dar aulas baseadas em anotações, mas tinha ficado frustrado com o resultado; os pensamentos que surgiam eram 'como pão dormido', ou, como ele disse a um outro amigo, as palavras eram como 'cadáveres' quando ele começou a lê-las". Embora ele falasse "com o sotaque de um inglês instruído", suas roupas eram incrivelmente informais para o lugar e o tempo. "Ele sempre vestia uma calça de mescla cinza, uma camisa de flanela desabotoada no pescoço, uma jaqueta curta xadrez ou uma jaqueta de couro.(...) Ninguém conseguia imaginar Wittgenstein usando terno, com gravata ou chapéu."

Wittgenstein ensinava a seus alunos de uma maneira altamente não-convencional. Por exemplo, o curso era longo, com 31 horas, dividido em duas sessões por semana durante dois períodos. De maneira geral, as reuniões aconteciam em seus próprios aposentos em Whewell's Court, no Trinity College, com os estudantes sentados no chão ou trazendo suas cadeiras. Os cômodos

> eram austeramente mobiliados. Não havia nenhuma poltrona ou abajur. Não havia enfeites, quadros ou fotografias. As paredes eram nuas. Na sala de estar havia duas cadeiras de lona e uma cadeira de madeira maciça, e no seu quarto de dormir, uma cama de armar de lona. (...) Havia um cofre de metal, no qual ele mantinha seus manuscritos, e uma mesa dobrável onde ele escrevia. Os cômodos estavam sempre escrupulosamente limpos.

O comparecimento tinha certas regras. Embora Wittgenstein não colocasse nenhuma limitação a quem quisesse participar, candidatos em potencial tinham de se submeter primeiro a uma entrevista com o filósofo, durante um chá, quando havia silêncios longos e intimidadores, pois Wittgenstein detestava conversa fiada. Os alunos tinham de se comprometer a assistir a todo o curso, e não apenas a uma ou duas aulas.

Atrasos eram recebidos com cara fechada. "Era preciso ter coragem para entrar na sala depois que a aula tivesse começado", Malcolm relembra, "e alguns desistiam a ter de enfrentar o olhar de Wittgenstein". Embora pudesse ser severo com os alunos – uma vez ele disse a Yorick Smythies, "é como se eu estivesse falando com o fogão!" –, ele podia ser da mesma forma severo consigo mesmo, interrompendo as aulas com exclamações como "eu sou um louco", "vocês têm um professor horroroso", ou "hoje estou parecendo um idiota". Segundo Malcolm, "aula" não era exatamente o termo para descrever as reuniões, pois elas consistiam principalmente em trocas entre Wittgenstein e os participantes, diálogos quebrados apenas pelos prolongados silêncios aos quais os participantes logo se acostumavam.

O tema do curso era a relação entre a matemática e o que Wittgenstein chamava linguagem "comum" e, por extensão, vida "comum". Como John Casti e Werner DePauli explicam, "Wittgenstein aplicava o seu princípio de que 'as fronteiras de minha linguagem significam as fronteiras de meu mundo' em relação à matemática. Em outras palavras, os objetos da matemática foram entendidos como sendo limitados àquelas entidades que podem ser colocadas em fórmulas com linguagem matemática". A abordagem ficou clara já na primeira aula, na qual – talvez porque Turing fosse o único matemático entre os participantes – Wittgenstein o usou como exemplo:

> Vamos supor que eu diga a Turing: "Esta é a letra grega sigma", mostrando o sinal σ. Então, quando digo: "Mostre-me um sigma grego neste livro", ele recorta o sinal que lhe mostrei e o coloca no livro. Na verdade, essas coisas não acontecem. Esses enganos muito raramente surgem – embora minhas palavras pudessem ter

sido entendidas de um ou outro modo. Isso porque fomos treinados desde criança a utilizar frases como: "Esta é a letra assim e assado" de um modo em vez do outro.

Quando digo a Turing: "Este é o sigma grego", será que ele percebeu o sinal errado? Não, ele percebeu o sinal certo. Mas não entendeu a aplicação.

Uma das ambições de Wittgenstein era forçar seus alunos a reconhecer a importância do senso comum, mesmo em uma indagação filosófica ("não tratem seu senso comum como um guarda-chuva", ele lhes dizia. "Quando entrarem na sala para filosofar, não o deixem lá fora, tragam-no com vocês"). Não era por acaso que, de todos os participantes do curso, era Turing que ele escolhia, a cada vez, para servir como o representante do que poderia ser chamado de posição do logicista; Wittgenstein estava, em suas próprias palavras, sempre "atraindo" Turing para fazer questionamentos que favorecessem a lógica em relação ao senso comum (embora nem sempre com sucesso). Como um matemático atuante, sempre se podia contar com Turing para reiterar os postulados tradicionais da sua disciplina e, ao fazer isso, dar a Wittgenstein a oportunidade de puxar o tapete de debaixo deles. Church, ou alguém como ele, teria se constituído em um bode expiatório mais conveniente, e tivesse Wittgenstein sabido mais sobre a não-ortodoxia de algumas das ideias de Turing, poderia ter usado uma tática diferente. Mas em vez disso ele atribuiu a Turing o papel de negativista, como este pedaço de diálogo da sexta aula mostra:

Turing (perguntado se tinha entendido): Entendi, mas não concordo que seja uma simples questão de dar novos significados às palavras.

Wittgenstein: Turing não discorda de nada que eu diga. Ele concorda com cada palavra. Ele discorda da ideia que acha que está na origem. Ele acha que estamos minando a matemática, introduzindo o bolchevismo na matemática. Em absoluto.

Não estamos desprezando os matemáticos: estamos apenas estabelecendo uma distinção muito importante – entre descobrir alguma coisa e inventar alguma coisa. Mas os matemáticos fazem importantes descobertas.

Essa foi uma das muitas situações, durante as aulas, em que Wittgenstein aceitou o desafio, desconstruiu e, em certo sentido, recontextualizou os argumentos que estão na origem da matemática pura, incluindo o velho debate sobre se a matemática foi uma invenção ou uma descoberta.[1] Embora estivesse longe de ser um antirrealista ou um intuicionista da escola Brouwer, ele insistia que seus alunos questionassem até mesmo os axiomas mais fundamentais da aritmética ("nós dizemos de uma prova que ela nos convence de uma lei lógica. Mas naturalmente uma prova começa em algum lugar. E a questão é: o que nos convence das proposições primitivas sobre as quais a prova é baseada? Aqui não há nenhuma prova"). Nas aulas de Wittgenstein as suposições mais básicas eram submetidas a análises escrupulosas:

O que é contar? Apontar para coisas e dizer "1, 2, 3, 4"? Mas não é preciso dizer os números: posso apontar e afirmar "Mary tinha um carneirinho" ou posso assobiar "Deus salve o Rei" ou qualquer outra coisa. Normalmente o processo de contar é usado de uma forma diferente, enquanto "Mary tinha..." definitivamente não é usado dessa forma. Se você viesse de Marte, você não saberia.

Pela mesma simbologia, para alguém de Marte, um axioma da matemática poderia ser "que sempre que números com mais de cinco algarismos aparecem... eles são jogados fora e desconsiderados". Ou que 5(6 4) é o mesmo que (56)4. A questão era questionar a relação entre o significado matemático das palavras e o seu significado "comum", e expor as consequências de separar um do outro. Por exemplo, na terceira aula, ele imaginou uma fábrica de papel de parede na qual o padrão do papel consistisse na prova de que $21 \times 36 = 756$ repetida sempre. "Pode-se afirmar que essa figura é a prova de que $21 \times 36 = 756$", Wittgenstein disse aos alunos

> e vocês podem se recusar a reconhecer qualquer outra prova. Por que você chama essa figura de prova?
>
> Vamos supor que eu treine os aprendizes da fábrica de papel de parede para que possam produzir provas perfeitas dos mais complicados teoremas de matemática superior, de modo que se eu disser a um deles "Prove isto e aquilo" (em que isto e aquilo são uma proposição matemática), ele sempre vai provar. E vamos supor que são tão desprovidos de inteligência que não podem fazer os mais simples e práticos cálculos. Eles não podem determinar que uma ameixa custa tanto, quanto seis ameixas custam, ou que troco você precisa receber se você paga um chocolate de dois *pence* com um *shilling* (*shilling* e *pence* eram duas moedas vigentes na Inglaterra até 1971. Um *shilling* valia 12 *pence*). Você diria que eles aprenderam matemática ou não?
>
> Eles sabem todos os cálculos, mas não as suas aplicações. Então alguém poderia dizer: "Eles aprenderam matemática pura".

Em resumo, embora os aprendizes "utilizassem as palavras 'prova', 'iguais', 'mais' etc., referindo-se a seus padrões de papel de parede, (...) nunca ficaria claro por que eles o fazem". Por outro lado, "se fosse dito que: 'A prova da culpabilidade de Lewy é que ele estava na cena do crime com uma pistola na mão', qual é a relação entre isso e chamar o padrão (do papel de parede) de prova? Eles não saberiam a razão de ele ser chamado de prova".

Papéis de parede, soldados e generais, leões brancos, pontes que caem: Wittgenstein estava sempre apresentando analogias em suas aulas, pedindo a seus alunos para "suporem" uma coisa ou outra. Enquanto Wittgenstein podia saltar facilmente de uma analogia a outra, Turing tendia a agarrar-se tenazmente aos exemplos, como se, por virtude de sua própria iteração, eles tivessem assumido uma espécie de realidade física para ele. Nas transcrições do curso, nenhum outro aluno respondia a Wittgenstein tão frequente ou rapidamente quanto Turing, e em muitos casos suas respostas chegavam a propor extensões da analogia com que Wittgenstein tinha começado. No caso do papel de parede, por exemplo, Turing afirma: "Os significados comuns de palavras como 'três' assumirão certa extensão se forem capazes de fazer coisas simples como contar os números dos símbolos em uma linha". Da mesma forma, os exemplos que Turing dá sugerem o grau em que ele estava ficando cada vez mais preocupado com a relação da lógica com os eventos do mundo real:

> *Turing*: Pode-se fazer uma comparação entre um experimento da física e um cálculo matemático: em um caso você diz a um homem: "Ponha estes pesos na balança desta e daquela maneira e observe de que modo o prato

oscila", e no outro caso você diz: "Pegue estes números, examine esta e aquela tabela etc., e veja qual é o resultado".

Wittgenstein: Sim, os dois casos parecem muito similares. Mas qual é a similaridade?

Turing: Nos dois casos o que se quer é ver o que acontece no final.

Wittgenstein: Alguém vai querer ver isso? No caso matemático, alguém vai querer ver qual marca de giz que o homem faz? Claro que há alguma coisa estranha quanto a isso. Alguém vai querer ver o que acontece se ele multiplica, ou se ele multiplica corretamente – qual é o resultado certo?

Turing: Ninguém pode ter certeza de que não cometeu um erro.

Era uma característica de Wittgenstein apegar-se à marca do giz, como era de Turing colocar ênfase na correlação entre números examinados "nesta e naquela tabela" (talvez por uma máquina de Turing) e na direção em que o prato oscilava. O estranho é que, por mais que se chocassem, os dois eram fundamentalmente pragmáticos de uma forma que Alonzo Church nunca poderia ter sido. Turing podia desempenhar o papel de defensor da lógica como uma disciplina "limpa e gentil", distante da feiúra do empenho e do conflito humanos, mas sua própria imaginação o estava distanciando tanto do idealismo de Hardy quanto de Wittgenstein. Ao mesmo tempo, ele não estava preparado para aceitar o descarte de Wittgenstein (por exemplo) do paradoxo do mentiroso, que era a raiz da investigação de Turing sobre o Entscheidungsproblem, como nada mais que uma "linguagem inútil": "Se um homem diz: 'Eu estou mentindo', dizemos que ele não está mentindo, e então que ele está mentindo e assim por diante. Bem, e daí? Pode-se continuar por aí até cansar. Por que não? Não faz diferença". Para Turing, fazia diferença – não em um sentido abstrato ou ideal, mas porque ele acreditava que contradições ocultas resultam em coisas que "dão errado". A discussão entre eles se estendeu por todo o ano e atingiu o auge em uma longa discussão sobre o papel da lei da contradição na lógica e (mais uma vez) na vida "comum":

> Posso lhe dar as regras para mover as peças do xadrez sem dizer que você deve parar na beirada do tabuleiro. Se acontecer de alguém querer fazer uma jogada para fora do tabuleiro, nós podemos então dizer: "Não, isso não é permitido".
> Mas isso não quer dizer que as regras sejam falsas ou incompletas. Lembre-se do que foi dito sobre fazer conta. Da mesma forma que se tem a liberdade de continuar contando como queremos, podemos interpretar a regra de tal forma que se possa sair do tabuleiro ou de tal forma que não se possa.
> Mas é fundamentalmente importante ver que a contradição não é um germe que indique uma doença generalizada.
> *Turing*: Há uma diferença entre o caso do xadrez e o caso da conta. Pois no caso do xadrez, o professor não sairia do tabuleiro, mas o aluno poderia fazê-lo, enquanto no caso da conta todos concordaríamos.
> Wittgenstein: Sim, mas de onde viria o prejuízo?
> *Turing*: O verdadeiro prejuízo não viria, a menos que haja uma aplicação, caso em que a ponte ruiria, ou alguma coisa desse tipo.

A ponte surgia (e caía) a todo momento. Da mesma forma que Turing era inflexível no sentido de que Wittgenstein deveria admitir a possibilidade de um desastre com a ponte, provocado pela aplicação incorreta de "um sistema lógico, um sistema de cálculos", Wittgenstein estava inflexível com o fato de que Turing deveria estabelecer uma distinção entre o mundo da lógica e o mundo da construção de pontes. Assim, à repetida afirmação de Turing de que "coisas práticas podem dar errado se você não tiver visto a contradição", Wittgenstein respondia:

> A questão é: por que as pessoas têm medo da contradição? É fácil entender por que elas devem ter medo da contradição em ordens, receitas etc. *fora* da matemática. A questão é: por que deveriam ter medo da contradição dentro da matemática? Turing afirma: "Porque alguma coisa pode dar errado na aplicação". Mas nada precisa dar errado. E se alguma coisa dá errado – se a ponte rui – então seu erro foi ter usado uma lei natural errada.

Contudo, Turing não iria esquecer da ponte. Era como se, sentado na sala da casa de Wittgenstein, ele pudesse ver a ponte ruindo, ouvir o grito dos passantes enquanto caíam no rio. Sua posição era simples, e ele não ia abrir mão dela. Turing, segundo suas próprias palavras, não concordava com a ideia de que a "ponte ruísse".

> Wittgenstein: Mas como você sabe que a ponte vai ruir? Não é uma questão de física? Pode acontecer de alguém usar dados para fazer os cálculos de construção de uma ponte e ela nunca cair.
> *Turing*: Se alguém pegar o simbolismo de Frege e der a alguém a técnica de multiplicar com ele, então utilizando um paradoxo de Russell, esse alguém poderia chegar a uma multiplicação errada.

Wittgenstein: Isso significaria fazer alguma coisa que não chamaríamos de multiplicar. Você dá a regra de multiplicar; e quando esse alguém chegar a certo ponto, pode tomar dois caminhos, um dos quais vai ser completamente errado.

Vamos supor que eu convença Rhees do paradoxo do mentiroso, e ele diga: "Eu minto, portanto não minto, portanto eu minto e portanto não minto, portanto temos uma contradição, portanto $2 \times 2 = 369$". Bem, não devemos chamar isso de "multiplicação", e isso é tudo.

É como se você lhe desse regras para multiplicar que levem a resultados diferentes – digamos, em que $a \times b \neq b \times a$. Isso é bem possível. Você lhe deu essa regra. Bem, e então? Vamos dizer que você lhe tenha dado um cálculo errado?

Turing: Embora você não saiba se a ponte vai ruir se não houver contradições, é quase certo que se há contradições, ela vai dar errado em algum lugar.

Wittgenstein: Mas nada deu errado ainda dessa forma. E por que não deu?

Wittgenstein não parece ter tido antipatia por Turing. Na verdade, ele se esforçou bastante para que Turing sentisse que sua opinião era importante. Mas sua impaciência era visceral e obviamente ficava exacerbada pela teimosia de Turing em se recusar a distinguir entre o colapso da lógica e o colapso de uma ponte:

(Para Turing): Antes de pararmos, você poderia dizer se realmente é a contradição que deixa você em dificuldade – a contradição na lógica? Ou você percebe que é uma coisa

muito diferente? Não estou dizendo que uma contradição não pode deixar você em dificuldade. Claro que pode.

Turing: Acho que com o tipo de regras comuns usadas na lógica, se alguém encontra uma contradição, então esse alguém pode ficar em dificuldade.

Wittgenstein: Mas isso quer dizer que com uma contradição alguém *tem de* ficar em dificuldade?

Ou você quer dizer que a contradição pode atrair alguém para a dificuldade? Na realidade, não atrai. Ninguém ainda ficou em dificuldade com uma contradição na lógica. (Não é) como dizer: "Tenho certeza de que aquela criança será atropelada; ela nunca olha antes de atravessar a rua".

Se uma contradição pode levar você a uma dificuldade, então qualquer coisa pode. Ela não tem mais probabilidade de fazer isso do que outra coisa.

Turing: Parece que você está dizendo que se alguém utiliza um pouco de senso comum, esse alguém nunca ficará em dificuldade.

Wittgenstein: Não, isso não é o que quero dizer, de maneira alguma. A dificuldade descrita é alguma coisa em que você entra se aplica o cálculo de uma maneira que leva a alguma coisa errada. Você pode fazer isso com *qualquer* cálculo, com ou sem contradição.

Qual é o critério para uma contradição levar você a uma dificuldade? Ela é especialmente *suscetível* a levar você a uma dificuldade?

Não pode ser uma questão de senso comum, a menos que a *física* seja uma questão de senso comum. Se você faz a coisa certa com a física, a física não vai deixá-lo na mão, e a ponte não vai ruir.

Em um determinado ponto das aulas, citando Hilbert, Wittgenstein insistiu que seu propósito não era levar os alunos "para fora do paraíso que Cantor criou", mas levá-los a questionar em primeiro lugar se aquele paraíso valia a pena:

> Eu diria: "Não desejo levar ninguém para fora do paraíso". Eu tentaria fazer alguma coisa muito diferente: tentaria mostrar que não é um paraíso – a fim de deixar a seu critério. Eu diria: "Seja bem-vindo, veja por você".

Turing, contudo, há muito tempo tinha abandonado aquele paraíso – o que tornou a insistência de Wittgenstein para que ele fizesse o papel de seu defensor duplamente irônica: uma vez mais, ele estava sendo forçado a vestir-se como alguém que não era, a usar o manto de uma tese em cuja validade no fim das contas não acreditava.

3.

Wittgenstein gostava de metáforas com batalhas. "Vamos supor que eu seja um general e receba relatórios de serviços de reconhecimento", ele afirmou em sua 21a aula. "Um oficial chega e diz: 'Há 30.000 inimigos', e então um outro chega e diz: 'Há 40.000 inimigos'. Então, o que acontece ou deveria acontecer?"

A iminência da guerra estava clara na mente de Wittgenstein. "Vamos supor que eu seja um general e dê ordens a duas pessoas", ele propôs na aula seguinte.

> Vamos supor que eu diga a Rhees para estar em Trumpington às 3h, e em Grantchester às 3h30, e diga a Turing para estar em Grantchester às 3h e para estar em Grantchester

na mesma hora que Rhees. Então os dois comparam suas ordens e descobrem que: "Isso é impossível, não podemos estar lá à mesma hora". Eles podem dizer que o general deu ordens contraditórias.

Turing nunca recebeu ordens para ir a Grantchester. Em vez disso, no dia 4 de setembro de 1939, ele se apresentou em Bletchley Park, uma majestosa edificação em Buckinghamshire, cerca de 80 quilômetros a noroeste de Londres. Bletchley Park – ou BP, como ficou depois conhecido – foi construída na época da Batalha de Hastings, e era uma casa de fazenda modesta até que sir Herbert Leon, um financista de Londres, comprou a propriedade rural em 1883. Desejando uma mansão grande o suficiente para se adequar à sua fortuna, Sir Herbert fez numerosos acréscimos na edificação, incluindo um depósito de gelo, um hall de entrada, uma biblioteca e um salão de baile. Sem muito critério, acrescentou uma fachada em tijolo e pedra no que o historiador Stephen Budiansky chama de "uma espécie de imitação vitoriana do estilo Tudor" repleta de "arcos, pilastras, empenas, domos e balaustradas. (...) O interior foi igualmente decorado em excesso, com uma combinação incorreta de carvalho entalhado e suntuosidade vermelha". Tão horrendo era Bletchley Park que em um ensaio intitulado "Architecture and the Architect", David Russo a dá como exemplo do que não fazer quando projetar uma casa, observando que "até mesmo para o olho não treinado, a estrutura parece consistir em uma variedade de formas como se tivesse sido construída não como um conjunto, mas por partes que foram justapostas por mero capricho. (...) A edificação resultante... parece ser parte de um castelo, parte de um gazebo indiano com torreões, e abarrotada de um punhado de estilos, que vão desde portões romanos até frontões neo-normandos".[2]

A integridade arquitetônica, contudo, não importava muito ao Almirante Quex Sinclair (mais conhecido como "C") quando comprou a casa para servir como base para as atividades permanentes da General Code and Cipher School durante a Segunda Guerra Mundial. O que o atraiu na propriedade foi sua amplitude, sua facilidade de acesso a Londres e sua localização exatamente a meio caminho entre Oxford e Cambridge, na estrada de ferro que então ligava as duas universidades. Já era óbvio para C que, no front da criptografia, pelo menos, a guerra seria lutada pelos intelectuais.

Turing chegou a Bletchley Park como integrante de um corpo de cientistas e matemáticos viajando sob o disfarce de membros do "Captain Ridley's Shooting Party". Entre os outros membros do grupo havia dois matemáticos da comunidade acadêmica de Cambridge, Gordon Welchman (que mais tarde escreveu a primeira história de Bletchley Park) e John Jeffreys. Junto de um quarto matemático, Peter Twinn, eles ficaram hospedados em um edifício baixo, não distante da casa principal, chamada The Cottage, onde se instalaram com a tarefa de quebrar o código alemão da Enigma. Turing provavelmente imaginou que sua permanência em Bletchley Park duraria poucos meses; de fato, Crown Inn, no povoado de Shenley Brook End, onde foi alojado e de onde ia de bicicleta todo dia até Bletchley Park, iria se tornar sua casa durante toda a guerra.

Em Princeton, Turing tinha construído um multiplicador eletrônico capaz de codificar mensagens pela multiplicação de grandes números binários. Embora a ideia fosse rudimentar, ela antecipou o método criptográfico – baseado na multiplicação de imensos números primos – que hoje protege nossos cartões de crédito quando compramos pela Internet. Ele não tinha, contudo, nenhuma relação com os códigos alemães a que Turing e seus colegas tinham sido então apresentados. Em vez disso, eram variações altamente complexas do código mais básico de todos, o assim chamado *código monoalfabético*.

Para entender como um código monoalfabético funciona, xibauswe rgw xinnib weeie que ocorre quando os dedos escorregam no teclado de uma máquina de escrever. "Observe o erro comum" vira "xibauswe rgw xinnib weeie" (no original, *Consider the common error*). Agora imagine que alguém tenha de entender uma longa passagem tipografada com os dedos mal alinhados: o texto parece sem sentido. Mas como sabemos que o mau alinhamento resultou do fato de que cada letra do alfabeto foi substituída por outra letra, o senso comum nos diz que devemos procurar sequências repetidas com três letras que possam representar a versão cifrada da palavra mais comum em inglês, "the". Se estivéssemos observando um longo trecho de texto cifrado segundo o método do desalinhamento dos dedos, poderíamos perceber vários casos de sequência "rgw". Supondo, portanto, que "rgw"é "the", pegamos a mensagem e substituímos o *r* por *t*, o *g* por *h*, e o *w* por *e*. Logo começamos a ver outras palavras familiares tomando forma. É quase como um acróstico, razão pela qual os códigos monoalfabéticos (que datam da Idade Média) são tão simples de quebrar. Na sua essência está a probabilidade – especialmente a distribuição de letra: você usa como guia um conhecimento da frequência estatística com que cada letra individualmente aparece em inglês ou em qualquer outro idioma em que a mensagem esteja escrita (no inglês, a letra mais comum é E, e a menos comum é Z).

Tomando por base o princípio da substituição, contudo, pode-se construir um código muito mais complexo, conhecido como *código polialfabético*. Um bom exemplo é o código de Vigenère, que teve origem no século XV, mas que passou a ter um uso mais frequente no final do século XIX. Essencialmente, o código de Vigenère trabalha por meio da construção de um "quadro" no qual as letras da mensagem original inteligível são escritas na linha de cima, e as palavras "chave" no lado esquerdo (por questão de concisão, incluí aqui um quadro preenchido até a décima segunda posição, ou o L; o leitor pode supor que um quadro completo continuaria da mesma forma até o Z.)

	a	b	c	d	e	f	g	h	i	j	k	l	m	n	o	p	q	r	s	t	u	v	w	x	y	z
1 A	a	b	c	d	e	f	g	h	i	j	k	l	m	n	o	p	q	r	s	t	u	v	w	x	y	z
2 B	b	c	d	e	f	g	h	i	j	k	l	m	n	o	p	q	r	s	t	u	v	w	x	y	z	a
3 C	c	d	e	f	g	h	i	j	k	l	m	n	o	p	q	r	s	t	u	v	w	x	y	z	a	b
4 D	d	e	f	g	h	i	j	k	l	m	n	o	p	q	r	s	t	u	v	w	x	y	z	a	b	c
5 E	e	f	g	h	i	j	k	l	m	n	o	p	q	r	s	t	u	v	w	x	y	z	a	b	c	d
6 F	f	g	h	i	j	k	l	m	n	o	p	q	r	s	t	u	v	w	x	y	z	a	b	c	d	e
7 G	g	h	i	j	k	l	m	n	o	p	q	r	s	t	u	v	w	x	y	z	a	b	c	d	e	f
8 H	h	i	j	k	l	m	n	o	p	q	r	s	t	u	v	w	x	y	z	a	b	c	d	e	f	g
9 I	i	j	k	l	m	n	o	p	q	r	s	t	u	v	w	x	y	z	a	b	c	d	e	f	g	h
10 J	j	k	l	m	n	o	p	q	r	s	t	u	v	w	x	y	z	a	b	c	d	e	f	g	h	i
11 K	k	l	m	n	o	p	q	r	s	t	u	v	w	x	y	z	a	b	c	d	e	f	g	h	i	j
12 L	l	m	n	o	p	q	r	s	t	u	v	w	x	y	z	a	b	c	d	e	f	g	h	i	j	k

Para utilizar esse código, o remetente e o destinatário precisam apenas concordar com uma palavra-chave. Vamos supor que a palavra-chave seja delilah, e que a mensagem que desejo codificar seja "Esteja em Grantchester às 3 horas". ("Be at Grantchester at three.") Eu então substituo cada letra em minha mensagem inteligível pela letra correspondente na coluna marcada pela letra apropriada da palavra-chave:

```
D E L I L A H D E L I L
b e a t g r a n c h e s
e i l b r r h q g s l d
```

Minha mensagem agora começa com eilbrrhqgsld... Com a mesma palavra-chave, o destinatário pode decifrá-la e chegar ao texto inteligível. O código difere de um simples código monoalfabético em que, obviamente, cada letra é codificada pelo uso de uma substituição diferente do alfabeto, e, dessa forma, o código não pode ser quebrado pela simples busca de sequências de letras repetidas e a suposição do que elas podem representar.

Mas ele *pode* ser quebrado. O truque, como em todos os códigos, é buscar um ponto de vulnerabilidade e depois usá-lo implacavelmente até que a fortificação desmorone. Em qualquer código polialfabético, o ponto fraco óbvio é a dependência da repetição. No exemplo dado acima, a palavra-chave delilah tem sete letras, o que significa que em uma mensagem longa a 1a, a 8a, a 15a e a 22a letras são todas codificadas com o mesmo código monoalfabético, da mesma forma que a 2a, a 9a, a 16a e a 23a letras, a 3a, a 10a, a 17a e a 24a etc. Em princípio, então, a fim de obter sucesso na decifração da mensagem, seria preciso ter uma palavra-chave que não fosse muito longa; seria preciso saber o seu tamanho; seria preciso ter um texto suficientemente longo codificado que permitisse diversos ciclos de repetições. Seria, então, possível quebrar o texto em unidades do tamanho da palavra-chave e alinhá-las a fim de estudar a frequência das letras.

Infelizmente, os quebradores de códigos raramente tinham esse tipo de informação à mão. Para complicar ainda mais as coisas para eles, como uma medida de segurança extra, muitos usuários de códigos polialfabéticos alteravam a ordem das letras dentro da palavra-chave de acordo com um esquema pré-arranjado; isto é, eles combinavam de começar a codificação um dia com hdelila, o seguinte com ahdelil, o outro com lahdeli. Era necessário um salto à frente teórico, e sem surpresa, o primeiro matemático a reconhecer essa rota mais promissora de ataque foi ninguém menos que Charles Babbage, criador da máquina analítica. Como Simon Singh esclarece em *The Code Book*, a ideia de gênio de Babbage foi abandonar a microanálise das frequências de letras em uma sequência de texto codificado e tratar a sequência como se tivesse sido gerada ao acaso. Essencialmente, Babbage estava desenvolvendo uma análise estatística de repetição de letras – um método que Solomon Kullback, apoiando-se no trabalho de seu mentor, William Friedman, iria formalizar em seu artigo "Statistical Methods", publicado em 1938 na revista *Cryptanalysis*.

Eis como ele funciona.[3] Digamos que temos uma sequência com 24 letras. Podemos dividi-la em dois segmentos de 12 letras cada um e depois alinhá-los. Estatisticamente, as chances, digamos, de o P aparecer na posição 7 no primeiro segmento de 12 letras é 1 em 26, da mesma forma que é a chance de P aparecer na posição 7 no segundo segmento. Isso significa que a chance de P aparecer na posição 7 nos *dois* segmentos é $\frac{1}{26} \times \frac{1}{26}$, ou 0,15%. Mas a chance de *qualquer* letra aparecer na mesma posição em ambos os segmentos é $26 \times \frac{1}{26} \times \frac{1}{26}$, ou 3,8%. Por outro lado, se os dois segmentos alinhados foram realmente codificados usando a mesma palavra-chave, as duas letras em cada posição serão parte de uma substituição monoalfabética, e o P na posição 7 no primeiro segmento será a forma codificada da mesma letra, como o P na posição 7 no segundo segmento. Em qualquer trecho da língua inglesa o E tem 12% de chance de aparecer em uma posição, o que significa que nos dois segmentos alinhados do texto codificado com a mesma palavra-chave, a letra que substituiu E tem $\frac{12}{100} \times \frac{12}{100}$, ou 1,4% de chance de aparecer na mesma posição nos dois segmentos. Uma porcentagem similar pode ser determinada para cada uma das outras 25 letras do alfabeto e quando se estabelece uma média desses valores, apura-se um índice de coincidência de mais ou menos 6,7%. Daí é possível, portanto, alterar o alinhamento dos segmentos dos textos codificados e fazer uma análise de frequência do par. Se o índice pula de 3,8% para 6,7%, fica-se sabendo que houve um tropeço em dois segmentos codificados com a mesma palavra-chave, e pode-se proceder a partir daí, aplicando-se o mesmo método de acróstico que seria utilizado no caso de um código monoalfabético.

Quando a vulnerabilidade do código Vigenère e de outros ficou aparente, os criptógrafos começaram a buscar meios de tornar os códigos que utilizavam mais resistentes à criptoanálise. Uma tentativa foi a criação de uma palavra-chave com a mesma extensão da mensagem; Singh observa, contudo, que essa abordagem acabou se revelando apenas ligeiramente menos vulnerável do que o método original, pois o criptoanalista poderia simplesmente colocar palavras comuns como "the" no texto cifrado em vários pontos, e depois observar se a substituição gerava um segmento de chave que pudesse ser uma porção de uma palavra em inglês. Se o teste com o "the" produzisse as letras XGT, daria para supor que a pista era errada. Por outro lado, se a substituição levasse a DAY, daria para saber, pelo menos, que a investigação deveria continuar, pois essa sequência de letras é comum no inglês.

Uma outra tentativa envolvia a substituição de palavras-chave por *sequências*-chave geradas ao acaso e que não tinham nenhum significado em inglês (ou em qualquer outro idioma que fosse a base para a codificação). Isso resultou em um código inquebrável, mas com uma imensa desvantagem, pois seu uso requeria grande quantidade de sequências de letras geradas ao acaso. Nos anos antes do computador, essas sequências eram quase impossíveis de criar. Além disso, havia o problema de distribuir as sequências-chave entre os operadores da codificação. Em princípio, isso poderia ser feito com a impressão de folhas de blocos, em cujas páginas uma sequência diferente e aleatória seria relacionada. Os operadores usariam a sequência indicada para um determinado dia, e no final do dia rasgariam a folha e a jogariam fora. Infelizmente, a logística envolvida, tanto na impressão dos blocos quanto na distribuição deles por todos os operadores, especialmente em tempos de guerra, acabou se revelando trabalhosa a ponto de fazer com que o sistema fosse abandonado.

O passo lógico seguinte foi a construção de uma máquina codificadora. O primeiro disco para códigos, feito de cobre, foi construído no século XV. No século XIX, Thomas Jefferson inventou um "cilindro para codificação", um aparato que consistia em discos impressos com letras em diferentes sequências e montados num eixo. Uma "roda para codificação" similar foi usada pelos confederados durante a Guerra Civil. Esses aparatos, contudo, meramente mecanizavam o trabalho de colocar uma letra através do código de Vigenère; o texto cifrado que resultava não era menos impenetrável ao ataque apenas pelo fato de ter sido gerado por uma máquina.

Era necessário uma máquina que não apenas acelerasse o processo de codificação e decodificação, mas que realmente aumentasse a segurança, sujeitando as letras colocadas no código a um embaralhamento maior. Esse avanço ocorreu por volta de 1920, com a invenção mais ou menos simultânea na Holanda, na Suécia, nos Estados Unidos, na Inglaterra e na Alemanha de um tipo de máquina da qual a versão alemã – a Enigma – acabaria de tornando o exemplar de maior sucesso.[4] A Enigma foi produto da criatividade do engenheiro alemão Arthur Scherbius, que a exibiu pela primeira vez no Congresso da União Postal Internacional, em Berna, Suíça, com a ambição de vendê-la para homens de negócio preocupados com a possibilidade de seus concorrentes interceptarem seus telegramas. Ocorre que a Enigma acabou sendo um fiasco para essa clientela potencial: era muito cara e, com 12 quilos, pesada demais para atrair os empresários alemães preocupados com a economia. Muitos anos depois, contudo, a máquina chamou a atenção de um cliente que faria o sucesso de Scherbius: o governo alemão, que comprou uma grande quantidade de máquinas e as adaptou para uso militar.

Como a do computador pessoal – que de muitas maneiras ela antecipou – a aparente simplicidade e facilidade de uso da Enigma escondia um mecanismo interno muito complexo. Ela parecia uma máquina de escrever e não era mais difícil de usar. Contudo, ao contrário de sua prima inglesa, a Typex, a Enigma não podia imprimir nem tinha um lugar para o papel. Em vez disso, fixada acima do teclado, com as letras dispostas como em uma máquina de escrever alemã, havia uma fileira de 26 lâmpadas, cada uma etiquetada com uma letra do alfabeto e dispostas exatamente na mesma formação do teclado. Acima das lâmpadas, por sua vez, havia uma tampa presa por uma dobradiça com três pequenas janelas. Quando se levantava a tampa, viam-se três rotores que eram os elementos-chave do projeto da Enigma, cada um provido de um anel móvel também marcado com as 26 letras do alfabeto. Os três rotores podiam ser removidos e rearranjados em qualquer uma das seis disposições possíveis.

Operar a máquina não requeria absolutamente nenhum conhecimento do que acontecia dentro dela. Na verdade, tudo o que o remetente e o destinatário precisavam era concordar, antecipadamente, com o código-chave, a ordem dos rotores e a disposição do anel. A ideia é que as disposições diárias fossem impressas em livros ou em folhas de papel que seriam juntadas em blocos, dos quais cópias seriam distribuídas a cada um dos remetentes e dos destinatários envolvidos; a cada manhã, remetentes e destinatários "programariam" a sua Enigma com as disposições para o dia, antes de começar a encriptação.

    Digamos que você tenha de enviar uma mensagem. Primeiro você olharia a disposição do anel, a ordem do rotor e a chave de três letras para o dia; em seguida, tendo feito as disposições, moveria os rotores até que a chave – vamos supor que seja ATM – fosse mostrada nas três janelas da tampa. Finalmente você pegaria a mensagem e a digitaria na Enigma, uma letra de cada vez. Se a primeira letra da mensagem fosse um E, você digitaria E, a máquina faria um zumbido e um clique, e então uma das lâmpadas – digamos que a marcada com um U – se acenderia. Procedendo dessa maneira você encriptaria a mensagem inteira, anotando cada letra e depois transmitindo a mensagem cifrada pelo telégrafo ou pelo rádio em código Morse. O destinatário então colocaria a *sua* Enigma na mesma disposição, digitaria a mensagem cifrada e – surpresa! – o texto inteligível apareceria. Essa era a genialidade da Enigma. Seu projeto não apenas assegurava absoluta segurança, mas também permitia a codificação e a decodificação com a utilização das mesmas disposições. Em outras palavras, se digitar um E numa Enigma programada numa certa disposição produzia um U, então digitar um U numa Enigma programada na mesma disposição produziria um E. Em termos de seu projeto fundamental, a máquina era pouco diferente das suas antecessoras, que também se apoiavam em um sistema de discos rotativos; o que a fazia única era que ela alimentava as letras por meio de uma bateria de permutações extras, e fazia isso com extraordinária velocidade.

Os elementos mais essenciais do projeto eram os três rotores, dispostos em três encaixes a partir da esquerda para a direita. Nos lados esquerdo e direito de cada rotor removível havia 26 pontos de contato, correspondendo às 26 letras do alfabeto: os anéis adjacentes eram impressos também com as letras, em ordem alfabética, e podiam ser movidos ao redor do rotor, alterando assim qual letra correspondia a qual contato em cada dia (um dia, por exemplo, o A podia estar no ponto de contato 17, no dia seguinte, no 3, e assim por diante).

Dentro de cada rotor, um feixe de fios conectava os pontos de contato da parte direita com os da parte esquerda. Essa fiação, embora arbitrária, era fixa; isto é, mesmo que os rotores pudessem ser dispostos em uma ordem diferente, todos os rotores em todas as Enigmas no sistema eram conectados pela fiação da mesma forma. Isso assegurava que o rotor número um da Enigma do remetente tivesse uma fiação idêntica ao rotor número um da Enigma do destinatário. E como a ordem do rotor era um dos elementos estabelecidos antecipadamente, não havia chance de fiação equivocada.

Uma série de tomadas conectava os rotores mais à direita ao teclado. Na Enigma comercial, as letras no teclado eram conectadas aos pontos de contato no primeiro rotor e na mesma ordem do teclado; na Enigma de uso militar, contudo, a fiação tinha sido alterada e um dos primeiros desafios que os quebradores de código enfrentaram foi descobrir qual era a nova ordem. Como a primeira fileira de letras em uma máquina de escrever alemã mostra a sequência QWERTZUIO (diferente da sequência QWERTYUIOP das máquinas de escrever americanas), Dilwyn Knox, um dos primeiros ingleses a enfrentar a Enigma, referia-se à nova ordem de letras misteriosa como a "qwertzu". Embora Knox temesse que essa ordem pudesse ser arbitrária a ponto de desafiar uma análise, para sua grande surpresa, um grupo de criptoanalistas poloneses liderados por Marian Rejewski rapidamente concluiu que no modelo militar da Enigma os alemães tinham simplesmente conectado as letras do teclado aos pontos de contato no primeiro rotor em ordem alfabética. Essa foi a primeira de várias ocasiões em que a preguiça alemã e sua falta de imaginação acabaram ajudando os quebradores de código em seu esforço para derrotar a máquina.

Quando uma letra era digitada na Enigma, uma corrente passava do teclado até o rotor mais à direita, que então mudava de posição, avançando e alterando a identidade da letra. A corrente continuava através dos outros dois rotores, com uma substituição ocorrendo em cada posição. Em seguida a corrente entrava em um "refletor", um disco com metade da espessura na extremidade esquerda da máquina, com contatos apenas no seu lado direito. O refletor conectava pares de letras, substituindo a letra digitada por uma segunda, que então seria enviada de volta através dos três rotores para outra série de substituições. Sua função era garantir que nenhuma letra digitada na Enigma pudesse ser encriptada por si só; era também responsável pela propriedade da Enigma ser capaz de servir tanto como uma máquina de codificação como de decodificação.

Um último elemento – incorporado às Enigmas militares – era um painel de "conexões", muito semelhante a uma antiga mesa telefônica e localizado na base da máquina, com 26 tomadas, nas quais os cabos podiam ser plugados. Nessas máquinas, as posições das tomadas também tinham de ser determinadas antecipadamente. Pares de letras a serem plugadas seriam trocados, tanto antes quanto depois que o processo de encriptação ocorresse. Para dar um exemplo, o P tinha de ser plugado como V, o que significava que quando o operador da Enigma digitava um P ele era imediatamente substituído por um V, o qual sofreria então o processo de encriptação. Seguindo as mesmas disposições, se ao final do processo de encriptação um C aparecesse, ele seria substituído por um J, supondo que C e J tivessem sido plugados da mesma forma. Embora em princípio todas as 26 letras do sistema da Enigma pudessem ser plugadas em 13 pares, durante os primeiros anos apenas 6 pares de letras eram plugados; mais tarde esse número aumentou para 10. Um dos principais desafios que os quebradores de código enfrentavam era determinar quais eram as letras.

Do ponto de vista estatístico, a enorme quantidade de embaralhamentos a que a Enigma submetia cada texto inteligível a tornou quase inexpugnável. Ao contrário do código Vigenère, no qual a sequência de códigos monoalfabéticos começava novamente com uma repetição da palavra-chave, uma Enigma tinha de passar por um ciclo completo dos três rotores – um conjunto de mais de 17.000 letras – antes que uma sequência-chave se repetisse (a existência de três rotores com 26 pontos de contato cada um significava que havia 263, ou 17.576 possíveis rotas que uma letra podia assumir). Além disso, os rotores podiam ser removidos e arranjados em qualquer uma das seis diferentes disposições. Mais tarde, os militares alemães acrescentaram dois novos rotores, tornando possível ordenar três de cada cinco em cada disposição, num total de 60 disposições possíveis; mais tarde ainda, a quantidade total de rotores foi aumentada para oito. A distribuição da disposição dos anéis provocava ainda mais complicação, pois o anel de cada rotor podia ser alterado para qualquer uma das 26 posições, em um total de 676 posições quando todos os três anéis fossem considerados. Finalmente, um painel de ligações consistindo em apenas seis cabos podia gerar 100.391.791.500 combinações a mais.

Com isso, mesmo no final da guerra, quando Turing e sua equipe estavam decifrando mensagens de todos os tipos, os alemães continuavam a acreditar que o sistema da Enigma era completamente inexpugnável ao ataque. Ao contrário, eles culpavam a espionagem pelas falhas de segurança que percebiam, ou a presença de agentes duplos dentro de suas próprias posições. Era inconcebível para eles que um sistema de encriptação tão sofisticado como a Enigma pudesse se tornar suscetível de interceptação. Afinal de contas, era uma máquina *alemã*. Contudo, como se verificou, a Enigma era muito suscetível. Na verdade, muito antes que a turma do Captain Ridley's Shooting Party chegasse a Bletchley Park, a equipe de matemáticos poloneses liderada por Rejewski já estava lendo o tráfego militar alemão feito pela Enigma havia muitos anos.

A espantosa saga dos quebradores de código é realmente um exemplo do poder da matemática. A ciência "limpa e gentil" de Hardy acabou se revelando mais forte do que toda a máquina de guerra alemã, que, a despeito de toda a sua pose, terminou suplantada por um grupo de excêntricos matemáticos e engenheiros desenvolvendo suas ideias no papel e ligando circuitos elétricos dentro de máquinas canhestras. A sorte teve alguma coisa a ver com isso: os poloneses, por exemplo, tinham à sua disposição uma Enigma comercial e dois manuais da Enigma alemã surrupiados, cada um incluindo fotografias e instruções. E tinham também bastante tráfego cifrado para analisar. Mas, não fosse pelos lampejos de percepção que levaram Rejewski e sua equipe a decifrar o código, as mensagens telegráficas interceptadas poderiam ter permanecido um palavreado sem sentido. Em vez disso, por meio da combinação de teoria matemática e imensa paciência, Rejewski e mais tarde Turing conseguiram achar um caminho.

Em certo sentido, o sucesso de ambos derivou de uma inata fraqueza da Enigma. Em cada máquina o rotor *mais à direita* tinha de passar por todas as 26 de suas possíveis disposições antes que o rotor do meio fizesse sequer um simples avanço; da mesma forma, o rotor do meio tinha de mudar 26 vezes antes que o mais à esquerda avançasse uma vez. Como Budiansky explica, isso significava que para trechos de 26 letras em cada mensagem cifrada usando a Enigma, as disposições à esquerda da roda mais à direita permaneciam inalteradas: justamente o tipo de ponto fraco que criptoanalistas treinados podiam atacar. Se o rotor mais rápido estivesse na segunda ou terceira posição, os prospectos para a quebra do código seriam consideravelmente mais vagos.

Em diversas frentes, além disso, os esforços alemães para *melhorar* a segurança da Enigma na verdade acabaram por tornar as coisas mais fáceis para os criptoanalistas. Um exemplo desse tipo de lapso foi a decisão alemã, logo no início da guerra, de instruir toda a rede da Enigma a codificar duas vezes as mensagens. Depois de enviar uma mensagem, o operador não usaria a chave diária: em vez disso, ele escolheria uma chave qualquer – digamos, GSX – e depois encriptaria aquela chave duas vezes, usando a chave indicada para o dia – digamos, AMT. O resultado seria uma sequência de seis letras (suponhamos JMGVEB) que representaria a dupla encriptação da chave que o operador tinha escolhido, GSX, usando o indicador AMT. Depois de receber a mensagem, o destinatário da mesma maneira formataria sua Enigma para AMT e a alimentaria com JMGVEB, que sairia do outro lado como GSXGSX, graças à propriedade da Enigma de reversibilidade. O destinatário então reformataria a Enigma para GSX a fim de decifrar a verdadeira mensagem.

Do ponto de vista do objetivo de um oficial militar alemão de aumentar a segurança do tráfego da Enigma, o sistema de dupla encriptação deve ter parecido uma jogada de gênio; do ponto de vista matemático, ao contrário, ele abria um buraco no sistema. Pois as seis letras que serviam como preâmbulo para cada uma das mensagens cifradas da Enigma enviadas em um dado dia – JMGVEB – de fato significavam uma tênue "assinatura": isto é, em cada mensagem enviada em um determinado dia, as primeiras seis letras teriam sido codificadas usando a mesma chave indicadora de três letras (neste caso, AMT).[5] Com efeito, isso significou que as primeiras seis letras de cada mensagem sendo enviada eram encriptadas utilizando o equivalente de um código polialfabético cuja palavra-chave tinha apenas três letras, com todas as primeiras letras codificadas utilizando um código monoalfabético, todas as segundas letras codificadas utilizando um segundo código monoalfabético e assim por diante. Além disso, haveria uma associação rastreável entre a primeira e a quarta letra do preâmbulo, da mesma forma que entre a segunda e a quinta, a terceira e a sexta. Foi esse ponto de vulnerabilidade – a repetição na assinatura – que Rejewski e seus colegas foram capazes de explorar, já que lhes permitiu construir cadeias de associações de letras e, por meio dessas cadeias, reconstruir todo o alfabeto cifrado necessário para a quebra do tráfego de cada dia (a criação de cadeias de letras, por coincidência, foi uma inovação da qual Turing se beneficiaria quando se encarregou do Projeto Enigma, alguns anos mais tarde).

Infelizmente, os alemães logo abandonaram essa precaução em favor de um método mais simples que não requeria o uso de chaves diárias. Agora o remetente da mensagem iria simplesmente escolher uma chave (suponhamos AGH), depois escolher uma segunda chave (suponhamos DJX) com a qual ele codificaria duas vezes a chave original. Então ele transmitiria a chave original não codificada seguida de versão duplamente codificada da chave original. O resultado seria algo como AGHLMO-DMP. O texto da mensagem seria então codificado usando DJX como a chave. O destinatário então formataria a *sua* Enigma para AGH, de forma a recuperar a chave necessária para decodificar a mensagem, nesse caso DJX. O sistema não era vulnerável aos bisbilhoteiros, porque não apenas a chave AGH, mas também a disposição diária secreta do anel, eram necessárias para decodificar a chave DJX.

O novo método de transmissão da chave, embora mais simples, de fato tornava a criptoanálise mais difícil, porque apagava a "assinatura" da qual Rejewski e seus colegas dependiam. Contudo, havia um jeito. Em um número estatisticamente significativo de ocasiões, uma letra no código-chave que era transmitida puramente por acaso acabava sendo codificada *duas vezes* como a mesma letra. Por exemplo, no caso citado acima, LMODMP representa a dupla codificação de DJX: alimentando-o em um grupo de Enigmas como AGH temos DJXDJX. Observe, contudo, que nesse caso J foi duas vezes codificado como M, puramente por acaso. Por razões perdidas na história, os poloneses se referiam a essas repetições como "fêmeas". Henryk Zygalski, colega de Rejewski, passou a trabalhar na catalogação de qual das 105.456 combinações de ordens de rotor e de disposições de rotor (isto é, 17.576 × 6) resultava em "fêmeas". A tarefa consumiu quase um ano. Em seguida ele desenvolveu uma série de folhas perfuradas em que os buracos indicavam todas aquelas posições em que uma combinação de ordem de rotor e disposição de rotor resultava em uma fêmea. E repetidamente alternando as folhas uma em relação à outra em uma mesa de luz, anotando os pontos em que a luz passava pela perfuração de todas as folhas, Zygalski foi capaz de determinar as disposições do rotor para um dado dia, e a partir daí dar um primeiro passo na decifração do tráfego.

Até então, os poloneses tinham lidado valentemente com cada mudança que os alemães faziam no sistema da Enigma. Seu trabalho engenhoso culminou na invenção de uma máquina, que Rejewski chamou de bomba, ou por causa do tique-taque que ela fazia ou (uma explicação menos plausível) porque ele estava comendo uma bomba de creme com sorvete em um café quando a ideia surgiu. A bomba era capaz de simular a atividade de várias Enigmas conectadas juntas e podia varrer as 17.576 possíveis disposições de rotor da Enigma em mais ou menos duas horas. Por volta de novembro de 1938, seis bombas polonesas estavam em operação – e então, no dia 15 de dezembro de 1938, e em 1o de janeiro de 1939, respectivamente, os alemães introduziram na Enigma duas inovações que deixaram Rejewski e seus colegas atarantados. Primeiro, acrescentaram mais dois rotores aos três originais; em seguida, aumentaram o número de letras plugadas em pares de seis para dez.

O resultado foi maior do que os poloneses podiam enfrentar: eles não tinham nem a mão-de-obra nem o dinheiro para enfrentar essas vicissitudes, especialmente por causa da crescente vulnerabilidade dos poloneses em relação à Alemanha. Nesse ponto, o esforço principal de criptoanálise dos Aliados mudou-se para Bletchley, onde Turing e Welchman tinham à disposição não apenas os recursos do governo britânico, mas uma força de trabalho consideravelmente maior. Antes de serem forçados a deixar sua pátria, contudo, os poloneses foram capazes de deduzir a fiação de dois dos novos rotores. Eles foram capazes, assim, de presentear Turing e Welchman, uma espécie de presente de partida, com a completa fiação dos cinco rotores.

4.

Embora as operações em Bletchley estivessem ostensivamente sendo conduzidas sob a égide militar, a atmosfera que prevalecia na propriedade era casual. Ninguém usava uniforme. Fotografias mostram os criptoanalistas jogando *rounders* (um tipo de beisebol praticado na Inglaterra) no gramado em frente à casa. Eles faziam intervalos para o chá e geralmente desfrutavam do ar fresco e do panorama bucólico do local.[6] Contudo, não havia nenhuma dúvida de que eles entendiam a absoluta seriedade de seu trabalho. Por exemplo, sabiam que não podiam falar do que estavam fazendo, mesmo a suas famílias, por medo de que de alguma forma os alemães descobrissem que os aliados liam o tráfego feito pela Enigma (durante anos a mãe de Alan Turing soube apenas que seu filho estava envolvido em algum tipo de trabalho para o governo). Uma certa cortesia da classe alta inglesa definia a atmosfera do lugar, um entendimento tácito de que não importasse quão tensa a situação pudesse ficar, o dever exigia que todos continuassem trabalhando, sorrindo e, acima de tudo, em silêncio.

E eles realmente trabalhavam. Por razões de segurança, o trabalho era dividido entre grupos, cada um deles alojado em um edifício, a maior parte constituída de "barracões ou cabanas" (*hut*, em inglês) de madeira que foram construídos quando da preparação para a transformação da propriedade em um centro de codificação e decifração. No barracão 8, Turing supervisionava o lado teórico das coisas. Outros barracões eram dedicados à interceptação do tráfego codificado, à sua transcrição, à sua tradução e à sua interpretação. Fundamentalmente, cada um funcionava independentemente dos outros, o que significava que Turing provavelmente nunca soube qual benefício as mensagens que ele decifrava trouxeram à Inglaterra em sua luta para derrotar Hitler. Seu foco, em vez disso, tinha de continuar nos dilemas teóricos e matemáticos inerentes ao esforço para quebrar esse código tão difícil.

Um aspecto reconfortante da vida em Bletchley era a grande quantidade de mulheres empregadas lá, muitas delas "Wrens" (integrantes do Women's Royal Naval Service) de Cambridge e Oxford que operavam as máquinas de decodificação e faziam a maior parte do trabalho de transcrição. Outras mulheres eram recrutadas de uma fábrica de espartilhos próxima. Havia até uma mulher na equipe de criptoanalistas, Joan Clarke, uma matemática de quem Turing foi noivo brevemente. Segundo Hodges, quando Turing admitiu sua homossexualidade à noiva, ela não ficou chocada; pouco depois, contudo, ele decidiu que não podia se casar e rompeu o compromisso.

Como Singh explica, o advento da Enigma contribuiu para uma substantiva mudança na ciência da criptoanálise. "Durante séculos", ele escreve, "era normalmente aceito que os melhores criptoanalistas eram especialistas na estrutura da linguagem. (...)" Agora, contudo, os responsáveis pelo recrutamento focavam na busca de homens e mulheres que possuíssem tanto capacidades criativas notáveis quanto uma paciência inata. Além de matemáticos de carreira, a equipe de Bletchley incluía o campeão inglês de xadrez, Hugh Alexander, o escritor Malcolm Muggeridge e os vencedores de um concurso para fazer as palavras cruzadas do *Daily Telegraph* o mais rápido possível (o menor tempo registrado foi de 7 minutos e 57,5 segundos). Para ter sucesso como criptoanalista era preciso ser capaz de combinar inteligência matemática com um certo instinto para sua aplicação prática: exatamente a receita da qual Alan Turing fizera uso para a solução do Entscheidungsproblem e que o fazia sentir-se, em outros contextos, como um intruso.

De início, Turing e seus colegas na Cottage imitaram os métodos dos poloneses, criando uma série de folhas perfuradas que podiam ser dispostas umas sobre as outras em vários arranjos. Quando a luz passava por todas as folhas de uma vez, significava que os criptoanalistas tinham detectado uma "fêmea". Então, a fim de acelerar o processo de busca de fêmeas, eles construíram uma pequena máquina que chamaram, muito apropriadamente, de "ciclômetro de sexos".

Logo, contudo, ficou claro que os velhos métodos não seriam suficientes, especialmente em função das alterações no painel de conexões e do acréscimo de rotores extras. Era claro que uma estrutura inteiramente nova teria de ser desenvolvida, se a equipe de Bletchley quisesse ter sucesso na decodificação de uma fração que fosse do tráfego da Enigma. E essa estrutura foi desenvolvida por Turing (a quem seus subordinados de menor importância chamavam de "o Prof") em um período de tempo surpreendentemente curto. O resultado foi o "Prof's Book", um documento de várias centenas de páginas, bagunçado e às vezes ilegível, no qual ele explicou em detalhe os fundamentos teóricos de seu planejado ataque à Enigma. Em virtude do aumento das conexões, Turing notou que os criptoanalistas teriam de depender cada vez mais dos *cribs* – segmentos específicos de texto inteligível que eles podiam confrontar, com razoável confiança, com segmentos específicos do texto cifrado – ou seja, conjunto de caracteres repetidos encontrados em quase todas as mensagens. Como exemplo de um *crib*, Turing deu o texto inteligível (em alemão) "keine Zusätze zum Vorbericht" ("nenhum acréscimo ao relatório preliminar"), que correspondia da seguinte forma ao trecho do texto cifrado:

D A E D A Q O Z S I Q M M K B I L G M F W H A I V

K E I N E Z U S A E T Z E Z U M V O R B E R I C H T

A ideia era alimentar a mensagem contendo o *crib* através de várias possíveis disposições e que o processo de codificação de uma Enigma pudesse começar e então verificar qual, se existia alguma, gerava um texto inteligível. Se nenhuma funcionasse, seria necessário começar de novo, confrontando o *crib* com um segmento diferente do texto cifrado. Mas esse era um processo extremamente longo e, como trabalhavam à mão, os critpoanalistas podiam cometer erros. Além disso, não era possível fazer uma marca que fosse no imenso volume de tráfego da Enigma com a utilização de tesouras, canetas ou lápis.

Logo no início de sua estada em Bletchley, ficara evidente para Turing que a única maneira de quebrar um código criado por uma máquina seria com outra máquina. A visão era uma variante da que o tinha levado a escrever "Computable Numbers". Dessa vez, contudo, a máquina em questão não poderia permanecer meramente uma hipótese. Ele teria de construí-la.

O resultado foi a bomba de segunda geração, mais rápida e mais tecnicamente complexa do que a ancestral polonesa. E também maior: quase dois metros de altura e mais de dois metros de comprimento. Em essência, esse mastodonte mecânico simulava os esforços de 30 Enigmas trabalhando ao mesmo tempo. Os rotores – 90 no total – eram montados na frente do imenso gabinete. Uma olhadela em sua parte de trás revelava mais de 17 quilômetros de fios conectados a pontos de contato nos rotores. A bomba podia ser temperamental, dando choques elétricos ou pinicões nos dedos de seus operadores. Vazava óleo e frequentemente emperrava. Mas funcionava, e uma série de bombas foi oficialmente colocada em funcionamento, cada uma com um nome de identificação (esses nomes incluíam Victory, Otto, Eureka e Agnus Dei).

Projetar a bomba deu a Turing a oportunidade, finalmente, de alcançar um sonho de toda a vida. Ainda criança desenhou um projeto de uma máquina de escrever. Depois de escrever "Computable Numbers" ele tinha feito significativos progressos na construção tanto de um multiplicador eletrônico quanto da máquina para testar os zeros da função zeta de Riemann. Mas na verdade ele nunca tinha completado nenhuma dessas máquinas. Agora, em Bletchley, ele tinha a oportunidade não apenas de aplicar os princípios da lógica matemática na verdadeira construção da máquina, mas de supervisionar sua instalação e colocá-la em funcionamento. Pois o milagre da bomba era que seu amontoado desajeitado de cabos, fios, escovas e interruptores operava inteiramente de acordo com os métodos que Turing tinha aprendido como resultado de sua profunda imersão no mundo de Frege e de Russell; na realidade, enquanto cada bomba perfazia sua função fazendo soar suas engrenagens em meio a milhares de eliminações e de verificações a cada dia, o tique-taque que se ouvia era o da lógica.

A chamada "bomba", desenvolvida por Alan Turing e sua equipe, em Bletchley Park, para decodificar o tráfego da Enigma. (Imperial War College)

Contudo, a participação de Turing foi além de meramente construir as bombas: ao lado do colega Gordon Welchman, ele também desenvolveu maneiras novas e engenhosas de utilizá-las. Por exemplo, um dos principais desafios que os criptoanalistas de Bletchley enfrentavam no começo da guerra era o dilema de como lidar com os milhões e milhões de novas combinações de letras, que resultavam do aumento de seis para dez dos pares de letras conectados. De início o problema parecia intransponível; rapidamente, contudo, Turing criou um modelo geométrico para cadeias de combinações de letras dentro da Enigma que afastou completamente o efeito da placa de conexões. Na verdade, ele enfrentou o problema com uma abordagem de geômetra.

Eis o exemplo dado por Stephen Budiansky do que Turing fez. Vamos supor que, utilizando um *crib*, chegamos a uma clara ligação entre o texto inteligível e o texto cifrado. Primeiro dispomos as letras em suas posições relativas:

Posição relativa	1	2	3	4	5	6	7	8	9
Texto inteligível	M	I	T	S	C	H	L	A	G
Texto cifrado	H	M	I	X	S	T	T	M	I

Agora é possível mapear as relações geométricas entre as letras do texto inteligível e as letras do texto cifrado. Por exemplo, na posição 6, H é transformado em T, enquanto na posição 3, o T é transformado em I; na posição 2, o I é transformado em M, enquanto na posição 1 o M é transformado em H. Agora temos uma sequência fechada de letras, de H voltando a H. Sequências fechadas poderiam ser mapeadas para as letras restantes. Utilizando essas sequências, Turing foi capaz de criar um diagrama de conexões usado em qualquer mensagem particular, eliminando dessa forma o efeito da placa de conexão.

A abordagem de Turing, nesse caso, foi fruto inteiramente de seu treinamento matemático, com o qual ele tinha aprendido que as relações geométricas permanecem constantes mesmo que as variáveis introduzidas nelas sejam modificadas. Turing também explorou – astuciosamente – o que eram consideradas as maiores virtudes da Enigma: sua reversibilidade, o que permitia que ela fosse usada tanto como uma máquina para codificar quanto para decodificar, e o fato de que ela nunca codificava uma letra nela mesma. Finalmente, ele introduziu uma versão do princípio da *reductio ad absurdum* na engenharia da máquina, que podia, na verdade, tirar conclusões de contradições – isto é, ela era projetada para interpretar o registro da disposição não operante de um rotor como uma instrução para testar a disposição do próximo rotor. A máquina pararia somente quando ou um ou os 25 circuitos ficassem energizados, indicando a possibilidade de uma disposição que realmente funcionasse.

No esforço para dominar a Enigma, Turing e seus colegas procuraram se beneficiar de qualquer ajuda externa que pudessem obter. A maior parte de seu trabalho se baseava em intrincados (e brilhantes) fundamentos matemáticos; ao mesmo tempo, eles se beneficiaram consideravelmente da falta de imaginação que parecia ser endêmica entre os militares alemães. Por exemplo, conseguir *cribs* utilizáveis teria sido muito mais difícil se os autores das mensagens colocadas na Enigma tivessem se preocupado ou em evitar frases comuns ou em esconder a verdadeira mensagem com um texto sem sentido. Mais comumente, as mensagens interceptadas em Bletchley estavam repletas de linguagem formal, clichês militares e repetições habituais: fediam a burocracia (a maior parte das mensagens, por exemplo, mencionava condições meteorológicas, quase sempre segundo a mesma fórmula; assim, como Singh observa, *Wetter* – a palavra alemã para tempo – era um *crib* comum). Quando o suprimento de *cribs* ameaçava esgotar-se, a Royal Air Force algumas vezes ajudava os criptoanalistas, plantando minas em locais especificamente escolhidos a fim de que os alemães as descobrissem e enviassem relatórios sobre a descoberta; como os ingleses já sabiam onde estavam as minas, esses relatórios de locais geravam *cribs* que Turing e sua equipe podiam explorar. Esse processo era chamado, pitorescamente, de "jardinagem".

Outro erro alemão que Turing soube explorar foi o fato de que, na escolha de chaves de três letras para as mensagens, os operadores alemães muitas vezes adotavam a lei do menor esforço. Um operador, por exemplo, podia repetidamente escolher as primeiras três letras do nome de sua namorada ou podia ater-se ao uso de sequências de três letras que figuravam diagonalmente no teclado da máquina de escrever: digamos RFV, TGB. Os criptoanalistas sabiam buscar essas repetições, a que chamavam *cillis*, ou algumas vezes bobagens (*sillies*, no original, um trocadilho com *cillis*), e quando eles as encontravam (o que ocorria muitas vezes), o trabalho ficava muito mais fácil.

Finalmente, os matemáticos em Bletchley tiveram uma grande ajuda da marinha britânica, que periodicamente conseguia apreender equipamentos da Enigma, como livros de códigos, diários de bordo e manuais de instrução de submarinos afundados e de traineiras alemãs. Em uma ocasião, o artilheiro de um navio inglês conseguiu recuperar um saco de lona à deriva com as configurações de dois dias de uma Enigma e o diário de bordo de um operador com textos inteligíveis e textos cifrados de todas as mensagens enviadas naqueles dias. Em outra, marinheiros que embarcaram em um submarino alemão localizaram dois rotores intactos de uma Enigma: essa apreensão foi particularmente útil, pois aconteceu imediatamente depois que os alemães tinham aumentado o número de rotores de cinco para oito para o tráfego naval da Enigma. Os dois rotores eram, na verdade, dois dos três novos rotores que tinham acabado de ser acrescentados.

Mas para cada golpe de sorte havia um retrocesso. Ocasionalmente, os alemães faziam alterações inesperadas no seu método de transmitir mensagens (normalmente com o objetivo de aumentar a segurança *interna* e a proteção contra espiões), apagando semanas de intenso trabalho de criptoanálise e forçando a equipe em Bletchley a voltar à prancheta de desenho. Enquanto algumas redes de Enigmas operassem de acordo com princípios que tornavam seu tráfego mais fácil de ler, cada vez mais um sistema – a Enigma naval – empregava uma quantidade de medidas extras de segurança que o tornavam irritantemente resistente à interceptação. Por exemplo, a Enigma naval não apenas tinha um sistema para o uso de três dos oito rotores (ampliando o número de possibilidades da ordem dos rotores por um fator igual a seis), ela também empregava um refletor ajustável que podia ser usado em qualquer uma das 26 posições (mais tarde a marinha alemã começou a usar uma Enigma com *quatro* rotores). Para tornar as coisas ainda mais complicadas, os operadores do sistema naval da Enigma aboliram completamente o velho sistema de começar cada mensagem com uma versão cifrada da chave necessária para a decodificação; em vez disso, eles codificavam a chave usando um sistema completamente diferente baseado em tabelas de substituição de digramas: dois grupos de três letras selecionados por um operador seriam acrescentados com uma quarta letra aleatória e depois alinhados:

```
P J L O
M Q B A
```

As letras no grupo seriam depois arranjadas como "digramas" verticais ou grupos de duas letras:

PM JQ LB OA

Os digramas, por sua vez, seriam substituídos por aqueles indicados em uma tabela diária de substituição de digramas. A aparente impenetrabilidade da Enigma naval era particularmente problemática porque seu tráfego continha a informação de que o Almirantado britânico precisava urgentemente para garantir a segurança das águas do Atlântico e do Pacífico contra os ataques dos submarinos alemães.

Às vezes uma alteração aparentemente inconsequente no método de transmitir o tráfego da Enigma – como uma alteração das tabelas de substituição de digramas – era o suficiente para paralisar as buscas dos criptoanalistas em Bletchley durante semanas. Felizmente eles perseveravam; na verdade, a vitória final sobre a Enigma se deveu tanto às horas de trabalho árduo despendido por homens e mulheres dedicados (e pacientes) que trabalhavam em Bletchley quanto aos avanços teóricos pelos quais Turing era o principal responsável. Por meio de incansáveis análises dos fundamentos de codificações polialfabéticas, da implacável exploração das menores fissuras que apareciam na armadura da máquina e do inteligente uso de equipamento elétrico para mecanizar e, dessa forma, acelerar o teste e a eliminação de milhares e milhares de possíveis chaves de combinação, Turing conseguiu transformar a Enigma, se não em um antagonista impotente, pelos menos em um adversário manobrável. Turing acabou até quebrando o código da Enigma naval, com isso diminuindo drasticamente o afundamento de navios aliados pelos submarinos alemães. Foi uma performance brilhante, até mesmo heróica, que contribuiu significativamente para a derrota de Hitler.

Foi também uma performance da qual Turing foi o organizador incontestável. É verdade que a concepção original da bomba tem de ser creditada aos poloneses. Contudo, como Budiansky realça, "a abordagem matemática fundamental por trás da bomba britânica era inteiramente de Turing", como foi a "descoberta de que a confrontação de fileiras de texto não-codificado e texto codificado definia uma relação geométrica característica", e a "ideia de alimentar com uma contradição uma sequência interconectada de Enigmas". Como Hodges observa, Turing riu por último de Wittgenstein, pois *"essas* contradições fariam alguma coisa dar muito errado para a Alemanha e provocariam a quedas das pontes".

5.

Foi durante os anos passados em Bletchley que Turing ganhou a reputação de excentricidade, de alheamento social e de desleixo. O episódio de seu fracassado alistamento na guarda de Bletchley data desse período. Assim como certas lendas que, verdadeiras ou não, ainda circulam: de que ele usava uma máscara contra gases quando ia de bicicleta para o trabalho a cada manhã (supostamente para evitar respirar pólen); de que quando andava de bicicleta ele contava as voltas das rodas, parando uma volta antes do momento em que sabia que a corrente sairia do lugar; de que ao final de cada dia ele acorrentava sua caneca de chá a um tubo de aquecedor. Em Bletchley, havia rumores de que Turing amarrava suas calças com barbantes, usava pijama por baixo do paletó esporte e raramente se barbeava ou cortava as unhas. Tudo isso parece ser verdadeiro: ele nunca foi muito limpo. Essa conduta atípica que ele apresentava pode facilmente ser vista como característica de um certo "tipo": o "professor distraído", de que Sidney Stratton era outro exemplo. Contudo, simplesmente rir do comportamento excêntrico de Turing durante seus anos em Bletchley é não perceber tanto suas implicações mais perturbadoras quanto as menos cômicas. É verdade, as canecas de chá estavam em falta durante a guerra, mas será que amarrá-las a um tubo de aquecedor não sugere um leve grau de paranoia? Assim como a obsessiva contagem das voltas da roda da bicicleta, que ele nunca consertou, pois se a tivesse consertado, como Hodges observa, uma outra pessoa poderia usá-la. Turing poderia não ter nenhum apreço pela convenção (opondo-se aos clichês de masculinidade, ele aprendeu a fazer tricô enquanto esteve em Bletchley), nem qualquer paciência para a "pomposidade do oficialato. (...) e não suportaria brincadeiras e tapeações alegremente, como às vezes tem-se de suportar". Contudo, ele próprio admitia a necessidade de observar, pelo menos até certo grau, os refinamentos sociais, quando escreve à mãe, de Princeton, contando que seu amigo Maurice Pryce era "muito mais consciente do que eram as coisas certas a fazer para ajudar sua carreira". Preso ao segredo com relação ao seu trabalho, privado de toda possibilidade sexual e separado, por necessidade, do trabalho na máquina universal para o qual ele se preparara nos anos anteriores à guerra, Turing parece ter ido além dos limites considerados razoáveis em Bletchley, gradualmente perdendo qualquer capacidade que tinha de comportar-se segundo as regras.

Com a guerra chegando ao fim, o trabalho que Turing tinha primeiro planejado e organizado podia seguir mais ou menos por si mesmo. Ao decodificar o tráfego da Enigma, Bletchley estava atingindo um grau de sucesso com o qual mesmo o mais confiante dos criptoanalistas não poderia sonhar. O trabalho das bombas transformou-se em uma função industrial. "Trabalho feito! Descarregar as máquinas", os operadores gritariam uma vez que o código da Enigma para o dia tivesse sido quebrado. Contudo, quando as bem azeitadas máquinas de decodificação começaram, como tinham feito, a trabalhar por si mesmas, o trabalho foi diminuindo para o seu arquiteto. Bletchley o enviou para os Estados Unidos, para servir como consultor na construção de uma bomba eletrônica destinada a lidar com a ameaça de uma Enigma naval com quatro rotores. Ele também ajudou na construção de uma máquina que tinha por objetivo decifrar um tipo inteiramente diferente de tráfego codificado em um *teleprinter* e conhecido como Fish. Mas do ponto de vista mais imediato, contudo, seu trabalho como quebrador de códigos estava terminado.

A extensão de sua contribuição ao esforço de guerra – do qual ele nunca falou durante sua vida – não deve ser subestimada, e embora talvez fosse um exagero dizer que sem Turing os aliados não teriam vencido a guerra, é razoável supor que sem ele teriam sido necessários mais anos para ganhar. Ao mesmo tempo, tivessem as autoridades britânicas tido conhecimento de que Turing era homossexual, elas teriam se recusado a sequer permitir sua presença perto de Bletchley, caso em que, como seu amigo Jack Good observou, "poderíamos ter perdido a guerra".

Os anos de Turing em Bletchley constituem o período melhor documentado de sua vida, embora no final das contas seu trabalho como quebrador de código tenha se transformado em um longo desvio de seu sonho de construir uma máquina universal. Isso porque as bombas eram o mais distante possível que se podia chegar dela. Seu próprio projeto garantia sua obsolescência, pois elas dependiam das excentricidades e peculiaridades de uma outra muito menor, a Enigma, da qual a bomba era uma sombra imensa distorcida. Nem as grandes apostas da aventura, a pressão para decodificar o máximo possível de tráfego da Enigma, no menor tempo possível, permitiram a Turing liberdade de ação ou tempo livre para experimentar a possibilidade de projetar uma máquina universal para a tarefa específica de decodificação. A rapidez era a essência do trabalho. Porque, em "Computable Numbers", a máquina sobre a qual Turing escreve se destinava a ser utilizada apenas no panorama do teórico, e sua rapidez ou lentidão eram irrelevantes. Mas durante a guerra não havia tempo a perder. As vidas dependiam – literalmente – de como a bomba era capaz de fazer o seu trabalho.

Atualmente, Bletchley Park continua como uma espécie de museu ou memorial dos homens e mulheres que dedicaram tantos anos à tarefa de quebrar o código da Enigma. Ela tem uma excelente loja de suvenires na qual é possível comprar chaveiros com a Enigma, camisetas e ímãs de parede. Antigas *Wrens*, agora octogenárias, levam os visitantes em um *tour* pela mansão, pelos edifícios anexos e pelos vários barracões, inclusive o Barracão 8, que contém uma imensa réplica de uma das bombas. Presumivelmente, os originais foram destruídos depois do fim da guerra, tanto por razões de segurança quanto pelo fato de que não tinham mais função. Elas eram como as folhas de bloco utilizadas para enviar uma mensagem cifrada.

A presença de Turing está em toda parte. As guias, ao conduzirem o visitante, falam carinhosamente sobre "o Prof". Elas mostram com orgulho os remos utilizados em uma regata de 1935 no King's College que servem de adorno no edifício principal e contêm uma gravação com a notícia de que Turing substituíra W. M. "Bill" Colles no barco número dois.

Durante um instante de calma em meu *tour* por Bletchley, quando nos aproximávamos do monumento aos quebradores de código poloneses, disse a minha guia que estava escrevendo um livro sobre Turing. Ela sacudiu a cabeça e disse: "Que tragédia! As pessoas realmente não entendiam a homossexualidade naquela época".

A implicação, naturalmente, era de que hoje as pessoas a entendem melhor.

"A senhora o conheceu?", eu perguntei.

"Claro", ela respondeu. "Algumas vezes ele passava um barbante pela cintura para segurar as calças."

Mas, antes que eu pudesse fazer mais uma pergunta, os visitantes fizeram silêncio. Minha guia limpou a garganta e começou a nos contar a surpreendente história de Marian Rejewski.

NOTAS DO CAPÍTULO

1. Hardy, embora não fosse um participante do curso, era muitas vezes citado como uma espécie de personificação do pensamento tradicional matemático; Wittgenstein interessou-se muito pela distinção que Hardy tinha estabelecido entre "saber" e "acreditar" num teorema matemático, ou numa hipótese, como a conjectura de Goldbach. Ele gostava de colocar as ideias de Hardy sobre provas de cabeça para baixo, como nesta passagem da 14a aula: "O professor Hardy afirma: 'O teorema de Goldbach não é nem falso nem verdadeiro'. Nós simplesmente afirmamos que a estrada ainda não foi construída. Agora você pode afirmar as duas coisas; você tem o direito de *postular* que é verdadeiro ou falso. Se você olha dessa forma, toda a ideia da matemática, como da física das entidades matemáticas, cai por terra. Pois a estrada que você constrói não é determinada pela física das entidades matemáticas, mas por considerações totalmente diferentes". (N.A.)
2. De fato, quando Michael Apted fez o filme *Enigma* (um filme, a propósito, que chama a atenção pela ausência de qualquer personagem que lembre Turing), escolheu uma outra propriedade rural como locação. (N.A.)
3. As fontes principais para o relato que se segue são: *The Code Book*, de Singh, e *Battle of Wits*, de Budiansky. (N.A.)
4. Simon Singh observa que nenhuma dessas máquinas teve muito sucesso e a de maior fracasso foi a versão americana, a "Sphinx of the Wireless", de Edward Hebern. (N.A.)
5. Como Hodges observa, essa prática de incorporar o indicador de código no corpo da mensagem tinha o mesmo paralelo com a ideia de Turing de expressar instruções na mesma linguagem matemática como os processos na máquina universal. (N.A.)
6. No outono de 1941, contudo, problemas administrativos, superpopulação e a má qualidade dos encanamentos de Bletchley, entre outras

preocupações, fizeram com que Turing escrevesse, com Welchmam e dois outros colegas, uma carta a Winston Churchill pedindo ajuda. A resposta de Churchill foi rápida e enfática: "Faça com que eles tenham tudo o que querem, com prioridade total, e me informe quando isso tiver sido feito". (N.A.)

[SEIS]

O Atleta Eletrônico

1.

No verão de 1942, Max Newman, mentor de Alan Turing em Cambridge, chegou a Bletchley, onde foi incumbido de analisar o tráfego de mensagens denominado Fish. A contribuição de Turing ao projeto fora o desenvolvimento de um processo estatístico conhecido como Turingismus (os matemáticos de Bletchley gostavam de apelidos desse tipo; um procedimento desenvolvido por Turing como parte do ataque à Enigma naval foi apelidado de Banburismus, pois as folhas em que ele e seus colegas anotavam seus dados eram impressas na cidade de Banbury). Esforços para quebrar o código Fish à mão ocorreram em uma seção de Bletchley chamada de Testery, mas com a chegada de Newman o foco mudou. Da mesma forma que o código Enigma, o Fish era gerado por uma máquina alemã, a Lorenz. Então Newman concluiu, como Turing tinha feito antes dele, que a única maneira de quebrar esse código gerado por uma máquina era com outra máquina construída com esse objetivo. Então ele se instalou no barracão 11, que passou a ser conhecido como Newmanry. Em sua pesquisa, ele teve a assistência de engenheiros da recém-estabelecida TeleCommunications Research Establishment, TRE, em Malvern, e também da Post Office Research Station, em Dollis Hill, subúrbio de Londres.

A primeira das máquinas projetadas para atacar a Lorenz foi encaminhada pela Post Office para Bletchley em junho de 1943. Era chamada de Heath Robinson, em homenagem ao cartunista edwardiano cujos desenhos mostravam geringonças industriais extremamente complexas que desempenhavam tarefas absurdamente simples, ou simplesmente absurdas (máquinas Robinson subsequentes incluíam uma Peter Robinson e uma Robinson & Cleaver, esta em homenagem a uma loja de departamento de Londres). Infelizmente, o nome Heath Robinson revelou-se uma adequada previsão: a máquina era notoriamente mal-humorada, propensa a quebrar e a pegar fogo. E o pior: as fitas do *teleprinter*, que eram primordiais em seu projeto, tendiam a rasgar-se. Felizmente, Newman logo encontrou um aliado no engenheiro eletrônico Tommy Flowers, que estava em Dollis Hill. Com a ajuda de Flowers, ele foi capaz de vencer as dificuldades técnicas que atormentavam as Robinsons. O resultado foi a muito mais eficiente Colossus, que utilizava 1.500 válvulas eletrônicas e com a qual Newman pôde atacar com sucesso o tráfego Fish.

Como o responsável tinha sido seu antigo mentor, pode-se supor que Turing teve um papel central no desenvolvimento da Colossus. Como a guerra se aproximava do fim, contudo, Turing tinha começado a se afastar da criptoanálise, rumo a outras áreas de pesquisa. Além de sua estada em Washington, a viagem de Turing aos Estados Unidos tinha incluído uma visita ao Bell Labs, em Nova Jersey,[1] onde ele passou dois meses estudando a relativamente nova ciência de codificação falada: essencialmente, a manipulação e a distorção deliberada de ondas sonoras por um sinal que funcionaria como uma chave ou um indicador, que podia ser aplicado tanto ao remetente quanto ao destinatário da mensagem, embaralhando ou desembaralhando conforme fosse o caso. A teoria por trás da codificação falada não era distinta daquela segundo a qual a Enigma fora projetada. A diferença era que, em vez da escrita, era a própria fala que era cifrada. Era uma ideia que fascinava Turing; especialmente depois de tantos anos buscando e explorando as vulnerabilidades na codificação feita por outros, ele sentiu grande prazer na possibilidade de aplicar tudo o que tinha aprendido no projeto de um sistema verdadeiramente impenetrável, desenvolvido por ele.

Seu contato com as atividades do Bell Labs não foi a única fonte de liberação que Turing experimentou durante os meses que passou nos Estados Unidos. Ele também se encontrou com Claude Shannon, um americano pioneiro na ciência da computação baseado no Massachusetts Institute of Technology, com quem discutiu em pormenores se era possível construir uma máquina que imitasse o comportamento do cérebro; Shannon, que acreditava ser possível, foi mais além ao imaginar o dia em que os humanos poderiam ler poesia para as máquinas ou tocar música para elas. Turing também passou um tempo considerável em Nova York, onde demonstrou espanto com a serenidade com que um estranho se insinuou para ele em um hotel – um tipo diferente de liberalismo.

Tendo adquirido um bom conhecimento prático tanto sobre o equipamento eletrônico quanto sobre a teoria matemática necessária para projetar um sistema de codificação de voz, ele retornou a Bletchley na primavera de 1943, onde percebeu que o Barracão 8 praticamente não tinha sentido saudades dele. O campeão de xadrez, Hugh Alexander, um administrador mais capaz e mais ambicioso, tinha mais ou menos assumido o trabalho relacionado à Enigma naval. Observando as bombas zunirem enquanto *Wrens* diligentes reposicionavam e reorganizavam os rotores, Turing provavelmente se sentiu como um pai cujo filho atingiu a adolescência e já não precisa mais dele. Além disso, ele não estava particularmente interessado em se juntar à equipe na Newmanry, já que a maior parte do trabalho na Colossus tinha sido feita, durante sua ausência. Embora o Turingismus fornecesse a base estatística e teórica para o projeto da Colossus, a máquina não era sua "criança", no sentido em que a bomba tinha sido. Além disso, sua imaginação o estava levando em uma nova direção.

E estava também o tirando de Bletchley. Não muito longe – menos de 20 quilômetros ao norte – havia outra propriedade rural, Hanslope Park. A casa datava do final do século XVIII, e desde 1941 servia como a base para a "Special Communications Unit No. 3", do serviço secreto. Bletchley estava ficando muito cheia, e dada a sua proximidade, pareceu natural que Turing se instalasse em Hanslope, onde, junto de seus jovens assistentes, Robin Gandy (que mais tarde escreveu extensivamente sobre Turing) e Donald Bayley, ele começou a trabalhar no projeto de codificação de voz, oferecendo, em uma maneira típica de Bletchley, um prêmio para quem propusesse o melhor nome para ele. Gandy venceu com Delilah (Dalila), uma referência bíblica à sedutora que enganou Sansão.

A atmosfera de Hanslope era muito mais formal que a de Bletchley. Havia uma presença militar muito mais visível. Além disso, quem mandava não dava a Turing privilégios especiais. Em vez disso, foi concedido a ele espaço em uma ampla cabana, ou barracão, na qual uma grande variedade de pesquisas estava sendo desenvolvida. Uma vez mais, sua contribuição para a Delilah colocou menos ênfase no *hardware* do que no estabelecimento de um sólido fundamento teórico para o sistema; era como se, em toda oportunidade, ele estivesse determinado a provar o engano de Wittgenstein sobre a ponte que ruía, assegurando que cada passo fosse escorado pela lógica. A maior parte do trabalho prático – literalmente – era deixada para Bayley, um jovem das Midlands (parte central da Inglaterra) que recentemente tinha se formado na Birmingham University com o grau de engenheiro eletrônico. O que interessava a Turing era a teoria por trás da máquina, que ele tinha decidido construir tão notável por sua simplicidade quanto por sua invulnerabilidade. Não era a primeira vez que ele via as vantagens de aplicar os padrões estéticos que Hardy tinha estabelecido para a prova matemática aos negócios muito mais exclusivos de construir coisas.

Finalmente Turing mudou-se de Crown Inn, alojando-se primeiro na área de alimentação dos oficiais em Hanslope e depois em uma casinha de campo na horta da propriedade, que ele dividia com Gandy e um gato chamado Timothy. Ele passou a correr longas distâncias, a ler muito Trollope e Jane Austen e a frequentar festas no refeitório – a primeira vez que ele teve alguma coisa como uma vida social normal desde sua estada em Princeton. Com o fim da guerra à vista, já não era mais necessário praticar o tipo de austeridade social a que Turing tinha se acostumado em Bletchley. Uma vez mais, era permitido às pessoas terem necessidades pessoais. Ele nunca tinha sido reticente a respeito de sua homossexualidade. Na verdade, mesmo na época em que milhares de ingleses levavam externamente uma vida heterossexual, praticando secretamente "atos de grande indecência", Turing demonstrara um notável grau de autoconfiança e serenidade com sua própria identidade sexual. O fato de ele ver sua sexualidade basicamente como parte da sua identidade o colocou em conflito com o pensamento prevalecente da sua época e refletiu, sem dúvida, os anos que ele tinha passado nos corredores privilegiados do King's College.

Não que ele fosse de alguma forma intolerante. Na verdade, ao contrário de Edward Carpenter, o matemático que virou filósofo e cujo ideal de camaradagem masculina tinha inspirado Forster a escrever Maurice, a franqueza de Turing era devida menos a qualquer processo de decisão consciente do que a uma aversão à desonestidade que era uma consequência de sua notória preocupação com a literalidade. Para simplificar, Turing podia guardar um segredo apenas quando ele achava que havia uma boa razão para fazê-lo. No caso da Enigma, havia obviamente um monte de boas razões para não contar a ninguém o trabalho que ele tinha feito. No que dizia respeito a sua homossexualidade, ele não via razão para mascará-la (Lyn Newman lembrou que Turing "achava a ideia de enganar os outros tão repulsiva que imaginava que fosse assim para todo mundo").

Então ele contou aos outros. Contou a Joan Clarke. Contou até a Don Bayley, seu assistente em Hanslope. Como Hodges descreve, não houve nada de sombrio ou sério na conversa. Ele não fez Bayley sentar-se para anunciar que tinha alguma coisa grave, ou até capaz de gerar consequências, para compartilhar. Ele preferiu deixar a novidade sair casualmente, enquanto estavam trabalhando. A reação de Bayley – uma repugnância franca, perfeitamente em consonância com sua formação nas Midlands – pegou Turing completamente de surpresa.

De acordo com o relato de Hodges sobre o incidente, o que horrorizou Don Bayley não foi meramente a homossexualidade de Turing, que podia ser entendida como parte de sua excentricidade; foi o fato de que Turing "parecia imaginar que ela fosse perfeitamente natural e quase tivesse orgulho dela". Que ele se recusasse a se demonizar, contudo, não significava que as pessoas não iriam demonizá-lo: isso é o que parecia que ele não conseguia, ou talvez até se recusasse, entender. Forster, menos crédulo e de uma maneira geral mais pessimista, temia que Maurice pudesse provocar uma reação similar, então escolheu não publicar o romance em vida. "Se ele tivesse tido um final infeliz, com um rapaz pendurado em um laço ou com um pacto de suicídio, tudo ficaria bem", escreveu em 1960, em uma nota de conclusão para o romance. Carpenter, ele acrescentou depois, à mesma nota, "tinha desejado o generoso reconhecimento de uma emoção e a reintegração de alguma coisa primitiva no padrão comum. E eu, embora menos otimista, supus que o conhecimento traria entendimento. Nós não tínhamos percebido que o que o público realmente detesta na homossexualidade não é a coisa em si, mas é ter de pensar nela". Presumivelmente foi o "ter de pensar nela" que foi tão perturbador para Bayley.

    O problema, em parte, era a solidão. Apesar de sua serenidade em relação à sua homossexualidade, que chegou mesmo a beirar o orgulho, Turing nunca tinha tido um relacionamento gratificante com outro homem. Ao contrário, sua vida erótica até então consistia de acessos de desejo sem reciprocidade, normalmente com homens heterossexuais que não tinham nenhum interesse nele, alternando com ocasionais "amizades com benefícios" com outros homens gays, pelos quais ele não tinha o mínimo interesse sexual e pelos quais ele estava muito longe de sentir amor. Essas amizades, por sua própria natureza, eram concessões. Melhor do que nada elas deveriam ser, mas eram indistintas em comparação com o ideal não realizado que era Christopher Morcom. Não parece improvável que quando Turing deixou "acidentalmente" escapar o fato de sua homossexualidade, especialmente para um homem jovem como Bayley, ele desejava sem muita esperança que a revelação pudesse provocar uma expressão de desejo recíproco. Isso raramente aconteceu. Mais tarde ele disse a Robin Gandy: "Algumas vezes está sentado, conversando com alguém, e sabe que em 45 minutos estará tendo uma noite maravilhosa ou sendo colocado para fora do quarto". No caso de Bayley, ele foi firmemente colocado para fora do quarto; na verdade, ele se considerava sortudo por Bayley ter concordado em continuar a trabalhar com ele.

Na primavera de 1945, a Delilah já estava operacional. Mas isso chegou muito tarde para ser de uso prático na guerra – o que foi talvez parte da razão pela qual o Post Office demonstrou tão pouco entusiasmo por ela. (Uma outra razão foi que o produto era sujeito a rachaduras.) Logo os defeitos tinham sido eliminados, mas como era típico em Turing, ele tinha perdido interesse pelo projeto. Isso porque uma outra ideia o tinha conquistado – ou talvez fosse mais correto dizer reconquistado. A Delilah era uma máquina com um só objetivo; a bomba era ainda menos geral, uma máquina construída para a única finalidade de derrotar uma outra máquina. As duas eram quase como as amizades que na vida de Turing serviram como substitutos provisórios para os casos de amor que ele nunca teve. Agora ele queria a coisa verdadeira: construir uma máquina que não fosse apenas universal, mas para quem, como Claude Shannon tinha especulado, fosse possível ler um poema ou cantar uma canção: uma máquina da qual se pudesse dizer, verdadeiramente, que pensava.

2.

Em junho de 1945, Turing aceitou um posto temporário como administrador científico no National Physics Laboratory, em Teddington, um subúrbio ao norte de Londres adjacente ao Bushey Park, com um salário de 800 libras por ano. Desde 1938 o laboratório estava sob a direção de sir Charles Galton Darwin (1887-1962), neto do pai da teoria da evolução e ele próprio um matemático de Cambridge, cujo campo de especialidade era a cristalografia de raios-X. As iniciativas de Darwin no laboratório incluíram a criação de uma nova divisão de matemática, cujo superintendente, J. R. Womersley, recebera a incumbência de iniciar um programa de pesquisa sobre "a possível adaptação de equipamento telefônico automático para a computação científica", bem como o desenvolvimento de um "um aparelho eletrônico para contar e que possa fazer isso rapidamente".

Parte do que motivou Darwin e Womersley foi o temor de que os Estados Unidos tivessem saído na frente da Inglaterra na pesquisa sobre computação. Naquele mesmo ano, na Moore School of Engineering, da University of Pennsylvania, um computador chamado eniac (sigla em inglês de computador e integrador numérico eletrônico, "electronic numerical integrator and calculator") estava sendo colocado em operação. Criação de John Mauchley e J. Prosper Eckert, cujas vidas mais tarde ficariam prejudicadas por batalhas legais sobre a patente, o eniac empregava 17.468 tubos de vácuo (contra os 1.500 da Colossus), 70.000 resistores, 10.000 capacitores e 5 milhões de conexões soldadas. A velocidade era o seu principal objetivo, como a solicitação de patente deixava claro:

> Com o advento do uso diário de cálculos complexos, a velocidade se tornou essencial de tal forma que não existe uma máquina no mercado, hoje, capaz de satisfazer completamente a demanda dos modernos métodos computacionais. As máquinas mais avançadas reduziram bastante o tempo exigido para chegar aos resultados dos problemas que poderiam requerer meses ou dias pelos antigos procedimentos. Esse avanço, contudo, não é adequado para muitos problemas encontrados no moderno trabalho científico, e a presente invenção objetiva reduzir a segundos esses imensos cálculos. (…)

Em outras palavras, o eniac objetivava ser principalmente um rápido processador de números – não um tipo de máquina, presume-se, que responderia com muito entusiasmo a um poema ou a uma sonata. Além disso, ela se afastava radicalmente do ideal de Turing de uma máquina universal, no sentido de que era quase só hardware, o que significava que para alterar a programação era preciso literalmente abrir a máquina e refazer suas milhares de tomadas e conexões de cabos. Tomando emprestada uma frase de Turing, para fazer alterações no eniac era necessária a "interferência da chave de fenda", e não a "interferência do papel". Turing, por outro lado, imaginava uma máquina que fosse o mais funcional possível e que pudesse se adaptar a diferentes tarefas simplesmente mudando suas tabelas de instruções.

Foi nesse ponto que John von Neumann entrou novamente no processo. Como Turing, von Neumann (ou Johnny, como os amigos o chamavam) tinha passado os anos da guerra como consultor militar, particularmente auxiliando no desenvolvimento da bomba de hidrogênio. Ele também tinha servido como membro do Scientific Advisory Committee do Ballistic Research Laboratories no Aberdeen Prooving Ground, em Maryland. Tudo isso era trabalho que requeria computação em larga escala, do tipo para a qual o eniac (do qual von Neumann também foi consultor) tinha sido desenvolvido. Ao mesmo tempo, von Neumann reconhecia as limitações do eniac: com seu conhecimento de lógica, ele imaginou uma máquina menos dependente da parte física, mais flexível em termos de programação e – o que talvez fosse crucial – possuindo uma enorme memória. A máquina deveria ser chamada edvac (sigla em inglês para computador eletrônico de variáveis discretas, "electronic discrete variable automatic computer") e no dia 30 de junho de 1945 uma proposta para o seu projeto foi entregue ao U. S. Army Ordinance Department, no nome de von Neumann.

Não é exagero afirmar que as digitais de Turing estavam em toda a proposta. Por exemplo, von Neumann escreve sobre a memória:

> Embora tenha surgido o fato de que várias partes da memória tenham que desempenhar funções que diferem um pouco em sua natureza e consideravelmente em seu objetivo, não deixa de ser tentador tratar a memória como um órgão único e fazer suas partes o mais intercambiáveis possível, para as várias funções enumeradas acima.

Como Hodges observa, o "órgão único" de von Neumann é praticamente equivalente à "fita" de Turing; na verdade, a ideia que ele acha "tentadora" está na essência de "Computable Numbers". Da mesma forma, o edvac tinha um programa armazenado, ao contrário do sistema de programação baseado em cabo do eniac. Contudo, a proposta do edvac não contém uma única menção ao nome de Turing. Se, como von Neumann alegou, ele não tinha realmente lido outra dissertação sobre lógica depois de seu infeliz encontro com Gödel em Königsberg, então sua reiteração de muitos dos pontos-chave de Turing não apenas na proposta do edvac, mas em diversos artigos da época, era outro notável exemplo de dois matemáticos fazendo a mesma descoberta com anos de diferença.

Entre von Neumann e Alonzo Church, parecia que Turing tinha causado tão precária impressão em Princeton que é como se nunca tivesse estado lá. Contudo, se Turing se ressentia da aparente apropriação por atacado de suas ideias por parte de von Neumann, ele não disse nada a respeito, pelo menos em público.

Ao contrário, ele se dedicou às diferenças e, tendo se estabelecido em Teddington, passou a trabalhar em um projeto só seu. Era para um computador que se chamaria ace (sigla em inglês para máquina de computação automática, "automatic computing engine") (o uso da palavra "engine" pode ter sido uma alusão à máquina analítica de Babbage). O relatório de Turing para o ace, publicado em 1945 e que deveria ser lido, segundo Turing, em conjunto com o de von Neumann sobre o edvac, é muito mais cheio de detalhes do que o de von Neumann, com diagramas de circuitos lógicos e com um custo estimado de 11.200 libras. Também apresentava uma máquina que de muitas maneiras era mais radical, mais minimalista, que o edvac – isso sem mencionar muitos dos computadores em operação atualmente.

O que tornava o ace único, nas palavras de Turing, era sua capacidade de "atacar problemas completos. Em vez de repetidamente usar trabalho humano para tirar material da máquina, e colocar de volta no momento apropriado, a própria máquina vai cuidar de tudo isso". Autossuficiência, contudo, era apenas uma de várias facetas do caráter da máquina que a distinguiam de suas antecessoras como a eniac.[2] Ela seria também muito menos dependente do hardware:

> Certamente não haverá alterações internas a serem feitas se quisermos de repente mudar do cálculo dos níveis de energia do átomo do gás neon para a enumeração dos grupos da ordem 720. Pode parecer um pouco intrigante que isso possa ser feito. Como se pode esperar que uma máquina faça toda essa ampla variedade de coisas? A resposta é que devemos considerar a máquina fazendo coisas muito simples, isto é, respondendo a ordens dadas a ela de uma forma padrão e que ela seja capaz de entender.

A máquina, em outras palavras, seria capaz de não apenas "cuidar de si mesma", mas de "entender" instruções. A linguagem usada por Turing já confere característica de pessoa à máquina. Essa característica não deveria ser entendida simplesmente como uma metáfora, ou mesmo, como Keynes poderia ter dito, um "estado de espírito". Ela se devia principal e inteiramente à independência do ace da "interferência da chave de fenda", do fato de que instruções que a alimentavam do lado externo eram o que lhe davam identidade. Em uma palestra que fez sobre o ace na London Mathematical Society no dia 20 de fevereiro de 1947, Turing chegou a sugerir que, da mesma forma como uma criança amadurece em resposta aos estímulos sociais e à educação, tal máquina seria capaz de crescer: "Possivelmente ela poderia ainda estar obtendo resultados do tipo desejado quando foi instalada pela primeira vez, mas de uma maneira muito mais eficiente. (...) Seria como um aluno que aprendeu muito com o professor, mas aprendeu muito mais com o próprio esforço. Quando isso acontece, acho que somos obrigados a olhar a máquina como demonstrando inteligência".

O ace podia, em teoria, "aprender com a experiência" – mas apenas se certos requisitos técnicos fossem obedecidos. Primeiro, sua memória, se não "infinita", teria de "ser muito grande". Outra "característica desejável" seria que "ela fosse capaz de registrar na memória a partir de dentro da máquina de computação, e isso deveria ser possível caso o que já estivesse armazenado contivesse ou não alguma coisa, isto é, o registro deveria ser *apagável* (no original, "erasible", [sic]). Mas qual a forma do registro? Mencionando "Computable Numbers", Turing rejeitou sua antiga ideia de uma "fita infinita", argumentando que muito tempo teria de ser gasto "passando para lá e para cá a fita para se encontrar o ponto em que uma determinada informação solicitada naquele momento está registrada. Um problema desse tipo pode facilmente requerer o armazenamento de 3.000.000 de entradas, e se cada entrada fosse igual e possivelmente a seguinte solicitada, a jornada média de verificar a fita seria através de 1.000.000 de entradas, e isso seria intolerável". Era preciso uma "forma de memória tal que cada entrada solicitada pudesse ser localizada em pouco tempo". Para ter uma "máquina realmente rápida", Turing concluiu, "precisamos ter nossa informação, ou pelo menos parte dela, de uma forma mais acessível do que a que se pode obter em livros. Parece que isso só pode ser feito à custa de compactação e economia, isto é, cortando-se as páginas do livro e colocando cada uma em um mecanismo de leitura separado. Alguns dos métodos de armazenamento que estão sendo desenvolvido no momento não são diferentes disso". Wittgenstein, naturalmente, tinha começado sua primeira palestra sobre a filosofia da matemática imaginando um cenário em que Turing, solicitado a apontar um sigma grego em um livro, "recorta o sigma mostrado a ele [por Wittgenstein] e o coloca no livro". Para ser verdadeiro, o filósofo acrescentou, esses "enganos muito raramente surgem – embora minhas palavras pudessem ter sido entendidas de uma ou outra forma". Agora Turing estava imaginando páginas cortadas de livros e depois inseridas, de maneira similar, em "mecanismos de leitura separados". Era como se ele estivesse determinado a desafiar Wittgenstein uma vez mais, apresentando uma situação em que a lógica pedia o tipo exato de literalidade da qual Wittgenstein tinha zombado.

Pois Turing era, como sempre, literal – tanto que incluiu uma certa literalidade no seu projeto para o ace: "A máquina interpreta o que quer que lhe seja dito, e de uma maneira muito definitiva, sem nenhum senso de humor ou senso de proporção.

A menos que quem esteja se comunicando com ela diga exatamente o que quer dizer, é certo que vai resultar em problema". Ele deveria estar escrevendo sobre alguns de seus torturantes esforços para determinar se um outro homem seria receptivo a uma carícia ou a um beijo, ou se uma conversa levaria a "uma noite maravilhosa", ou a "ser colocado para fora do quarto". Os problemas surgiam quando os canais se cruzavam – uma ideia que Turing explorou em um ensaio posterior. No momento, seu objetivo principal era pedir que suas máquinas tivessem um tratamento justo e que não fossem criticadas simplesmente *porque* eram máquinas. Para ilustrar esse ponto, ele se referiu à sua solução para o *Entscheidungsproblem*, observando que uma máquina desenvolvida para distinguir fórmulas que podem ser provadas das que não podem algumas vezes falharia, por necessidade, no fornecimento de uma resposta. Por contraste, um matemático, depois de receber um problema para solucionar, "olharia em volta e buscaria novos métodos de prova, de modo que por fim e seria capaz de encontrar uma decisão a respeito de uma determinada fórmula". Contra esse argumento, Turing escreveu:

> Eu diria que um tratamento justo deve ser dado à máquina. Em vez de ela às vezes não dar resposta, poderíamos fazer com que desse respostas erradas ocasionalmente. Mas os matemáticos humanos da mesma forma cometeriam graves erros quando buscassem novas técnicas. Para nós é fácil ver esses erros como não relevantes e dar a eles uma nova oportunidade, mas a máquina provavelmente não receberia misericórdia. Em outras palavras, então, se esperamos que uma máquina seja infalível, ela não pode ao mesmo tempo ser inteligente.

Se Turing não sabia ainda o que era "não ter misericórdia", infelizmente ele aprenderia essa lição muito cedo. No momento, ele se contentava em "pleitear" que suas máquinas fossem tratadas com mais tolerância que ele, como homossexual, estava destinado a experimentar:

> Continuando meu pleito de que "as máquinas sejam tratadas com justiça" quando seu Q.I. for testado. Um matemático humano sempre teve extenso treinamento. Esse treinamento pode ser visto como não diferente de colocar tabelas de instrução em uma máquina. Ninguém deve esperar, portanto, que uma máquina possa aumentar as tabelas de instrução por sua iniciativa. Nenhum homem acrescenta muito ao conhecimento, por que deveríamos esperar mais de uma máquina? Colocando o mesmo tema de forma diferente, deve-se permitir que a máquina tenha contato com os seres humanos, a fim de que ela possa se adaptar aos seus padrões.

Tudo se resumia a solidão. Maurice Pryce, que sabia melhor do que Turing "as coisas certas a fazer", estava progredindo em sua carreira. Outros amigos estavam se casando e tendo filhos, enquanto Turing tinha se tornado integralmente o "solitário autêntico" que Newman temia que ele se tornasse. Agora parecia que ele estava determinado que o ace – que nem sequer tinha nascido – tivesse uma adolescência muito diferente da sua, que ele tivesse "contato humano" e não fosse submetido a injustiças preconceituosas. Há na dissertação um claro sentido de identificação com a máquina, como também uma certa afeição protetora em relação a ela – como se, nunca tendo encontrado um companheiro de vida, o engenheiro dentro dele estivesse agora determinado a construir um.

3.

Os sonhos especulativos de Turing a respeito do ace – em particular sobre seu futuro – algumas vezes revelam a mesma linha de paranóia que marcou muito seu comportamento excêntrico em Bletchley. Por exemplo, no final da palestra na London Mathematical Society, ele dividiu aqueles que ele via como destinados a "trabalhar em conexão com o ace" entre mestres e servos, os mestres sendo os teóricos que decidem sobre sua utilização, e servos, os técnicos que "a alimentam com cartões à medida que ela os pede", mantendo-a em boas condições de trabalho e ordenando seus dados. Com o passar do tempo, contudo, "a própria calculadora", ele tinha esperança, "assumiria as funções tanto dos mestres quanto dos servos", com os últimos em particular sendo "substituídos por membros mecânicos e eletrônicos e órgãos sensoriais". O risco, Turing imaginava, era que as máquinas, por mérito de suas próprias capacidades, pudessem chegar a ser uma ameaça aos seres humanos, que por sua vez entrariam em conspiração contra elas (e talvez, por associação, contra seu inventor) – um cenário não diferente daquele que se abate sobre Sydney Stratton em *O Homem do Terno Branco*. Mas a máquina, até então, existia apenas na forma de um relatório: ao profetizar um futuro tão sombrio e "perigoso" para ela, Turing estava não apenas passando por cima de sua construção, dos testes, e de sua instalação, ele estava aceitando sem discussão seu total sucesso. Ele também estava colocando a possibilidade de sua periculosidade nas mãos dos mesmos ouvintes cuja ansiedade ele supostamente deveria estar acalmando.

O problema não era que faltava a ele o *know-how* necessário para projetar um computador; ao contrário, o relatório apresenta uma detalhada bateria de especificações para o projeto do ace. O problema era que, não tendo o *savoir faire* social de Maurice Pryce, Turing era inclinado a minar suas próprias chances de obter apoio ao deixar que seus voos de imaginação prevalecessem. Como sempre, ele disse exatamente aquilo em que acreditava – e sofreu as consequências. Por exemplo, em sua palestra na London Mathematical Society, ele defendeu que era muito mais importante que o ace fosse digital, e não eletrônico. "Que ele seja eletrônico é certamente importante", ele disse a seus ouvintes, "porque essas máquinas devem sua alta velocidade a isso, e sem velocidade é duvidoso que apareça financiamento para sua construção. Mas isso é possivelmente tudo o que deve se dizer a esse respeito". Velocidade, naturalmente, tinha sido a razão de ser do eniac, ao passo que o ace, com uma frequência de 1.000.000 por segundo, prometia ser a mais rápida máquina já construída. Contudo, se Turing pudesse ser confiado, ele estava fazendo o ace veloz apenas para acalmar os financiadores, de cuja generosidade seu desenvolvimento dependia. Que ele tivesse adotado esse tom condescendente apenas em relação às pessoas de que não necessitava para tornar o ace uma realidade, mas também ao ideal da velocidade em si, era muito bizarro, dado os anos que passara tentando ultrapassar os alemães em Bletchley. Nenhuma outra experiência poderia ter feito Turing mais ciente do valor de uma máquina rápida do que os dias que passara trabalhando para decifrar as mensagens da Enigma naval a tempo de evitar os ataques dos submarinos alemães.

Tanto o eniac quanto o edvac também eram digitais. O eniac, contudo, fazia seus cálculos usando notação decimal, em oposição à binária, o que atrasava o processo, enquanto o edvac colocava sua ênfase no processamento de grandes quantidades de números.[3] Como Turing, ao contrário, imaginava o ace desempenhando muitas funções que não envolviam processamento de números, ele o projetou para ser bastante minimalista, com ênfase em programação, em linguagem moderna, em *software* mais do que em *hardware*. Na verdade, em seu relatório, Turing listou, entre as várias possíveis tarefas para as quais o ace poderia ser usado, uma de interesse dos militares ("construção de tabelas de alcance"), uma de interesse dos matemáticos puros ("dadas duas matrizes cujos coeficientes são polinômios de grau menor do que 10, a máquina poderia multiplicar as matrizes, dando um resultado que é outra matriz tendo também coeficientes polinomiais"), uma de interesse dos engenheiros ("dados um complicado circuito elétrico e as características de seus componentes, a resposta a determinados sinais de entrada poderia ser calculada") e uma de interesse dos governos municipais ("contar o número de açougueiros que devem ser desmobilizados em junho de 1946 a partir de cartões preparados com base nos registros do exército"). Ele também relacionou uma função de interesse de crianças (fazer um quebra-cabeça) e uma de interesse dele próprio (jogar xadrez). A natureza digital do ace significava que ele "podia fazer qualquer tarefa que pudesse ser desempenhada por um computador humano, e… em um milésimo do tempo". Isso era, em grande parte, *porque* a máquina era notavelmente simples, empregando apenas o vocabulário simbólico mais básico: "Para desempenhar as várias operações lógicas dígito por dígito, será suficiente fazer "e", "ou", "não", "se e apenas se", "nunca" (em símbolos $A \& B, A/B, \sim A, A \equiv B, F$)". A aritmética mais complicada – mesmo a adição e a subtração – seria parte da programação, que mais uma vez colocava a máquina em desacordo com o edvac, no qual a aritmética deveria ser desempenhada pela alimentação de números no armazenador da máquina.

Seu caráter digital, contudo, não era suficiente para garantir o sucesso do ace. A implementação de um sistema de memória eficiente também era importante. Na palestra, Turing listou os três tipos de memórias que no seu ver seriam mais adequados a uma máquina como o ace: fita magnética, tubos de raios catódicos e linha de retardo acústico. Tubos de raios catódicos, ou mesmo iconoscópios do tipo usado em televisão, eram, ele achava, "o esquema mais promissor, pela economia combinada com a velocidade". Mas eles ainda não estavam disponíveis na Inglaterra, de modo que ele optou pelas linhas de retardo, que garantiam ao ace a espaçosa capacidade de memória de que ele precisaria para se tornar independente. O ponto fundamental de ter uma grande memória era permitir que os operadores do computador – os servos – esquecessem os aspectos mais tediosos da programação, de que a máquina cuidaria.

Clareza e concisão eram de importância fundamental para os servos, que presumivelmente trabalhariam com a máquina sem conhecer sua engenharia: "Pode ser possível descrever as instruções para o operador em uma linguagem comum", Turing escreveu, "dentro do espaço de um romance normal". E a linguagem, para o bem dos servos, era comum, embora um pouco mórbida. Colocavam-se de lado tabelas subsidiárias, por exemplo, "enterrando-as", uma tarefa realizada através do uso da "tabela de instrução padrão enterrar"; da mesma forma, pegavam-se as tabelas "desenterrando-as", com o uso da "tabela desenterrar". Não que os servos pudessem criar essas tabelas-ur; ao contrário, elas "teriam de ser determinadas pelos matemáticos com experiência computacional e talvez com uma certa habilidade para resolver quebra-cabeças. (…) Esse processo de construir tabelas de instruções deveria ser muito fascinante. Não havia o perigo real de se transformar em um trabalho cansativo, pois quaisquer processos que fiquem muito mecânicos podem ser passados para a própria máquina".

Era um cenário não diferente daquele de Bletchley, onde mestres que tinham vencido concursos de quebra-cabeças desenvolveram a teoria em um barracão, enquanto em outra, servos como as Wren desempenhavam as tarefas do dia-a-dia como operar e cuidar da amada criança: a máquina.[4] O que não ficou claro foi o papel que Turing – como inventor, pai e amante – deveria desempenhar.

4.

Turing terminou o relatório sobre o ace em 1945 e o passou a Womersley, que o apresentou ao comitê executivo do National Physics Laboratory (ou NPL), no dia 19 de março de 1946. O criador do ace também falou na reunião. Sua apresentação não teve uma acolhida muito boa – Darwin, especialmente, pareceu não "apreender o princípio da universalidade", enquanto Turing perdeu o apoio de muitos membros do comitê ao deixar que sua apresentação se tornasse extremamente técnica. Contudo, no final, Darwin recomendou que Turing recebesse uma doação de 10 mil libras para a construção de uma versão menor do ace – um "ace piloto". Se ele tivesse conseguido a confiança de todo o comitê, teria provavelmente recebido mais dinheiro, mas um ace piloto era melhor do que nenhum ace, e ele se instalou em Teddington e começou a trabalhar.

Foi um momento de transição, não apenas para ele, mas para a Inglaterra. A guerra tinha terminado, sim, mas o que ia acontecer no futuro? E o que o futuro traria para Alan Turing, cuja imensa contribuição para o esforço desenvolvido em Bletchley permanecia (e ainda permaneceria durante anos) encoberta em segredo oficial? Poucos em Teddington tinham percepção sobre quanto deviam a ele – um estado de coisas que intensificou seu desejo de levar uma existência solitária e quase secreta. Em Bletchley ele tinha se interessado por corrida. Então se juntou ao Walton Athletic Club, cujos membros, conforme a Sra. Turing relembra em suas memórias, "compreendiam homens de todas as classes sociais – varredores de ruas, filhos de pastores, dentistas, caixeiros e assim por diante – e ele sempre estava à vontade entre eles e fazia-os também ficar à vontade". Para exercitar-se, ele sempre corria os quase 30 quilômetros entre Hampton-on-Thames, onde vivia em uma casa para hóspedes chamada Ivy House, até a casa de sua mãe, em Guildford. Da mesma forma, quando precisava ir aos laboratórios do Post Office, em Dollis Hill, ele corria os 20 quilômetros, normalmente usando uma velha calça de flanela amarrada com uma cordinha.

Talvez graças à sua independência do esforço de guerra, a atmosfera em Teddington fosse mais burocrática e menos estimuladora de colaboração do que em Bletchley, com uma clara divisão entre engenheiros e teóricos. Turing supostamente deveria funcionar como um gerador de ideias e deixar a construção para os engenheiros. De início, o NPL fez questão de anunciar seu apoio a ele. Em uma entrevista à BBC, Darwin tratou Turing como uma espécie de menino prodígio (embora ele já tivesse mais de 30 anos), explicando que "há uns 12 anos, um jovem matemático de Cambridge escreveu um artigo publicado em uma das revistas sobre matemática em que ele mostrou, com estritos princípios lógicos, como uma máquina que imitaria os processos do raciocínio poderia ser imaginada". Dessa antiga publicação, Darwin deixou claro, tinha surgido a possibilidade de um milagre tecnológico, do qual os ingleses comuns iriam se beneficiar. Não foi surpresa essa afirmação gerar grande apelo às publicações populares, especialmente aos tabloides, que logo passaram a chamar Turing para entrevistas. Sua mãe relembrou o caso de um "jornal vespertino" que chegou ao ponto de "titular um pequeno parágrafo sobe Alan com a expressão 'Atleta Eletrônico'". A ênfase era centrada normalmente nas espetaculares "proezas" que o novo "cérebro eletrônico" seria capaz de realizar, principalmente de memória, e que poderiam se comparar a qualquer gênio da memória que se apresenta em teatros. Por exemplo, o *Surrey Comet* citou Turing como tendo dito que o ace "se lembraria com facilidade de 10 páginas de um romance, embora não na sua forma convencional. Elas teriam de ser traduzidas para um meio que ele é capaz de 'entender', ou, em outras palavras, para os dígitos que ele foi projetado para processar". De forma semelhante, o ace pelo menos em teoria seria capaz de jogar uma partida de xadrez, embora se ele seria capaz de desenvolver o "poder de raciocínio" necessário para jogar uma boa partida de xadrez continuasse sendo "assunto mais para filósofos do que para o cientista".

Embora o "cérebro eletrônico" pudesse ser o queridinho do *Daily Telegraph*, no NPL ele estava começando a provocar alguma preocupação. Desde que as notícias sobre o eniac vazaram, houvera uma extensa troca de informações entre americanos e ingleses. Womersley viajou para os Estados Unidos, assim como Turing. Além disso, a influência de von Neumann tinha começado a se fazer sentir em Teddington: se o edvac representava a direção que a pesquisa sobre computadores deveria seguir, os ingleses seriam loucos de seguir o palpite e o plano de Turing para esse tipo diferente de máquina? Eles acabariam ficando para trás? Ou o NPL deveria cercar todos os lados? Maurice V. Wilkes, antigo colega de turma de Turing e então diretor do Mathematical Laboratory, em Cambridge, tinha assistido a uma série de palestras na Filadélfia no verão de 1946, patrocinadas pelo grupo da Moore School, que tinha criado o eniac. Excitado pelo que tinha aprendido, Wilkes tinha retornado ávido para começar a trabalhar na versão inglesa do edvac. Embora Wilkes pretendesse que o projeto ficasse baseado em Cambridge, ele buscou a cooperação do NPL para desenvolver um plano para uma máquina que tivesse muito mais semelhanças com o edvac do que com o ace. Para realçar a similaridade, o computador de Wilkes seria chamado edsac – sigla em inglês para computador eletrônico com programa armazenado na memória, "electronic delay storage automatic computer" – e rapidamente conseguiu tanto a aprovação quanto a atenção do NPL.[5] O ace de Turing pode ter fascinado a imprensa popular, mas estava fora da linha predominante. Além disso, o custo do projeto estava indo às nuvens.

Em parte, o problema, uma vez mais, era a surdez de Turing diante das convenções. Embora a imprensa pudesse apresentá-lo como uma espécie de Chatterton do mundo da computação – um "menino prodígio" –, seus pares sabiam das coisas: um verdadeiro inglês não amarrava as calças com uma cordinha. Nem ia correndo para encontros em Dollis Hill. Sua insistência em seguir um caminho próprio era típica; agora, contudo, ele estava pedindo à Inglaterra que acreditasse que devia segui-lo. E ela o rejeitou.

De início pareceu que o NPL apoiaria os dois projetos – Wilkes, afinal de contas, já tinha financiamento da parte de Cambridge – e, quando o relatório sobre o edsac foi concluído, Womersley fez questão de pedir a Turing que o lesse e desse sua opinião. Turing não ficou muito impressionado. "Li a proposta de Wilkes para uma máquina piloto", ele escreveu a Womersley no dia 10 de dezembro, "e concordo com ele no que diz respeito à oportunidade de uma máquina desse tipo em algum lugar. (...) O 'código' que ele sugere, contudo, é muito contrário à linha de desenvolvimento aqui e muito mais dentro da tradição americana de solucionar dificuldades com a utilização de muito equipamento e não de raciocínio". Sem dúvida Turing pretendeu que, apelando para o orgulho nacionalista do NPL, ele poderia manter o apoio a seu projeto. Infelizmente, sua tendência a falar demais nas entrevistas estava provocando algum desconforto para a direção do laboratório. Womersley sugeriu que, em vez de falar com repórteres, Turing deveria fazer uma série de palestras sobre o ace "direcionadas principalmente para aqueles que estivessem ligados ao desenvolvimento técnico da máquina". E Wilkes, que assistiu às palestras, se queixou de que Turing era "muito teimoso" e que suas ideias "estavam amplamente em desacordo com... a tendência principal de desenvolvimento dos computadores".

Elas eram – e continuam sendo. Atualmente, a base da maioria dos computadores que usamos pode ser ligada ao edvac – e não ao ace, que no final das contas nunca chegou a ser construído. Embora as "ideias minimalistas" de Turing, nas palavras de Martin Davis "estivessem destinadas a ter pouca ou nenhuma influência no desenvolvimento do computador", seu legado ainda pode ser sentido na microprogramação, "o que torna a maioria das operações básicas do computador diretamente disponível ao programador"; no advento do microprocessador de silício, que na verdade é uma máquina universal em um chip; na "arquitetura da assim chamada risc (sigla em inglês para computador com um conjunto de instruções reduzidas, "reduced instruction set computing)", que "utiliza instruções mínimas no chip, com a necessária funcionalidade oferecida pela programação". Tudo isso deve muito ao ace.

A parte mais triste dessa história, pelo menos na visão de Davis, é o grau em que, durante anos, Turing ficou de fora da história da disciplina que ele na verdade inventou. Embora o projeto piloto do ACE, por exemplo, tenha sobrevivido, Turing há muito tempo já tinha deixado Teddington quando ele foi finalmente construído, com tantas alterações que guardava pouca semelhança com a máquina com a qual ele sonhara. E, o mais cruel, um relatório de 1949 afirmava que "a verdadeira configuração do ACE, como originariamente projetada, foi o resultado de longas considerações entre Womersley e o professor von Neumann durante a visita de Womersley aos Estados Unidos". De acordo com os princípios evolucionistas defendidos pelo avô de sir Charles Darwin, era talvez inevitável que o afável Turing acabasse sendo atropelado pelo charmoso Johnny von Neumann. Na verdade, em 1987, Davis esclarece, quando publicou um artigo afirmando que von Neumann tinha tirado muitas das suas ideias de Turing, ele se sentiu "isolado" nesse ponto de vista. Davis ficou, portanto, gratificado quando, 12 anos mais tarde, a revista *Time* não apenas nomeou Turing um dos 20 maiores cientistas do século XX, mas também escreveu o seguinte no verbete dedicado a von Neumann (que também está na lista):

> Possivelmente todos os atuais computadores, desde o supercomputador de 10 milhões de dólares aos minúsculos chips que fazem funcionar os telefones celulares e os Furbies[6], têm uma coisa em comum: são todos "máquinas de von Neumann", variações sobre a arquitetura básica de computadores que John von Neumann, a partir do trabalho de Alan Turing, desenvolveu nos anos de 1940.

5.

Para Turing, os anos de 1940 foram uma era mais de começos do que de realizações. As ideias surgiam, ele se atirava nelas e depois, antes de poder desfrutar delas, ele se afastaria, ou porque as circunstâncias assim o compeliam, ou porque uma nova ideia tinha surgido. Assim, na época em que Don Bayley apresentou uma versão operacional da Delilah diante do Cipher Policy Board, em 1945, Turing já tinha abandonado o projeto, mudando-se para Teddington, e o ace. Da mesma forma ele tinha deixado Teddington quando o piloto do ace foi testado. Em Bletchley, quando seus colegas falavam sobre o que pretendiam fazer depois da guerra, ele sempre dizia que queria reassumir seu lugar no King's College. No dia 30 de setembro de 1947, ele fez exatamente isso. Oficialmente ele estava tirando uma licença sabática – a ideia era que em Cambridge ele faria um trabalho teórico que mais tarde podia ser aplicado na construção do ace –, mas na verdade tanto ele quanto Darwin sabiam que ele nunca mais voltaria para o NPL.

Segundo a Sra. Turing, seu filho saiu rapidamente para Cambridge porque "estava desapontado com o que parecia a ele ser um progresso muito lento na construção do ace e convencido de que estava perdendo tempo, pois não lhe era permitido continuar cuidando da parte de engenharia". Foi um alívio para ele voltar para Cambridge, mais devotada aos estudos e mais tolerante, onde poderia outra vez trabalhar como gostava. Outra razão foi que Robin Gandy estava agora em Cambridge, onde tinha se tornado membro dos Apóstolos. Mais uma vez, Turing não foi admitido nessa sociedade, o que tinha sido muito importante para Forster, e sobre a qual Forster tinha escrito em *A Mais Longa Jornada*. Contudo, ele entrou para o Ten Club, um clube de leitura de peças de teatro, para o Moral Science Club e para o Hare and Hounds Club, sob cuja égide ele foi capaz de continuar correndo. Ele também iniciou uma relação com Neville Johnson, um estudante do terceiro ano de matemática, que iria durar por vários anos – outra vez, não tanto um *affair* amoroso, mas uma relação de "amizade com benefícios".

Até certo ponto, em Cambridge, Turing realmente foi capaz de recomeçar como se os anos de guerra nunca tivessem existido, e, em 1948, ele publicou dois trabalhos em revistas de matemática: "Rounding-off Errors in Matrix Processes", no *Quarterly Journal of Mechanical and Applied Mathematics*, e "Practical Forms of Type Theory", no *Journal of* Symbolic *Logic*, de Church. Ele também jogava xadrez com Arthur Pigou, que relembrou que seu adversário "não era um bom jogador no tabuleiro, mas tinha um grande poder de visualização, e, em passeios juntos, ele e seu amigo de Oxford costumavam jogar simplesmente falando os movimentos. Isso, do ponto de vista de um mestre do xadrez, é uma ninharia... mas para nós, humildes jogadores inexperientes, impressionava muito". Segundo Pigou, Turing "estava interessado em muitas outras coisas" além da matemática, "e galantemente comparecia a palestras sobre psicologia e fisiologia em uma idade em que a maioria de nós não era mais capaz de se sentar em um banco de madeira para ouvir uma outra pessoa falando".

Outra importante amizade formada durante o período sabático foi com Peter Matthews, então no segundo ano do curso de ciências naturais, com quem Turing discutia as relações entre a fisiologia e a matemática. Turing introduziu Matthews "nas semelhanças entre o computador e o cérebro humano", uma comparação que Matthews achou "muito útil". E, adequada à comparação, Turing fez uma palestra para o Moral Science Club no dia 22 de janeiro de 1948 sobre "Problems of Robots".

A maior parte do ano passado em Cambridge, contudo, Turing dedicou a decidir o que fazer quando a licença terminasse. Uma opção era permanecer no King's College, retomar a carreira de matemática pura que a guerra tinha interrompido e aspirar a uma bolsa. Outra era retornar ao NPL – como oficialmente ele deveria fazer – e continuar trabalhando no ace. Uma terceira (e para ele essa talvez fosse a mais atraente das alternativas) era assumir um cargo na Manchester University, onde desde 1946, Max Newman era professor residente da cadeira de matemática pura. Baseado no trabalho que tinha feito na Colossus, Newman estava colaborando com o engenheiro eletricista F. C. Williams no desenvolvimento de um computador que pudesse rivalizar com o edsac. Trabalhando com Tom Kilburn, Williams tinha desenvolvido um sistema de memória baseado em tubos de raios catódicos que estava se revelando muito mais eficiente, flexível e confiável que as linhas de retardo de mercúrio do edsac. O tubo de Williams-Kilburn, como veio a ser chamado, apresentava as informações com padrões de pontos e também permitiu pela primeira vez o uso verdadeiro da memória de acesso aleatório na história do computador. Mais tarde Williams relembrou (um pouco incorretamente, pois Turing nesse ponto ainda não tinha se juntado ao projeto):

> Com a memória disponível, o passo seguinte era construir um computador em torno dela. Tom Kilburn e eu não sabíamos nada sobre computadores, mas muito a respeito de circuitos. O professor Newman e o sr. A. M. Turing... sabiam bastante sobre computadores e praticamente nada sobre eletrônica. Eles se aproximaram e nos explicaram como números podiam morar em casas com endereços e como, se estivessem morando, poderiam ser localizados durante um cálculo.

O plano de Newman, como ele o apresentou em uma carta a von Neumann, era para uma máquina que pudesse enfrentar "problemas matemáticos de uma forma completamente diferente daquela atacada por máquinas (…) isto é, testando (digamos) o teorema das quatro cores[7] ou vários teoremas sobre conjuntos e subconjuntos, grupos etc. (…)". No nível filosófico, o tipo de indagação que ele tinha em mente estava muito mais na linha dos interesses de Turing do que a velocidade pela velocidade que governava o eniac. Dinheiro também não era problema: Newman tinha uma subvenção da Royal Society no valor de 20.000 libras para cobrir o custo de construção, mais 3.000 libras por ano durante cinco anos.

Estava ficando cada vez mais óbvio em Manchester que a estratégia do NPL de manter uma rígida divisão entre os braços da engenharia e da matemática do desenvolvimento do computador estava destinada a ser conta-producente; a sinergia intelectual dependia não apenas das ideias a serem compartilhadas, mas do reconhecimento de que a barreira erigida pelo NPL era completamente arbitrária. Essa visão não existia apenas em Manchester. Em Cambridge, Wilkes seguia em frente com o edsac em um ambiente da mesma forma marcado pela colaboração entre engenheiros e matemáticos. Ele também tinha seu próprio dinheiro.

Parece provável que Wilkes e Turing desconfiavam um do outro. Embora o laboratório de Wilkes ficasse a apenas alguns minutos do King's College, durante meses Turing evitou visitá-lo lá. E quando ele finalmente foi, tudo o que ele podia dizer era que Wilkes parecia um besouro. E se Turing sentia inveja de Wilkes, ele tinha todo o direito. Wilkes não apenas tinha uma posição mais estável – e também o apoio da universidade –, mas também a atenção do NPL, onde Womersley estava ficando cada vez mais desencantado com o projeto dissidente e minimalista de Turing. Temendo, acertadamente, que o NPL mais uma vez acabasse ficando para trás, Womersley agora fazia indagações sobre o andamento do computador de Manchester e, simultaneamente, propunha a Darwin que a equipe do NPL usasse "o máximo do trabalho de desenvolvimento de Wilkes, que é consistente com o nosso próprio sistema de programação" para superar o ace. Logo, tudo o que tornava a máquina distinta, e uma criação de Turing, seria apagado de seu projeto, quando o ace foi normatizado e trazido de volta aos padrões industriais.

Como era de se esperar, Turing decidiu voltar a Manchester. Newman o queria lá e prometeu-lhe a oportunidade de fazer o tipo de pesquisa original que a cultura do NPL sutilmente desencorajava. E, mais importante, ele teria uma participação relevante no desenvolvimento de uma máquina que iria realmente ser construída – e construída em uma atmosfera decididamente mais simpática do que aquela de Teddington. Em maio de 1948, portanto, Turing renunciou ao trabalho no NPL, irritando Darwin, que sentiu como se Newman tivesse roubado seu menino prodígio (parece que não ocorreu a Darwin que ele talvez não tivesse feito muito para fazer o menino prodígio querer ficar). Antes de assumir seu novo posto, contudo, Turing escreveu um último relatório para o NPL. Era intitulado "Intelligent Machinery" e acabaria sendo um dos documentos mais surpreendentes, e até subversivo, na história da ciência da computação.

6.

Como muitos dos escritos posteriores de Turing, "Intelligent Machinery" combina análises explicitamente técnicas com passagens de especulações filosóficas, algumas vezes até imprevisíveis. Como ponto central do artigo está a discussão sobre a possibilidade de que "máquinas com comportamento inteligente possam ser construídas". Antes de entrar nessa discussão, contudo, Turing relaciona o que ele entende como as cinco objeções mais prováveis contra esse entendimento: "uma resistência ao admitir a possibilidade de que a humanidade possa ter rivais no poder intelectual"; "uma crença religiosa que qualquer tentativa de construir uma máquina assim seja uma espécie de irreverência de Prometeu"; "o caráter muito limitado das máquinas que foram usadas até recentemente (isto é, 1940)", o que "encorajou a crença de que as máquinas fossem necessariamente limitadas a trabalhos definidos, possivelmente até repetitivos"; a descoberta, por Gödel e Turing, segundo a qual "qualquer máquina em alguns casos será incapaz de dar qualquer resposta", enquanto a inteligência humana parece ser capaz de encontrar métodos cada vez mais poderosos de tratar desses problemas que "transcendem" os métodos disponíveis para as máquinas"; e, finalmente, a ideia de que "até o ponto em que a máquina possa demonstrar inteligência, isso é entendido como nada mais do que o reflexo da inteligência de seu criador".

A estratégia de Turing de abrir com um resumo das alegações dos negativistas antecipa os manifestos dos direitos dos gays dos anos 1950 e 1960, que muitas vezes usaram a negação dos argumentos tradicionais contra a homossexualidade como moldura para sua defesa. Ele deixa claro desde o início a inutilidade de se falar a um fanático sobre seu fanatismo, observando que as duas primeiras objeções, "sendo puramente emocionais, não precisam necessariamente ser refutadas. Se alguém acha que é preciso refutá-las, há pouco o que dizer que se pudesse esperar que prevalecesse, embora a produção das máquinas pudesse surtir algum efeito". A terceira objeção ele elimina enfatizando que as atuais máquinas, como o eniac ou o ace, "podem atacar operações com números enormes (por exemplo, mais ou menos $10^{60.000}$ para o ace) de operações sem repetições, supondo-se que não quebrem", e refuta a quarta reiterando um ponto já levantado em sua palestra na London Mathematical Society, de que a infalibilidade não é necessariamente "um pré-requisito da inteligência". Ele enfatiza essa ideia contando uma história da vida de Gauss:

> Consta que na escola pediram que o menino Gauss somasse 15 + 18 + 21 ... + 54 (ou alguma coisa parecida) e que imediatamente ele escreveu 483, presumivelmente fazendo o cálculo assim (15 + 54) (54–12)/2,3.[8] Pode-se imaginar as circunstâncias em que um professor tolo disse ao menino que, em vez disso, ele deveria ter somado 18 com 15 e obtido 33, depois somado 21 etc. Segundo alguns pontos de vista, isso seria um "engano", apesar da óbvia inteligência envolvida. Pode-se também imaginar uma situação em que o menino recebesse um número de somas para calcular, as cinco primeiras todas progressões aritméticas, mas a sexta sendo, digamos, 23 + 34 + 45 + ... + 100 + 112 + 122 + ... + 199. Gauss poderia ter respondido como se tudo fosse uma progressão aritmética, não observando que o nono termo era 112, em vez de 111. Isso seria um completo engano que o menos inteligente menino possivelmente não cometeria.

A capacidade de ser educado, então, é o principal ingrediente da inteligência – o que significa que a fim de serem chamadas de inteligentes, as máquinas precisam mostrar que são capazes de *aprender*. A quarta objeção – "que a inteligência na máquina é meramente um reflexo da inteligência de seu criador" – pode então ser contestada pelo reconhecimento de sua equivalente "visão de que o crédito pelas descobertas de um aluno deve ser dado a seu professor. Nesse caso, o professor ficaria satisfeito com o sucesso de seus métodos de ensino, mas não reclamaria para si os resultados, a menos que os tivesse passado para o aluno". O estudante, por outro lado, pode ser visto como demonstrando inteligência apenas quando deu um passo à frente da simples imitação do professor, e fez alguma coisa que seja ao mesmo tempo surpreendente e original, como o menino Gauss fez. Mas que tipo de máquina seria capaz de aprender dessa forma?

Para responder a essa questão, Turing primeiro divide as máquinas em categorias. Uma máquina "discreta", por sua definição, é aquela cujos estados podem ser descritos como um conjunto discreto; uma máquina desse tipo trabalha passando de um estado a outro. Na máquina "contínua", por outro lado, os estados "formam uma variação contínua e numerosa, e o comportamento da máquina é descrito pela curva dessa variação". Uma máquina "controladora" só "lida com informação", enquanto uma máquina "ativa objetiva produzir um efeito contínuo muito definido". Um buldôzer é uma máquina "ativa contínua", da mesma forma que o telefone é um "controlador contínuo". O eniac e o ace, diferentemente, são "controladores discretos", enquanto o cérebro é "controlador contínuo, mas... muito semelhante a muitas máquinas discretas". Embora as máquinas "controladoras discretas", além disso, sejam as que mais possivelmente demonstrarão inteligência, os "cérebros quase sempre entram nessa classe e parecem existir todas as razões para acreditar que eles tenham sido criados para essa classe sem a necessidade de nenhuma alteração em suas propriedades essenciais". Essa classificação do cérebro como uma máquina neural claramente reverte a concepção popular sobre o computador como um cérebro eletrônico, da mesma forma que o uso sutil por Turing da forma passiva "tenham sido criados" realça a motivação discretamente anticristã do relatório, recolocando Deus como inventor ou programador, cuja falha em fazer *cérebros* "controladores discretos" foi mais ou menos acidental. Se Deus tivesse sido um pouco mais inteligente, Turing deixa implícito, teria projetado um cérebro melhor.[9]

Nessa altura do relatório, começa-se a perceber que a ambição de Turing foi tanto fazer a humanidade sair de seu pedestal quanto fazer a defesa da inteligência das máquinas. O que parece aborrecê-lo, aqui e em outras ocasiões, é a tendência automática dos intelectuais de dar ao cérebro humano, simplesmente pelo fato de ele ser humano, um tipo de supremacia. Mesmo a ciência da robótica, sobre a qual ele falou em Cambridge no Moral Science Club, serve para um pouco de zombaria, graças à sua insistência em modelar as máquinas em seres humanos:

> Uma grande e positiva razão para acreditar na possibilidade de fazer máquinas pensantes é o fato de que é possível fazer máquinas capazes de imitar qualquer pequena parte do homem. Que o microfone faz isso para o ouvido, e a câmera de televisão para o olho, são coisas corriqueiras. É possível também produzir robôs movidos a controle-remoto, cujos membros balançam com o auxílio de servo-mecanismos. (...) Poderíamos produzir modelos elétricos razoavelmente acurados capazes de copiar o comportamento de nervos, mas não há muito sentido em fazer isso. Seria como colocar muita coisa em carros que andam com as pernas, em vez de continuar a usar rodas.

Contudo, se alguém quisesse "pegar um homem como um todo e substituir todas as suas partes por máquinas", como seria o resultado? Um monstro tipo Frankenstein atualizado, a julgar pelo cenário e pela descrição que se segue:

Ele incluiria câmeras de televisão, microfones, alto-falantes, rodas e "servo-mecanismos de controle", além de algum tipo de "cérebro eletrônico". (...) O objeto, se produzido pelas técnicas atuais, teria um tamanho imenso, mesmo que a parte "cerebral" fosse estacionária e controlasse o corpo à distância. Para permitir que a máquina tivesse a chance de encontrar coisas ela própria, deveria poder perambular pelo campo, e o perigo para o cidadão comum seria grande. Além disso, mesmo que as facilidades mencionadas acima pudessem ser fornecidas, a criatura continuaria sem contato com alimento, sexo, esportes e muitas outras coisas de interesse do ser humano. Então, embora esse método seja provavelmente uma forma "segura" de produzir uma máquina pensante, ele parece completamente lento e impraticável.

Melhor seria, talvez, desenvolver o tipo de máquina que satisfaria outra máquina: um cérebro sem um corpo, possuindo no máximo órgãos para ver, falar e ouvir. Mas o que esse tipo de máquina poderia fazer? Turing relaciona cinco possíveis aplicações. Ela poderia jogar (xadrez, bridge, pôquer etc), poderia aprender línguas, traduzi-las, poderia codificar e decodificar e poderia fazer operações matemáticas.

Na verdade, com o decorrer dos anos, sabe-se que os computadores têm sido notoriamente resistentes no aprendizado de línguas. Por outro lado, podem ser muito bons em jogos, criptografia e matemática – a poesia, por assim dizer, de sua linguagem. Entretanto, se vão ter de realizar esses esforços por vontade própria – se vão jogar (e vencer) um jogo-da-velha, gerar um código inquebrável ou calcular os zeros da função zeta –, precisam ser instruídos. E quem vai instruí-los? Quais serão os métodos pelos quais os "mestres" programam neles a habilidade de aprender? A resposta de Turing a essa questão (que é realmente a questão central da "Intelligent Machinery") mostra muito de sua educação, assim como sua tendência de pensar no ace como uma criança – e uma criança britânica ainda por cima:

> O treinamento de uma criança humana depende amplamente de um sistema de recompensas e punições, e isso sugere que deve ser possível completar a organização com apenas duas interferências, uma para o "prazer" ou "recompensa" (R), e outra para a "dor" ou "punição" (P). Pode-se pensar em um grande número desses sistemas de "prazer-punição". (…) A interferência do prazer tem a tendência de formar o caráter, isto é, evita que ele se modifique, enquanto os estímulos de dor tendem a perturbar o caráter, fazendo com que situações que se tornaram fixas possam mudar ou se tornar novamente sujeitas a uma variação aleatória.

Essa teoria bastante draconiana de criação sugere até que ponto Turing tinha internalizado o modo de ser "não use a vara, não eduque a criança", dominante na Inglaterra na época, uma versão da qual, em poucos anos, ele acabaria sendo vítima. Talvez ele tenha aprendido seus rudimentos em aulas de psicologia ou durante o período sabático de um ano no King's College. Ou talvez ele estivesse apenas revendo os princípios educacionais de Sherborne e outras escolas públicas inglesas.

> Se o cérebro não treinado de uma criança vai se tornar inteligente, ele precisa adquirir tanto disciplina quanto iniciativa. Até agora estamos considerando apenas a disciplina.

(...) Mas a disciplina certamente não é suficiente para produzir inteligência. Além disso, é preciso aquilo que chamamos de iniciativa. Essa afirmação precisará servir como uma definição. Nossa tarefa é descobrir a natureza desse resíduo quando ele ocorre no homem, e tentar copiá-lo em máquinas.

Disciplina e iniciativa: Turing soa aqui como um diretor de escola fazendo um discurso no início do ano letivo. No fundo ouve-se a canção de ninar da Duquesa em *Alice no País das Maravilhas*, de Lewis Carroll. A diferença é que o Manual de Turing sobre Como Educar um Computador requer não apenas puni-lo quando ele espirra, mas também fornecer a pimenta que o faz espirrar. Nos sistemas experimentais do tipo "prazer-dor" que ele apresenta, por exemplo, a pimenta vem na forma de uma sequência aleatória de números a que o computador deve responder de certas maneiras segundo uma tabela de comportamento. O que Turing denomina "prazer" e "dor" são de fato meramente instruções para realizar operações aritméticas, com os estímulos dolorosos eliminando as entradas experimentais, e os estímulos de prazer tornando-as permanentes. O problema é que na falta de *qualquer* estímulo "a máquina rapidamente entrou em um ciclo repetitivo. Isso se tornou visível externamente por meio do repetitivo B A B A B. (...) Através dos estímulos de dor esse ciclo foi interrompido". Dessa forma, a emoção é privilegiada no próprio processo de programação, levantando a questão se Turing tinha imposto sinais emocionais arbitrários em um processo mecânico (e portanto insensível), ou se talvez a emoção humana esteja muito mais inserida no mecânico do que estamos inclinados a admitir. Essa estratégia serve bem ao esforço maior de Turing, no relatório, de desmistificar o corpo humano, descrevendo-o da forma mais mecânica possível, como nessa comparação entre o nervo e um circuito elétrico: "Certamente o nervo tem várias vantagens. É extremamente compacto, não desgasta (provavelmente por centenas de anos se mantido em um meio adequado!) e tem um consumo de energia muito baixo. Contra essas vantagens, os circuitos elétricos têm apenas uma atração, a velocidade".

Sobre o grau em que asseveramos que o comportamento de outra entidade demonstra inteligência, Turing escreve no final do relatório:

> é determinado tanto pelo nosso próprio estado de espírito e treinamento quanto pelas propriedades do objeto em consideração. Se somos capazes de explicar e prever seu comportamento, ou se parece haver pouco planejamento subjacente, temos pouca tentação de imaginar inteligência. Com relação a um mesmo objeto, portanto, é possível que um homem o considere inteligente, e outro, não; o segundo homem teria descoberto as regras de comportamento.

Para ilustrar, ele propõe uma experiência que antecipa o que mais tarde passou a ser conhecido como o teste de Turing. Dois jogadores de xadrez bastante fracos – A e C – são colocados em salas separadas entre as quais algum sistema de comunicar os movimentos foi instalado. Enquanto isso, um terceiro homem – B – está operando uma máquina que foi programada para jogar xadrez. C joga contra A ou contra a máquina operada por B. Será que ele terá condições de saber qual é o seu adversário? Turing suspeita que será muito difícil notar a diferença e conclui observando, usando o recurso dos parênteses, que ele próprio fez a experiência. Ele não relata o resultado, contudo, então a "Intelligent Machinery" continua com uma série de perguntas em suspenso: pode-se afirmar que uma máquina, educada sob o sistema de recompensa e punição, é capaz de pensar? As crianças, quando choram ou riem, estão revelando um lampejo de alma que as distingue das máquinas, ou simplesmente seguindo as "regras de comportamento" com as quais, nós, como espectadores, sentimos empatia porque estamos familiarizados com elas? Ou, em outras palavras, perguntar se os computadores pensam exige que perguntemos também se os humanos computam?

NOTAS DO CAPÍTULO

1. Bell Laboratories, centro de pesquisas responsável pelo descobrimento e desenvolvimento de inúmeras tecnologias revolucionárias, como o laser e o transistor, entre várias outras. O primeiro sistema de transmissão de linguagem cifrada, o Sigsaly, foi desenvolvido em 1943. (N.T.)
2. O ace também utilizava pilhas para a implementação de sub-rotinas, como todos os computadores modernos. O edvac não. Outra inovação que não constava do relatório do edvac é a "Abbreviated Computer Instructions" de Turing, uma forma inicial de linguagem de programação. Estou em dívida com Prabhakar Ragde por apontar essas distinções. (N.A.)
3. Isso também era verdade no caso das assim chamadas Johnniacs – estilo de máquinas de von Neumann que o edvac mais tarde inspirou. (N.A.)
4. Em suas memórias, a Sra. Turing relembra: "O máximo que Alan me contou sobre seu trabalho durante a guerra foi que tinha 100 moças trabalhando com ele. Nós conhecíamos uma dessas 'escravas', como ele as chamava. Dela veio a informação de que elas ficavam surpresas com sua temeridade de saudá-lo na manhã do dia de Natal, com um 'Feliz Natal, Alan', pois tinham por ele grande admiração e respeito, principalmente porque quando ele passava pela parte delas na casa, trabalhando, ele nunca dava a menor indicação de que sequer as percebia. A verdade é que ele provavelmente estava igualmente temeroso delas". (N.A.)
5. Wilkes mais tarde recebeu o crédito pela invenção da microprogramação, pela qual recebeu o Turing Award, a mais alta honraria da Association for Computing Machinery para realizações na área da computação. (N.A.)
6. Brinquedos eletrônicos com um vocabulário de mais de 200 palavras. (N.T.)

7. O "teorema das quatro cores", provado em 1997, formula que se você colorir um mapa dividido em regiões distintas (como o mapa dos condados do Estado da Flórida), necessitará do máximo de quatro cores para as regiões vizinhas não ficarem com a mesma cor. (N.A.)
8. Turing alterou ligeiramente a história para adaptá-la ao seu argumento. Segundo o relato original, o professor de Gauss pediu-lhe para somar todos os números entre 1 e 100. Sua estratégia para chegar a uma resposta correta – 5.050 – foi dividir os 100 números em questão em pares como 1 + 100, 2 + 99, 3 + 98, 4 + 97 etc, criando dessa forma 50 pares, cada um somando 101. Gauss então multiplicou 50 x 101, obtendo a resposta correta. (N.A.)
9. Que Turing considerava suas ideias anticristãs é confirmado pelo título que ele deu a uma palestra ministrada em Manchester em 1951, "Intelligent Machinery, a Heretical Theory". (N.A.)

[SETE]

O Jogo da Imitação

1.

A Manchester na qual Turing se estabeleceu no outono de 1948 era bastante conhecida por sua feiúra industrial e por seu clima ruim. A Manchester University, bem próxima do centro da cidade, era igualmente depressiva. No laboratório de Newman, as paredes eram cobertas com azulejos marrons, decoração que F. C. Williams, seu parceiro no projeto, chamou de "último estilo de toalete". A maior parte do corpo docente da universidade morava no subúrbio de Hale, onde Turing alugou um quarto, antes de comprar a sua primeira casa, em 1950, na Adlington Road, Wilmslow, Cheshire. Esse quarto provavelmente se assemelhava ao que W. G. Sebald descreveu em *Os Emigrantes*, "com um carpete com padrões florais grandes, um papel de parede com violetas e mobiliado com um guarda-roupa, uma pia, um estrado de ferro e uma colcha".

A máquina na qual Turing começou a trabalhar era um modelo preliminar destinado a experiências em pequena escala e batizado (para manter o programa educacional imaginado por Turing) de Baby. Mas ela tinha uma particularidade: o emprego da tecnologia dos tubos de raios catódicos de Williams e Kilburn, o que significava que pela primeira vez tanto as instruções que alimentavam a máquina como os resultados que ela produzia podiam ser *visualizados*. Não que a Baby empregasse alguma coisa tão sofisticada quanto uma tela: os números apareciam sob a forma de marcas luminosas nos próprios tubos. Marcas, ou "bits", eram dispostos em cada tubo em uma grade de 32 x 32 (em um total de 1.024 bits), cada bit energizado para representar

0 ou 1. Uma placa de metal detectava a corrente e assim "lia" o valor do bit. Cada linha de 32 bits na grade, por sua vez, representava ou um número ou uma instrução; mais tarde, as linhas seriam estendidas a 40 bits cada uma, e cada linha que podia ser acessada continha ou um número de 40 bits ou duas de 20 bits de instruções. Como Turing observou no manual do programador que ele preparou para o computador de Manchester, a informação na memória eletrônica podia ser comparada "a um número de folhas de papel expostas à luz em uma mesa de luz, de modo que cada palavra ou símbolo ficasse visível assim que o olho acertasse o foco" – uma analogia que lembra as folhas perfuradas empregadas em Bletchley no esforço de quebrar o código da Enigma.

Uma das peculiaridades de trabalhar no computador de Manchester era a notação de programação com a qual, como Martin Campbell-Kelly relata, Turing "colocava uma responsabilidade nos usuários da máquina. (...) Cada programa de instrução consistia em 20 bits, os quais Turing anotava em quatro caracteres, usando o código do *teleprinter* de 5 bits do Post Office. Na verdade, ele usava o código do *teleprinter* como um sistema de numeração de base 32. (...)" Por sua vez, isso exigia que Turing criasse um "alfabeto" de 32 símbolos de equivalência numérica no qual a maior parte dos números fazia pares com letras – 9 era D, por exemplo; 19 era W – enquanto outros eram representados por símbolos (@ era 2, " era 27, £ era 31) e 0 era representado por uma barra (/). "Como zero era representado pela tecla de avanço", Campbell-Kelly explica, "e esse era o sinal mais usado nos programas e dados escritos, um usuário iniciante decidiu que isso deveria ser um reflexo inconsciente do terrível tempo de Manchester, pelo efeito da chuva visto através da vidraça suja da janela!" (//////////////). E como se as coisas já não fossem suficientemente complicadas, os números alimentados na máquina deveriam ser escritos de trás para frente. Usando o código de base 32, a sequência binária de 40 dígitos 10001 11011 10100 01001 10001 11001 01010 10110 (em notação denária, 17 27 5 18 17 19 10 13) teria dessa forma de ser escrita como Z"SLZWRF – que, claro, primeiro teria de ser revertida. Isso tinha como efeito deixar quem quisesse usar a máquina – incluídos os assistentes de Turing, Audrey Bates e Cicely Popplewell – muito em dívida com o professor de línguas do computador. Quando Turing fez uma palestra com o título "Checking a Large Routine", em Cambridge, no dia 24 de junho de 1949 (o dia seguinte ao seu 37º aniversário), sua omissão em esclarecer o sistema notacional com o qual ele escrevia números no quadro-negro chocou Maurice Wilkes, que estava presente e a considerou "bizarra ao extremo. (…) [Turing] tinha um cérebro agudo e ágil e, portanto, não muito disposto a fazer concessões aos menos dotados". O código de base 32 era similar à bicicleta que Turing tivera em Bletchley, preparada de tal modo que ninguém podia usá-la.

Como um teste para verificar a eficiência da Baby, Newman decidiu submetê-la a um dos grandes quebra-cabeças da matemática. O problema envolvia os primos de Mersenne, que levavam o nome do monge francês Marin Mersenne (1588-1648), que em 1644 realizou uma investigação a respeito do interessante fato de que grandes números primos assumem a forma $2^n - 1$, em que n é também um número primo. Como Mersenne logo descobriu, a regra não se aplicava a todos os primos n. (Por exemplo, $2^{11} - 1$ não é primo, embora 11 seja). Contudo, por volta do século XIX, já havia sido demonstrado que a regra se aplicava quando n era igual a 2, 3, 5, 7, 13, 19, 31, 67 e 127. Em 1876, Edouard Lucas (1842–1891) desenvolveu um método pelo qual $2^{127} - 1$

era mostrado como primo e em 1932 D. H. Lehmer (1905–1991) foi capaz de estabelecer que $2^{257} - 1$ *não* era primo. Subsequentemente, os números de Mersenne até $2^{521} - 1$ foram estabelecidos como não sendo primos. Um número tão imenso como $2^{521} - 1$, Newman percebeu, estava acima do escopo da Baby; seu objetivo, contudo, era menos fazer uma descoberta do que avaliar as capacidades do computador. Para isso, então, ele pôs a Baby para trabalhar na tarefa de testar os primos de Mersenne usando o método de Lucas, o qual requeria que primeiro os números em questão fossem divididos em blocos de 40 dígitos cada, e depois se fizesse a programação necessária para alimentá-los. No final, embora não tenha encontrado novos primos, a Baby foi capaz de verificar as descobertas tanto de Lucas quanto de Lehmer – sem dúvida, um trabalho não desprezível e uma boa indicação do seu potencial.[1]

Operar a máquina de Manchester não era fácil. Entre outras tarefas, o operador frequentemente tinha de correr da sala onde ele ficava até a sala das fitas, na parte de cima, onde o engenheiro, com base em suas instruções, ligava e desligava a corrente novamente. Muita energia tinha de ser despendida e havia muito lugar para erros. "E como qualquer veículo que passasse era uma fonte potencial para dígitos espúrios", Cicely Popplewell relembrou depois, "normalmente eram necessárias várias tentativas para colocar a fita em posição – cada tentativa precisando de nova corrida até a sala das fitas". Na verdade, os membros da equipe de Manchester logo estavam tão perdidos entre as complexidades técnicas de conseguir que a máquina fizesse seu trabalho que, quando as notícias sobre suas pesquisas chegaram à imprensa, eles estavam mal preparados para lidar com as consequências. Ocorre que a publicação em 1948 de um livro chamado *Cybernetics*, do americano Norbert Wiener (1894–1964), tinha iniciado uma série de eventos que fez recair sobre o projeto de Manchester uma atenção não desejada.

O que aconteceu foi o seguinte: Wiener, que admirava Turing, foi especialmente visitá-lo na primavera de 1947 a fim de discutir o futuro das máquinas inteligentes. Os escritos de Wiener eram muito mais sensacionalistas do que os de Turing, e, além disso, ele era um futurista malsucedido, inclinado a enfatizar, por exemplo, a semelhança entre os nervos e os circuitos elétricos, e a profetizar cenários em que robôs trabalhando em fábricas tornariam os humanos desnecessários.

A notícia das ideias e a visita de Wiener logo chegaram aos ouvidos de sir Geoffrey Jefferson (1886–1961), o titular do Department of Neurosurgery da Manchester University e um dos primeiros defensores da lobotomia frontal. Jefferson deveria ser o orador principal da homenagem a Joseph Lister[2] no dia 9 de junho de 1949 e escolheu como tema "The Mind of Mechanical Man". Na verdade, o objetivo do discurso era expor e menosprezar o projeto do computador de Manchester e, ao mesmo tempo, exaltar a inata superioridade da alma humana sobre qualquer coisa mecânica ou feita pelo homem:

> Não antes que uma máquina possa escrever um soneto ou compor um concerto, por ter raciocínio e emoção, e não pela ação aleatória de símbolos, poderemos concordar que a máquina iguala o cérebro – isto é, não apenas escrever, mas saber que o escreveu. Nenhum mecanismo pode sentir (e não apenas assinalar artificialmente, por meio de uma engenhoca fácil) prazer com seu sucesso, aflição quando suas válvulas queimam, deleite ante a lisonja, frustração com seus erros, prazer no sexo, raiva ou frustração quando não consegue o que deseja.

Em seu relatório para o NPL, Turing tinha também tratado, de uma forma bastante irônica, a alegação de que mesmo contando com um método de locomoção e órgãos dos sentidos, uma máquina ainda seria incapaz de sentir muito do que os seres humanos sentem. Para Turing, contudo, isso não tinha consequências: como depois ele afirmou, a habilidade de gostar de morangos com creme não era um pré-requisito de inteligência. Jefferson, por outro lado, brandiu a suposta falta de consciência da máquina como evidência da sua completa estupidez. Resumindo seu discurso no dia seguinte, o *Times* de Londres o parafraseou como tendo dito que a não ser que uma máquina pudesse "criar conceitos e descobrir por si mesma palavras adequadas para expressá-los... ela não seria mais inteligente do que um papagaio"; o jornal também relatou que Jefferson "temia que muitas teorias visionárias apareceriam para tentá-los contra seu bom-senso, mas ele previu que ainda está para nascer o dia em que as belas salas da Royal Society se converteriam em garagens para abrigar os novos membros".

O discurso claramente quis atingir Newman, cujo projeto a Royal Society tinha financiado, e no dia seguinte o jornal continuou o assunto, com um artigo sobre o "cérebro mecânico" de Newman, observando que a "inteligência mecânica" tinha "conseguido completar, em questão de semanas, um problema cuja natureza não foi revelada, e que tinha começado no século XVII e só agora está sendo calculado pelos seres humanos". A máquina era descrita como "composta de fileiras de mecanismos elétricos consistindo em uma grande massa de fios, válvulas, chassis e tubos com visores. Quando em ação, o raio catódico se torna um padrão de pontos que mostra qual informação está na máquina. Há uma analogia muito próxima entre sua estrutura e a de um cérebro humano". O artigo também incluiu uma entrevista com Turing, que disse a respeito da máquina:

Isto é uma pequena amostra do que está para vir, e apenas uma sombra do que vai ser. Temos que ter alguma experiência com a máquina antes de sabermos realmente suas capacidades. Pode levar anos antes que nos concentremos nas novas possibilidades, mas não vejo por que ela não deva entrar em qualquer dos campos do intelecto humano e finalmente competir em termos de igualdade.
Não acho que você deva sequer esboçar sonetos, embora a comparação seja um pouco injusta, porque um soneto escrito por uma máquina será mais bem apreciado por outra máquina!

Não havia nenhuma razão para presumir, em outras palavras, que mesmo a poesia (Jefferson tinha terminado seu discurso fazendo uma citação de *Hamlet*) devesse ser a província exclusiva de uma imaginação humana (um parente que leu o artigo disse a Sra. Turing: "Não parece Alan?"). Contudo, o que é mais surpreendente do que o desejo de Turing de atribuir à máquina a capacidade de escrever e entender versos é a sua sugestão de que as máquinas podem falar entre si em uma linguagem não menos significativa do que pela exclusão dos seres humanos. Foi como se o que ofendeu Turing, muito mais do que o desejo de Jefferson de fechar caminhos de exploração, foi o alarde aos gritos que ele fez dos valores "humanistas", com o objetivo explícito de negar a uma classe inteira de seres o direito a uma existência mental. Da mesma forma, homens homossexuais, por décadas, tinham sido excluídos da história – e, mais especificamente, da história do erotismo humano ao qual Jefferson aludiu mencionando "o charme do sexo". De qualquer modo, Turing falou ao *Times*: "A universidade estava realmente interessada na investigação das máquinas por elas mesmas". Foi como se, nesse ponto, ele estivesse ficando desgostoso com os seres humanos.

Quanto a Newman, ele mandou sua resposta ao *Times* na forma de uma carta publicada no dia 14 de junho, na qual tentou resumir a ciência por trás do protótipo da máquina de Manchester e também dissipar as tensões relativas "à descrição bastante misteriosa" que o jornal tinha feito do problema que datava do século XVII. Testar os primos de Mersenne, ele explicou, era exatamente o tipo de exercício de matemática pura em que ele esperava que sua máquina pontificasse. Na verdade, a seriedade com que ele tentou tornar a experiência compreensível para os leitores do *Times* forneceu clara evidência do quão separada a perspectiva do laboratório de Manchester estava daquela que foi base para o discurso de Jefferson. Contudo, a coluna de cartas do *Times* continuou, por alguns dias, a oferecer evidência de que talvez Turing e Newman estivessem subestimando a hostilidade que sua pesquisa tinha o potencial de provocar. A Inglaterra estava relutante em aceitar a natureza da máquina como natureza humana, se fosse acreditar em Illtyd Trethowan de Downside Abbey, em Bath. Em uma carta ao *Times*, datada de 13 de junho, ele expressou sua esperança de que "cientistas responsáveis rapidamente se dissociarão" do programa de Newman. "Mas devemos todos ficar alertas. Mesmo os nossos materialistas dialéticos sentiram necessidade de se precaver, como os Erewhonians de Butler, contra a possível hostilidade das máquinas."[3]

Quanto à observação de Jefferson de que a menos que uma máquina pudesse "criar conceitos e encontrar palavras adequadas com as quais expressá-los... ela não seria mais inteligente do que um papagaio", ela provocou uma bem-humorada defesa do pássaro nas páginas de opinião do jornal e colocou um ponto final na celeuma, com o autor se queixando de que aqueles que nunca amaram um papagaio não podem apreciar a veemência das emoções provocadas por essas palavras impensadas no seio daqueles que fizeram desse pássaro sagaz um companheiro íntimo e (até onde pode ser afirmado) devotado. (...) Os papagaios podem fazer coisas diabolicamente desagradáveis se acabam não gostando de você, e seria prudente, como também um gesto de cortesia, se o professor Jefferson retirasse uma observação que perturbou tantos pássaros tão queridos.

No que dizia respeito ao *Times*, o pedido de uma desculpa ao papagaio (mas não aos cientistas) encerrou o assunto. Turing não se esqueceu do que Jefferson tinha dito. No mínimo a discussão pelas páginas do jornal apenas aumentou seu interesse pela máquina inteligente. Logo ele voltaria ao assunto, e até o papagaio faria uma nova aparição.

2.

"Computing Machinery and Intelligence", o trabalho mais famoso e em muitas maneiras mais impertinente de Alan Turing, apareceu na publicação *Mind* em outubro de 1950. Enquanto no relatório do NPL ele começou com possíveis objeções, aqui ele guardou a lista de objeções potenciais à inteligência do computador para mais tarde e começou, em vez disso, com uma clara afirmação de seu objetivo. "Proponho que consideremos a questão: 'As Máquinas Podem Pensar?' Devemos começar com as definições dos termos 'máquina' e 'pensar'." Mas se esses significados "devem ser encontrados no exame de como eles são normalmente utilizados, é difícil escapar à conclusão de que o significado e a resposta para a indagação 'As Máquinas Podem Pensar?'

devem ser vistos como uma pesquisa estatística, como as de opinião pública". Essa ideia, na visão de Turing, era "absurda".

Em vez de oferecer definições, Turing refaz a pergunta propondo o que ele chamava de jogo da imitação. Mais tarde esse jogo ficaria conhecido como teste de Turing, da mesma forma que a máquina-*a* dos "Computable Numbers" passou a ser chamada de uma máquina de Turing. O jogo, como ele explica,

> é jogado por três pessoas: um homem (A), uma mulher (B) e um interrogador (C), que pode ser de qualquer sexo. O interrogador fica em uma sala longe dos outros dois. O objetivo do jogo para o interrogador é determinar qual dos outros dois jogadores é o homem e qual é a mulher. Ele os identifica pelas etiquetas X e Y e, ao final do jogo, ele diz: "X é A e Y é B", ou "X é B e Y é A". O interrogador pode fazer perguntas a A e a B assim:
>
> C: X pode me dizer o comprimento de seu cabelo?
>
> Agora vamos supor que X é realmente A. Então A deve responder. O objetivo de A no jogo é tentar provocar C a fazer a identificação errada. Sua resposta, portanto, poderia ser:
>
> "Meu cabelo é cortado rente, e os fios mais compridos têm cerca de 20 centímetros".
>
> A fim de que o timbre de voz não ajude o interrogador, as respostas devem ser escritas, ou melhor ainda, datilografadas. A situação ideal é ter uma comunicação entre as salas por *teleprinter*. Alternativamente, as perguntas e respostas podem ser repetidas por um intermediário. O objetivo do jogo para o terceiro jogador (B) é ajudar o interrogador. A melhor estratégia para ela provavelmente é dar respostas verdadeiras. Ela pode acrescentar coisas

como: "Sou a mulher, não dê atenção a ele!" às suas respostas, mas isso não será de muita ajuda, pois o homem pode fazer as mesmas afirmações.

Agora fazemos a pergunta: "O que acontecerá quando uma máquina tomar o lugar de A neste jogo?" Será que o interrogador vai decidir incorretamente com a mesma frequência, quando o jogo é jogado dessa forma, do que quando o fazia ao tempo em que o jogo acontecia entre um homem e uma mulher? Essas questões substituem nossa pergunta original "As Máquinas Podem Pensar?"

A prova de Turing, em "Computable Numbers", de que o Entscheidungsproblem era insolúvel, se baseava na engenhosa substituição de uma pergunta complicada – uma máquina pode decidir se uma afirmação pode ser provada? – por uma pergunta mais simples: uma determinada máquina sempre imprime um 0? Na mesma linha, em "Computing Machinery and Intelligence", ele argumentou que a complicada pergunta "As Máquinas Podem Pensar?" poderia ser substituída por uma pergunta mais simples, como "Uma máquina pode vencer o jogo da imitação?" As duas, na visão de Turing, eram idênticas, porque o comportamento, como ele entendia, *era* a identidade. E, contudo, aplicar uma noção tão matematicamente precisa de identidade ao tema obscuro do que "humano" significava era convidar toda sorte de objeções – e de problemas.

Por exemplo, a ambiguidade da indagação de Turing, "O que acontecerá quando a máquina tomar o lugar de A?", provocou muito debate. Será que Turing queria dizer que, em vez de ser jogado entre um homem e uma mulher, o jogo poderia ser jogado entre um homem e uma máquina? O restante do artigo parece que sustenta essa interpretação. Contudo, uma leitura literal do parágrafo sugere que o jogo deveria ser então jogado entre um homem *e um computador fingindo ser um homem fingindo ser uma mulher*. Hodges mostra pouca paciência com essa leitura, chegando ao ponto de argumentar que "a analogia de adivinhação de gêneros de Turing deprecia seu próprio argumento. (…)" Afinal de contas, como ele observa, a seção que se segue ao problemático parágrafo é inteiramente relacionada com as maneiras como uma máquina pode iludir o interrogador a acreditar que ele (ou ela) estava falando com um ser humano – homem *ou* mulher:

> O novo problema tem a vantagem de estabelecer uma linha bem nítida entre as capacidades físicas e intelectuais de um homem. Nenhum engenheiro ou químico alega ser capaz de produzir um material que seja indistinguível da pele humana.[4] É possível que dentro de algum tempo isso possa ser feito, mas mesmo supondo que essa invenção possa estar disponível, nós sentiríamos que haveria pouca serventia em tornar a "máquina pensante" mais humana, vestindo-a com uma pele artificial. A forma como propusemos o problema reflete esse fato na condição que evita que o interrogador veja ou toque os outros competidores ou ouça suas vozes. Algumas outras vantagens do critério proposto podem ser demonstradas por perguntas e respostas específicas. Assim:
>
> P: Por favor, escreva um soneto cujo tema seja a "Forth Bridge".
>
> R: Me tire dessa; eu nunca poderia escrever poesia.
>
> P: Some 34.957 com 76.764.
>
> R: (Faz uma pausa de cerca de 30 segundos e depois dá a resposta) 105.621.

P: Você joga xadrez?
R: Sim.
P: Tenho o Rei na casa R1 e mais nenhuma peça. Você tem apenas o Rei na casa R6 e a Torre na casa T1. O que você joga?
R: (Depois de uma pausa de 15 segundos) T-T8, e xeque-mate.

Hodges está certo em observar que o sexo não tem nenhum papel nas respostas dadas aqui (incluindo a soma incorreta). Contudo, ignorar o subtexto que a ambiguidade de Turing expõe é também ignorar o tom palpável da ansiedade sexual que percorre todo o artigo. Por exemplo, poucos parágrafos depois do diálogo citado acima, Turing escreve, "deve ser enfatizado que, ao jogar o 'jogo da imitação', a melhor estratégia para a máquina possivelmente pode ser outra que não a imitação do comportamento de um homem. (...) Em todo caso, não há nenhuma intenção de investigar aqui a teoria do jogo e assumimos que a melhor estratégia é tentar dar respostas que seriam dadas naturalmente por um homem".[5] Tentar dar "respostas que seriam dadas naturalmente por um homem" seria, claro, também a melhor a estratégia para um homossexual adotar quando estivesse tentando persuadir os interrogadores de que é hétero; nessa versão alternativa do jogo da imitação, ele falaria sobre críquete e descreveria a mulher com quem gostaria de se casar. E embora o paralelo possa ser acidental – "um homem" afinal poderia facilmente significar tanto "um ser humano" como "um ser humano masculino" –, o uso por Turing da palavra "naturalmente" sugere um temor mais elevado da ideia do que é "natural" do que a situação exige. Não é sem surpresa que os argumentos referentes à naturalidade ou não--naturalidade da homossexualidade estavam tanto nas diatribes anti-homossexuais quanto nas desculpas pela homossexualidade escritas no período, com Oscar Wilde se destacando como o campeão do artificial sempre lançado como uma defesa irônica do amor "não natural".[6]

A preocupação de Turing com o gênero voltou diversas vezes durante o curso do artigo. Na seção 3, a discussão sobre o que define exatamente uma "máquina" conclui com a bizarra condição que desejamos excluir das máquinas os homens nascidos de maneira tradicional.

> É difícil circunscrever a discussão para satisfazer [essa condição]. Alguém poderia, por exemplo, insistir que a equipe de engenheiros deveria ser do mesmo sexo, mas isso não seria verdadeiramente satisfatório, pois provavelmente é possível criar um indivíduo completo a partir de uma única célula da pele (digamos) de um homem. Conseguir isso seria um feito de técnica biológica merecedor dos maiores elogios, mas não estaríamos inclinados a olhá-lo como um caso de "construção de uma máquina pensante".

O tema aqui seria que a equipe de engenheiros – todos do "mesmo sexo" – seria capaz de se juntar em uma orgia e criar uma criança humana? A fantasia é peculiar: usar a ciência como uma moldura para imaginar um meio por meio do qual homens sem mulheres pudessem gerar descendentes. Naturalmente, Turing também ansiava por produzir sua própria criança – um computador criança. Portanto, não é surpreendente que no artigo ele logo retorne à metáfora da criação e da educação da criança, empregando uma "analogia doméstica" para descrever as maneiras como a máquina poderia ser ensinada a obedecer "não instruções novas em cada repetição, mas a mesma sempre e sempre":

Vamos supor que mamãe queira que Tommy passe pelo sapateiro toda manhã quando vai para escola para ver se os seus sapatos estão prontos. Ela pode pedir isso toda manhã. Mas ela pode colocar um bilhete no hall que ele verá toda vez que sair para a escola e que mostre que ele deve perguntar pelos sapatos, além de destruir o bilhete quando ele voltar se os tiver trazido.

"Tommy" aqui é o computador, e a criação de um grupo de engenheiros que evitaram a clonagem em favor de outros estilos de cooperação, talvez o tipo de cooperação em experiências científicas que Turing tanto valorizava em sua amizade com Christopher Morcom. Mas mais importante, Tommy é um computador digital e, na avaliação de Turing, apenas um computador digital – uma máquina universal – tem capacidade para sempre vencer o jogo da imitação.

Acredito que dentro de uns 50 anos[7] será possível programar os computadores com uma memória com cerca de 10^9 para fazê-los jogar o jogo da imitação tão bem que um interrogador médio não terá mais do que 70% de chances de identificação correta depois de 5 minutos de perguntas.

A máquina "Baby" de Manchester está claramente crescendo.

3.

Nessa altura, então, um sutil mas claro sinal de ansiedade referente a gênero, imitação sexual e até procriação homossexual acabou se inserindo no argumento "oficial" de Turing sobre a máquina inteligente. Mas de onde ele surgiu? A resposta pode ser rastreada até o discurso de sir Geoffrey Jefferson em homenagem a Joseph Lister, cujo tom ligeiramente masculino Turing ridiculariza no jornal, mesmo quando refuta com argumentos a posição "humanista" de Jefferson. Isso é especialmente evidente perto da metade do texto "Computing Machinery and Intelligence", em que Turing retoma mais uma vez a estratégia de listar – e depois a refutar – as objeções que possam ser relevantes à possibilidade de uma máquina inteligente. Embora o professor Jefferson não seja citado até a quarta objeção – "o Argumento da Consciência" –, seu espírito é invocado e feito objeto de zombaria desde o início.

Por exemplo, em sua refutação à primeira objeção – "a objeção teológica" de que "Deus deu uma alma imortal ao homem e à mulher, mas a nenhum outro animal ou a máquinas" –, Turing questiona a implícita superioridade da humanidade, que foi a base da diatribe de Jefferson, observando: "Eu acharia o argumento mais convincente se os animais fossem colocados ao lado dos homens, pois existe uma diferença maior, em minha visão, entre os seres animados e os inanimados do que existe entre o homem e os outros animais". Da mesma forma, como os cristãos podem se opor "ao entendimento muçulmano de que as mulheres não têm alma?" Invocando o direito não apenas das mulheres, mas dos animais, Turing se alia (e o seu computador) a todas as outras populações que têm sofrido nas mãos de religiões que defendem a superioridade do homem (em um caso) e a humanidade (em outro) sem discussão. Contra isso ele apresenta sua própria e diferente teologia, que, não é preciso dizer, abençoa as máquinas, ao igualar sua construção à procriação: "Na tentativa de construir essas máquinas não devemos usurpar irreverentemente Seus poderes de criar almas, assim como na procriação de crianças: todos somos, em um caso ou em outro, instrumentos de Sua vontade ao dar um lar para as almas que Ele cria".

A suposição da superioridade inata da humanidade é desafiada ainda mais ousadamente pela réplica de Turing à segunda objeção, que ele chama de objeção das "Cabeças na Areia" e resume da seguinte forma: "As consequências de as máquinas pensarem seriam terríveis. Esperemos e acreditemos que elas não possam fazer isso". Essa, claro, era a verdadeira postura a que alguns dos escritos de Norbert Wiener inadvertidamente apelavam, e ao responder a eles Turing também responde a Jefferson, observando que o sentimento de que a humanidade é "*necessariamente* superior" ao resto da criação "possivelmente seja muito forte entre os intelectuais, pois eles valorizam o poder do raciocínio muito mais do que outros e são mais inclinados a basear sua crença na superioridade do Homem nesse poder". Com suas alusões a Shakespeare, Jefferson é um modelo desses "intelectuais" para cuja tendência de exaltar sua própria espécie Turing demonstra pouca paciência. Esse é um tema a que ele retorna ao responder à terceira objeção, a "objeção matemática", que é essencialmente o argumento (parafraseado no relatório ao NPL) de que sua resolução do Entscheidungsproblem, em conjunção com as descobertas de Gödel, prova "que há certas coisas que... uma máquina não pode fazer". Turing obviamente ficou desconfortável com a possibilidade de que sua solução para o Entscheidungsproblem pudesse ser usada em um ataque à máquina que o Entscheidungsproblem o compeliu a criar. Em resposta a isso, contudo, aqui ele foca diretamente na psicologia do que poderia ser chamado de "complexo de superioridade" dos seres humanos (especialmente dos intelectuais), observando com argúcia que, quando uma máquina dá uma reposta errada à apropriada questão crítica... isso nos dá um certo sentimento de superioridade. Esse sentimento é ilusório? Sem dúvida ele é bastante verdadeiro, mas não creio que deva ser dada muita importância a ele. Nós mesmos também, muitas vezes, damos respostas erradas para justificar que ficamos muito satisfeitos com essa prova da falibilidade por parte das máquinas. Além disso, nossa superioridade só pode ser sentida ocasionalmente em relação a uma máquina sobre a qual estabelecemos nosso insignificante triunfo. Está fora de cogitação triunfar simultaneamente sobre *todas* as máquinas.

Aqui Turing parece estar se divertindo, de uma maneira muito tranquila, aludindo à ansiedade de Illtyd Trethowan sobre "a possível hostilidade por parte das máquinas", sobre cuja *totalidade* nunca podemos esperar triunfar. Mas, mais importante, essa refutação lhe dá a oportunidade de repetir um dos seus argumentos centrais – de que a falibilidade é um ingrediente-chave na inteligência.

É na sua refutação à objeção 4 – "o Argumento da Consciência" – que Turing mira diretamente em Jefferson, que ele começa citando e a quem dirige uma de suas mais memoráveis réplicas:

Esse argumento parece ser uma negação da validade do nosso teste. De acordo com a forma mais extrema da sua visão, a única maneira pela qual alguém poderia estar seguro de que uma máquina pensa é *ser* a máquina e se sentir pensando. (...) Da mesma forma, de acordo com essa visão, a única maneira de saber se um *homem* pensa é ser esse homem. É de fato o ponto de vista solipsista. Pode ser a visão mais lógica, mas ela torna difícil a comunicação das ideias. A é responsável por acreditar que "A pensa, mas B não pensa", enquanto B acredita que "B pensa, mas A não pensa". Em vez de discutir continuadamente esse ponto, é normal aceitar a polida convenção de que todos pensam.

Muito astutamente, Turing escreve que tem "certeza de que o professor Jefferson não deseja adotar o ponto de vista extremo e solipsista". Ele então compara o seu jogo da imitação com o jogo chamado *viva voce*, cujo objetivo é "descobrir se alguém realmente compreende alguma coisa ou se a 'aprendeu à maneira dos papagaios'". Particularmente, o modelo que Turing cita é repleto de referências literárias, com o interrogador primeiro perguntando ao oponente sobre Shakespeare e depois guinando em direção a Dickens. O fato é que o jogo da imitação *também* determina se alguém aprendeu alguma coisa à maneira dos papagaios; ele difere do *viva voce* apenas no caso em que a pessoa que está sendo testada é uma máquina. Também não é uma coincidência que a literatura desempenhe um papel tão proeminente nesse *viva voce*, cujo orquestrador é possivelmente um autoproclamado intelectual do tipo de Jefferson. E certamente qualquer intelectual de respeito preferiria abandonar o argumento da consciência a "ser colocado em uma posição solipsista".

Tendo se desvencilhado de Jefferson – pelo menos em nome –, Turing em seguida se dirige a toda uma classe de objeções a que ele chama de "Argumentos de Várias Deficiências" e que define sob a forma "admito que você pode produzir máquinas que fazem todas as coisas que você mencionou, mas você nunca será capaz de fazer com que uma máquina faça um X". Ele então oferece uma "seleção" com muita ironia:

Ser gentil, esperta, bonita, amiga; ter iniciativa, ter senso de humor, distinguir o certo do errado, cometer enganos; apaixonar-se, gostar de morangos com creme; fazer com que alguém se apaixone por você; aprender com a experiência; usar palavras apropriadas, ser o tema de seus próprios pensamentos; ter tanta diversidade de comportamentos quanto o homem, fazer alguma coisa realmente nova.

Como Turing observa, "nenhuma base é oferecida para essas afirmações", a maioria das quais é

> baseada no princípio da indução científica. (...) As obras e os costumes da humanidade não parecem ser material muito adequado em que aplicar a indução científica. Uma grande parte de espaço e tempo precisa ser investigada se resultados confiáveis pretendem ser obtidos. De outro modo, podemos (como a maioria das crianças inglesas faz) decidir que todo mundo fala inglês e que é uma tolice aprender francês.

O repúdio de Turing à indução científica, contudo, é mais do que apenas uma alfinetada na insularidade e na mentalidade fechada da Inglaterra. Seu objetivo na verdade é muito mais amplo: chamar a atenção para o infinito retrocesso em que estaríamos propensos a cair se tentássemos usar as deficiências (como, digamos, a inabilidade da parte do homem de sentir atração por uma mulher) como fatores determinantes para definir a inteligência. Nem a questão da homossexualidade está distante da mente de Turing, como atesta o aprimoramento que ele dá no parágrafo seguinte:

Há, contudo, observações especiais a serem feitas sobre as muitas deficiências que foram mencionadas. A incapacidade de gostar de morangos com creme pode ter sido vista pelo leitor como frívola. Possivelmente se pode construir uma máquina capaz de gostar dessa iguaria deliciosa, mas qualquer tentativa de construir uma seria idiota. O que é importante a respeito dessa deficiência é que ela contribui para algumas outras deficiências; por exemplo, a dificuldade de ocorrer entre homem e máquina a mesma amizade que existe entre homem branco e homem branco ou entre homem negro e homem negro.

À mistura de gênero e sexualidade é acrescentada a raça, enquanto "morangos com creme" (anteriormente listada entre a habilidade de apaixonar-se e a habilidade de fazer alguém se apaixonar) torna-se um código para gostos que Turing prefere não nomear. De muitas formas a passagem relembra a cena bastante explícita do filme *Spartacus*, de 1960, em que um diálogo sobre outras "iguarias deliciosas" esconde uma sutil troca sexual entre Crassus (Laurence Olivier) e seu escravo Antoninus (Tony Curtis).

Crassus: Você come ostras?
Antoninus: Quando as tenho, patrão.
Crassus: Você come *caracóis*?
Antoninus: Não, patrão.
Crassus: Você considera que comer ostras é moral e que comer *caracóis* é imoral?
Antoninus: Não, patrão.
Crassus: Claro que não. É tudo uma questão de gosto.
Antoninus: Sim, patrão.

Crassus: E gosto não é o mesmo que apetite, portanto, não é uma questão de moral, não é mesmo?
Antoninus: Pode-se dizer dessa forma, patrão.
Crassus: Humm, isso é tudo. Meu manto, Antoninus. Ah, meu gosto... inclui ostras e caracóis.

Neste diálogo Crassus também está envolvido em um tipo de jogo da imitação, cujo objetivo é determinar se seria ou não uma boa ideia oferecer a Antoninus (que prefere ostras) alguns dos seus caracóis. Antoninus, ao mesmo tempo, reconhece a vantagem, pelo menos nessa ocasião, de dar a resposta "errada" ("Não, patrão") – da mesma forma que a máquina teria dado se fosse para ter uma chance de vencer o jogo:

> A alegação de que "as máquinas não podem cometer enganos" me parece curiosa. (…) Acho que essa crítica pode ser explicada nos termos do jogo da imitação. É alegado que o interrogador poderia distinguir a máquina do homem simplesmente propondo-lhes um número de problemas aritméticos. A máquina seria desmascarada em virtude de sua terrível precisão. A resposta a isso é simples. A máquina (programada para jogar o jogo) não tentaria dar as respostas *certas* aos problemas aritméticos. Ela deliberadamente introduziria erros, de maneira calculada, para confundir o interrogador.

"Erros de funcionamento", então, devem ser mantidos distintos dos "erros de conclusão". Nem se deve presumir que as máquinas não são capazes de fraude. Ao contrário, a crítica de "que a máquina não pode ter muita diversidade de comportamento é apenas uma maneira de dizer que ela não tem muita capacidade de memória".

Turing conclui seu catálogo de possíveis objeções à máquina que pensa com quatro exemplos bastante curiosos. O primeiro, que ele chama de "Objeção de Lady Lovelace" (uma referência à filha de Byron e musa de Babbage), é que os computadores são incapazes de "originar" qualquer coisa. Ao contrário (e aqui Turing cita Lady Lovelace), "um computador pode fazer *tudo aquilo que nós saibamos ordenar* que ele faça". Mas, como Turing observa, na prática verdadeira as máquinas surpreendem os humanos o tempo todo. Turing então contesta o "Argumento da Continuidade no Sistema Nervoso" – embora seja verdade que uma máquina em estado discreto não pode imitar o comportamento do sistema nervoso, "se nós aderirmos à condição do jogo da imitação, o interrogador não será capaz de se beneficiar dessa diferença" – e passa ao "Argumento da Informalidade do Comportamento": "Se cada homem tem um conjunto definido de regras de conduta pelo qual ele regula sua vida, ele não será melhor do que uma máquina. Mas não há essas regras, de modo que os homens não podem ser máquinas". Turing responde a essa objeção, primeiro, separando as "regras de conduta" das "leis de comportamento" pelas quais as máquinas são supostamente reguladas, e depois enfatizando que "não podemos tão facilmente nos convencer da ausência de leis completas de comportamento, como das leis completas de conduta". Como exemplo ele descreve uma outra experiência:

> Instalei no computador de Manchester um pequeno programa usando apenas 1.000 unidades de memória pelo qual a máquina forneceu respostas com números de 16 algarismos a um outro número em dois segundos. Desafio qualquer um a aprender o suficiente sobre o programa com essas respostas e ser capaz de prever qualquer resposta a números novos.

A última – e mais peculiar – objeção que Turing enfrenta é o argumento "a partir da percepção extra-sensorial", que ele introduz com uma surpreendente e crédula descrição de telepatia, clarividência, pré-cognição e psicocinese. Ele afirma: "Infelizmente, a evidência estatística, pelo menos para a telepatia, é esmagadora. É muito difícil rearrumar as ideias de alguém de modo a adaptar-se a esses novos fatos". Sem citar a fonte para essa evidência "esmagadora", Turing continua e fornece um "forte" argumento da PES contra a possibilidade de a máquina vencer o jogo da imitação:

> Vamos jogar o jogo da imitação usando como testemunha um homem que é bom tanto como um receptor telepático quanto como um computador digital. O interrogador pode fazer perguntas como "De que naipe é a carta na minha mão direita?" e o homem por telepatia ou clarividência dá a resposta correta 130 vezes em 400 tentativas. A máquina só pode supor aleatoriamente e talvez acerte 104 vezes, de modo que o interrogador faz a identificação correta.

Para Turing, o cenário, como descrito, abre a oportunidade de uma "possibilidade interessante" de equipar o computador digital em questão com um gerador de números aleatórios.

> Então será natural usar isso para decidir qual resposta dar. Mas então o gerador de números aleatório será submetido aos poderes psicocinéticos do interrogador. Talvez essa psicocinese possa fazer com que a máquina adivinhe mais corretamente do que se esperaria dela numa base de probabilidades, de modo que o interrogador ainda seja incapaz de fazer a identificação correta. Por outro lado, ele poderia

ser capaz de adivinhar corretamente sem fazer mais perguntas por clarividência. Com a PES tudo pode acontecer.

Sem oferecer uma refutação a esse argumento, ao contrário, Turing afirma apenas que talvez a melhor solução fosse colocar os competidores em uma sala "à prova de telepatia" – o que quer que seja que isso signifique. Pode-se imaginar o que os editores daquela augusta publicação *Mind* fizeram com esse bizarro apelo a uma pseudociência tão sem base, se não perniciosa, em cujo altar Turing seria logo exposto como uma espécie de experiência. Pois como eles poderiam saber que anos antes Turing tinha amado um jovem chamado Christopher Morcom, a cujo espírito ele tinha decidido ficar conectado mesmo depois da morte?[8]

"Computing Machinery and Intelligence" conclui com uma meditação sobre como ensinar e aprender que reitera muito da técnica descrita em "Intelligent Machinery". Aqui, contudo, Turing acrescenta a restrição de que seu sistema de punições e recompensas não "pressupõe qualquer sentimento da parte da máquina". Movendo-se um pouco do modo de ser rigorosamente comportamental que animou "Intelligent Machinery", ele também relembra seus leitores que "o uso de punições e recompensas pode no máximo ser parte de um processo de ensinamento. (...) Se uma criança tivesse de aprender a repetir 'Casabianca', ela provavelmente se sentiria muito irritada se o texto pudesse apenas ser descoberto por uma técnica de 'Vinte Perguntas em que o 'NÃO' tomasse a forma de uma tapa". Técnicas menos emocionais precisam também ser empregadas, especialmente quando o objetivo é ensinar a máquina a obedecer ordens em uma linguagem simbólica.

Provavelmente a maior alteração em relação a "Intelligent Machinery", contudo, é que aqui Turing decide atribuir forma humana à sua máquina-criança em um grau muito maior do que no artigo anterior, colocando mais ênfase na sua meninice do que em sua condição de máquina. Por exemplo, perto do final do artigo, ele pergunta: "Em vez de tentar produzir um programa para simular a mente adulta, por que não tentar produzir um que simule a da criança?. (...) Presumivelmente, o cérebro-criança é alguma coisa como uma caderno que alguém compra em uma papelaria. Muito pouco mecanismo e muita folha em branco". Mas como o cérebro desse caderno está contido dentro do corpo da máquina, um processo de ensino ligeiramente diferente deve ser aplicado a ele, diferente do que seria a uma criança "normal":

> Ele não será, por exemplo, provido de pernas, de modo que não poderemos solicitar que saia e encha o balde de carvão. Possivelmente não teria olhos. Mas por melhor que essas deficiências possam ser superadas por uma engenharia criativa, não se poderia mandar a criatura para a escola sem que as outras crianças rissem dela. Será necessário dar-lhe alguma verba para pagar os estudos. Não precisamos ficar muito preocupados com as pernas, os olhos etc. O exemplo de Helen Keller mostra que a educação pode ocorrer desde que a comunicação nas duas direções, entre professor e aluno, possa existir, de uma forma ou outra.

Pensa-se em Turing criança, "observando as margaridas crescerem". Será que ele sente alguma identificação com Helen Keller, se (como Turing não teve) ela tivesse tido uma educação para se adaptar às suas deficiências particulares? Certamente

> os imperativos que podem ser obedecidos por uma máquina que não tem membros necessariamente devem ser de uma característica muito intelectual. (...) Pois em cada estágio

quando se está utilizando um sistema lógico, há um grande número de passos alternativos, cada um deles possível de ser utilizado no que diz respeito ao sistema lógico, e desde que as regras sejam obedecidas. Essas escolhas fazem a diferença entre um pensador brilhante e um estúpido, mas não a diferença entre um verdadeiro e um falso.

E a habilidade de raciocinar é, finalmente, a evidência fundamental da inteligência. Se ela precisa ser atingida, contudo, a flexibilidade é essencial, mesmo que "as regras que se alteram no processo de ensinamento sejam de um tipo muito menos pretensioso, reivindicando apenas uma validade efêmera. O leitor pode estabelecer um paralelo com a constituição dos Estados Unidos".

No final, Turing acredita, o objetivo deve ser fazer exatamente o que alarma Jefferson: construir máquinas que finalmente "irão competir com os homens em campos puramente intelectuais". Talvez a melhor maneira de começar seria ensinar a máquina alguma "atividade bastante abstrata", tal como jogar xadrez; ou talvez fizesse mais sentido prover a máquina com os "melhores órgãos dos sentidos que o dinheiro possa comprar e depois ensiná-la a entender e falar inglês". Em um ou outro caso, a observação final de Turing em "Computing Machinery and Intelligence" combina triunfo com uma certa autoconfiança distante. Para Turing, máquinas que pensam são inevitáveis, quer gostemos ou não. É como se sua fé na futura tolerância o tivesse novamente sustentado contra a ameaça muito real de injustiça presente.

4.

Os anos que Turing passou trabalhando no computador de Manchester foram marcados por um crescente isolamento de outras pessoas, à medida que se tornou cada vez menos interessado no próprio computador e cada vez mais envolvido nas experiências que estava fazendo com ele. Não que ele apenas fizesse experiências: ele também escreveu o manual do programa, no qual alertou usuários potenciais da máquina de Manchester a empregarem uma sensibilidade quase literária no desenvolvimento dos programas. A maior parte do seu tempo, contudo, ele dedicou à aplicação da máquina a problemas puramente matemáticos, como a formulação de uma nova prova para o problema da palavra nos semigrupos (uma grande conquista) e o trabalho com a teoria da permutação, que tinha desempenhado um importante papel no seu trabalho de quebra do código em Bletchley. Seu colega Christopher Strachey também ensinou a máquina a cantar "God Save the King".

Provavelmente a experiência que significou mais para Turing, contudo, foi aquela com a qual ele teve menos sucesso. Durante anos ele continuara fascinado pela hipótese de Riemann, a qual, por alguma razão, ele tinha se convencido de que era falsa. Na verdade, a máquina que ele tentou construir com Donald MacPhail em Cambridge acabou indo parar na lata de lixo. Mas ele não tinha esquecido sua ambição de bater o recorde de cálculos de zeros de Titchmarsh e ainda esperava que um dia fosse capaz de encontrar um zero *fora* da linha crítica. Com esse objetivo ele tinha publicado, em 1943, um artigo com o título "A Method for the Calculation of the Zeta-function", na revista *Proceedings of the London Mathematical Society*. Titchmarsh, usando métodos manuais, mostrara que todos os zeros até $t = 1.468$ estavam na linha crítica. Agora Turing colocava seu próprio método em teste. Em 1953, ele criou um programa por meio do qual o computador de Manchester poderia calcular zeta zeros utilizando seu complexo código de base 32 e, por meio desse programa, ele provou a validade da hipótese de Riemann até $t = 1.540$ – 72 mais zeros do que Titchmarsh tinha encontrado – antes que a máquina quebrasse.

Foi, como Turing observou com tristeza, "um avanço mínimo".

NOTAS DO CAPÍTULO

1. Julia Robinson provou mais tarde que 2521-1 era, na verdade, primo. (N.A.)
2. Joseph Lister (1827–1912), cirurgião inglês cujos trabalhos na assepsia de ferimentos e cortes cirúrgicos reduziram drasticamente a mortalidade nos hospitais da Inglaterra. (N.T.)
3. Turing talvez estivesse pensando em Trethowan quando, ao final de sua palestra de 1951 em Manchester, observou: "Haverá muito o que fazer na tentativa, digamos, de manter a inteligência de alguém no mesmo padrão estabelecido pela máquina, pois parece provável que uma vez que o método de pensar da máquina tenha começado, não levaria muito tempo para que ela suplantasse nossos limitados poderes. As máquinas não morrem, e elas poderiam conversar com cada uma para melhorar sua sagacidade. Em algum estágio, portanto, teríamos de esperar que as máquinas assumissem o controle na forma que é mencionada em *Erewhon*, de Samuel Butler". (N.A.)
4. Para uma interessante análise da imagem da pele – da qual existem muitas – nos trabalhos de Turing, ver "What Kind of Turing Test Did Turing Have in Mind?", de Jean Lassègue, em http://tekhnema.free.fr/3Lasseguearticle.htm. (N.A.) [Acessado em dezembro de 2007.]
5. Turing usou linguagem semelhante durante uma mesa redonda na BBC em 1952, na qual, como exemplo do tipo de pergunta que usar em um jogo da imitação, ele propôs a seguinte: "Digo a você que você está apenas fingindo ser homem". Nesse caso, "a máquina permitiria todo tipo de truques como objetivo de parecer homem…". (N.A.)
6. Em *Maurice* o herói pergunta a Alec: "Scudder, por que você acha que é 'natural' gostar tanto de homens quanto de mulheres? Você escreveu isso em sua carta. Não é natural para mim. Acho que 'natural' somente quer dizer alguém mesmo". (N.A.)

7. Por volta de 1952, quando foi entrevistado pela BBC, a estimativa tinha subido para no mínimo 100 anos. (N.A.)
8. Ver "What Kind of Turing Test Did Turing Have in Mind", de Lassègue, para uma interessante discussão sobre o papel que Christopher Morcom pode ter desempenhado – mesmo subliminarmente – no artigo. (N.A.)

[OITO]

A Boia de Pryce

1.

Na primavera de 1951, Turing foi eleito membro da Royal Society. Entre os bilhetes de congratulações que recebeu estava um de seu antigo antagonista, sir Geoffrey Jefferson, que escreveu: "Estou muito feliz e sinceramente acredito que todas as suas válvulas estejam brilhando de satisfação e assinalando mensagens que parecem significar prazer e orgulho! (mas não deixe que elas o enganem!)".

Ocorre que Turing e Jefferson estavam predestinados a se envolver novamente. A ocasião foi uma mesa-redonda sobre a inteligência das máquinas transmitida no Third Programme,[1] da BBC, no dia 14 de janeiro de 1952, da qual os outros participantes foram Max Newman e o velho amigo de Turing de Cambridge, Richard Braithwaite, um dos dois matemáticos que havia muito tempo tinha pedido reimpressões de "Computable Numbers". Braithwaite atuou como moderador e enquanto a discussão fez pouco para avançar no tema da máquina que pensa, pelo menos deu aos participantes a oportunidade de esclarecer algumas de suas posições. Como sempre, Jefferson insistiu que o "conteúdo altamente emocional do processo mental dos seres humanos era o que os tornava muito diferentes de uma máquina", enquanto Newman – sempre pragmático – lutou valentemente para manter o foco da discussão no que as máquinas existentes podiam realmente fazer, em oposição ao que as máquinas do futuro poderiam fazer. A maior parte da transmissão foi dedicada à especulação gratuita; Braithwaite queria saber se seria legítimo perguntar à máquina o que ela tinha comido no café-da-manhã, enquanto Jefferson insistia que na criação de um modelo de pensamento verdadeiro, "a intervenção de fatores externos, como as preocupações com o ter de ganhar a vida, ou pagar impostos, ou conseguir a comida de que se gosta", não poderia "ser deixada de fora". Newman, por seu lado, enfatizou a matemática pura e citou o escultor Henry Moore como tendo dito: "Quando o trabalho é mais do que um exercício, pulos inexplicáveis acontecem. É aí que a imaginação aparece".

Quanto a Turing, suas respostas às perguntas estavam cobertas de preocupação, talvez porque tivesse de defender suas ideias pela milésima vez contra as mesmas objeções. Uma vez mais, ele descreveu os aspectos matemáticos do aprendizado da máquina. Uma vez mais ele asseverou que a inteligência não era a mesma coisa que infalibilidade. Uma vez mais ele lembrou a seus ouvintes que algumas vezes "uma máquina de computação faz alguma coisa muito estranha que não esperávamos". Ele não conseguiu ter muito apoio de Braithwaite, que tinha o hábito de pontuar a discussão com observações superficiais que apenas tornavam o trabalho de Turing mais difícil. Em um certo momento, por exemplo, Braithwaite indagou se seria "necessário que a máquina fosse capaz de ter ataques ou acessos de raiva" – uma pergunta extremamente surpreendente que Turing evitou dizendo que teria "mais interesse em diminuir essas disposições do que encorajá-las".

Como era de esperar, Jefferson deu a última palavra. Uma observação segundo a qual ele não estaria disposto a acreditar que uma máquina computadora pudesse pensar "até que ele a visse tocar na perna de uma outra máquina computadora feminina" foi tirada da transmissão; mas ele levou tudo para uma rápida conclusão, para diminuir a seriedade de Turing, afirmando com confiança: "O avanço gradual é melhor, meu caro, pelo menos é o que eu acho. Seria divertido, Turing, presenciar algum dia, talvez no Fourth Programme, uma discussão entre duas máquinas sobre por que os homens pensam que pensam!" A transcrição não informa se Turing riu ou não em resposta.

No final, Turing teve uma performance sem brilho. Contudo, se na BBC ele deixou de explicar seus argumentos para a máquina com inteligência com a paixão que tinha animado seus artigos sobre o tema, foi apenas porque em parte estava cansado de ser colocado na defensiva. Anteriormente ele tinha deixado seu trabalho de criptoanálise para desenvolver a Delilah, a máquina de codificação de voz. Depois tinha abandonado a Delilah para construir o ace em Teddington – um projeto abandonado quando a teoria da inteligência artificial ocupou sua imaginação. Finalmente, no início dos anos de 1950, ele estava se afastando também das máquinas. Como a Sra. Turing observou em suas memórias, desde garoto seu filho era fascinado pela biologia. Em Cambridge ele tinha discutido com Peter Matthews as semelhanças entre os circuitos da máquina e o cérebro; na verdade, todos os seus trabalhos sobre a inteligência do computador mencionam o desejo de construir uma máquina baseada no modelo do cérebro. Agora ele havia retomado essa intrigante noção a partir do outro lado.

A questão que o preocupava era básica: modelos matemáticos podem ser construídos para o processo de crescimento biológico, ou morfogênese, como era tecnicamente denominado? Anteriormente, Turing tinha dirigido sua atenção para explorar se sistemas mecânicos que reproduzissem o processo humano do pensamento poderiam ser construídos. Agora ele queria saber se a teoria matemática dispunha de uma base para a investigação fisiológica. Armado com equações diferenciais, ele estava entrando no território de Jefferson – e com a mesma ousadia que marcou a invasão indesejada de Jefferson do laboratório de Manchester com seus "azulejos no estilo de toalete". Não que Turing fosse inclinado a jogar para a plateia, como Jefferson fazia; ao contrário, ele assegurou que seu enfoque fosse rigoroso e até atordoantemente matemático.[2]

Quando criança, Turing tinha sido atraído a observar as margaridas crescerem. Agora ele queria entender exatamente o que tinha visto. Embora o trabalho não tivesse nada a ver com o desenvolvimento do computador, de muitas maneiras ele representava uma culminação mais adequada à sua carreira intelectual do que até mesmo construir o ace teria sido. Pois no final Turing era mais uma cria de Hardy do que de von Neumann, o que significava que entender o mundo era mais importante para ele do que alterá-lo.

Dissertando na BBC, ele tinha insistido que "não estava interessado no fato de que o cérebro tinha a consistência de mingau frio. Nós não queremos dizer 'esta máquina é muito dura, então não é um cérebro, portanto não pode pensar'". Ainda assim, máquinas duras foram uma obsessão para ele durante anos, pois ele abraçou a causa do feito pelo homem com uma volúpia equiparável à de Oscar Wilde. E agora, de repente, estava escrevendo sobre processos "naturais". Mais especificamente, ele estava vivendo pela primeira vez alguma coisa como a vida "natural" que Maurice, de Forster, tinha desdenhado: ter uma casa, ir para o trabalho todo dia e até ter uma governanta, a Sra. Clayton, sobre quem sua mãe escreveu:

> Ele contava muitas piadas para ela, pois se deleitava em relatar histórias contra ele mesmo. Houve, por exemplo, a ocasião em que, com o relógio no conserto, ele carregou um pequeno despertador no bolso. De repente, no

trem lotado que ia para Manchester, o alarme soou e todo mundo no compartimento deu um salto. Em suas corridas muitas vezes esqueceu de levar a chave da porta, de modo que uma ficava escondida junto da boca do coletor da calha da garagem. Um dia ele a deixou cair pelo coletor até o chão, fato que contou a Sra. Clayton com muita satisfação.

Em outras palavras, ele ainda era Turing – simplesmente Turing, com endereço fixo e amigos. Esses incluíam seus vizinhos, Roy Webb e sua esposa (ele gostava muito do jovem filho deles, Rob); Max Newman e sua mulher, a romancista Lyn Newman; Robin Gandy; e, talvez o mais importante, Norman Routledge, também do King's College, que era gay e a quem Turing podia portanto confidenciar assuntos que não tinha coragem de abordar com outros. Pois sua vida erótica, se não exatamente florescente, tinha pelo menos se tornado um assunto menos deprimente do que tinha sido antes. Embora sua mudança para Manchester tivesse desencorajado sua relação com Neville Johnson, ele viajava muito para a Europa – em uma ocasião para a Noruega e várias outras para a França. O código napoleônico – que não considerava crime o sexo entre homens – significava que, no "exterior", os ingleses podiam desfrutar de um "descanso" com relação à aura de preocupação e culpa que ainda era ligada ao sexo homossexual na Inglaterra. O continente deu a Turing a chance de desfrutar de passatempos eróticos sem medo de repercussões e, na busca pela liberdade, ainda que por poucos dias de cada vez, ele era típico de sua geração.

Não que tivesse limitado suas explorações à Europa. Em Manchester, também, ele teve aventuras e affairs ocasionais. Uma delas começou em janeiro de 1952, por volta da época em que a BBC transmitiu seu debate com Jefferson, quando ele abordou um jovem de 19 anos chamado Arnold Murray do lado de fora do Regal Cinema. Como muitos jovens da classe operária daquela época, Arnold era tão mal nutrido quanto mais ou menos sem dinheiro; não era novidade para um jovem na sua posição ganhar um dinheiro extra indo para debaixo dos arcos da estação ferroviária com um homem mais velho. Contudo, os dois pareceram ter desejado alguma coisa mais do que isso. Consequentemente, Turing levou Arnold para almoçar e depois o convidou para ir à sua casa passar o fim de semana. Arnold aceitou o convite, mas nunca apareceu. Eles se encontraram novamente em Manchester na segunda-feira seguinte, ocasião em que Turing propôs que dessa vez Arnold fosse com ele para casa imediatamente. Arnold concordou. Ele visitou Turing uma segunda vez mais tarde naquele mês, para jantar ou (aparentemente) para passar a noite. Depois Turing lhe mandou um canivete.

Houve alguma confusão a respeito de dinheiro. Não querendo ser tratado como um garoto de programa, Arnold recusou peremptoriamente os esforços de Turing para lhe dar dinheiro. Depois Turing descobriu que faltava dinheiro da sua carteira. Arnold negou ter tido qualquer coisa a ver com aquilo, mas pediu um empréstimo de 3 libras para pagar uma dívida. Poucos dias depois ele pediu mais 7 libras, novamente para pagar uma dívida. Eles tiveram uma breve altercação quando Turing perguntou a quem ele devia dinheiro, mas acabou fazendo um cheque para Arnold.

Vários dias depois, a casa de Turing foi invadida. O ladrão – ou ladrões – saiu com mercadorias avaliadas em 50 libras: roupas, facas para peixe, uma navalha e uma bússola, entre outras coisas. Ele chamou a polícia e dois policiais procuraram impressões digitais pela casa. Então, suspeitando de que Arnold pudesse estar envolvido, Turing consultou o advogado do seu vizinho, que o aconselhou a escrever uma carta a Arnold retomando o assunto do dinheiro desaparecido de sua carteira, relembrando que ele devia dinheiro a Turing e sugerindo que seria melhor que não se vissem mais. Em resposta à carta, Arnold apareceu na casa de Turing com raiva e ameaçando "fazer o pior". A cena era semelhante àquela que acontece entre Maurice e Alec no British Museum, com o pobre guarda-caça dizendo ao corretor de valores burguês: "Sr. Hall, o senhor sabe que não seria muito bom se certas coisas viessem à tona, suponho". Em resposta, Maurice retruca: "Por Deus, se você me enxovalhar..., vou mandar espancá-lo. Talvez me custe centenas, mas eu as tenho, e a polícia sempre apoia minha classe contra a sua". Se, contudo, Turing dava por certo que a polícia iria apoiar sua classe contra a de Arnold, ele estava terrivelmente enganado.

Em Maurice, a ameaça de chantagem é um prelúdio para a reconciliação: Alec recua e os amantes se retiram para um hotel. Alguma coisa semelhante aconteceu em Manchester. Primeiro, Arnold, tendo retirado sua ameaça, chegou calmo e admitiu que tinha se vangloriado de seu affair com Turing a um jovem chamado Harry, que por sua vez propusera roubar a casa de Turing. Arnold tinha se recusado participar do plano, ele disse; mesmo assim, era possível que Harry, sozinho, tivesse decidido ir adiante. A confissão gerou, como em Maurice, uma mistura de desentendimentos, ternura e sexo. Arnold prometeu que tentaria recuperar os objetos roubados e, de fato, alguns dias mais tarde, ele voltou e informou que tinha tido algum sucesso em localizá-los. Mas a essa altura era tarde demais, pois a polícia tinha voltado, não para relatar a Turing o progresso da investigação, mas para dizer-lhe que eles "sabiam de tudo" sobre seu affair com Arnold. Eles tinham juntado as pontas e agora, em vez de prender o ladrão, prenderam sua vítima.

A acusação era indecência grave com outro homem: o mesmo crime pelo qual Oscar Wilde fora condenado e pelo qual fora mandado para a prisão mais de 50 anos antes.

2.

O pouco que restou da vida de Turing depois de sua prisão foi uma queda vagarosa e triste rumo à aflição e à loucura. Julgado por atos imorais, ele foi "sentenciado" – em vez da prisão – a passar por um tratamento com estrogênio, com o objetivo de "curá-lo" da homossexualidade. As injeções de estrogênio tiveram o efeito de uma castração química. E o pior: com humilhantes efeitos colaterais. O esguio corredor engordou. Desenvolveu mamas. Apesar de tudo isso, continuou trabalhando, com afinco, com a resiliência que tinha tido de aprender em Bletchley. Quando, por exemplo, Norman Routledge escreveu a ele em fevereiro, perguntando sobre trabalhos na área de inteligência, ele respondeu: "Não creio que eu realmente saiba de trabalhos, exceto aquele que tive durante a guerra e que certamente não envolve nenhuma viagem. Acho que eles usam os convocados. (...) Contudo, não estou atualmente na posição de poder me concentrar bem, as razões vão explicadas no próximo parágrafo".

E que contenção escrever de maneira tão coloquial em resposta à solicitação de Routledge, antes de despejar as más notícias!

> No momento estou metido no tipo de problema que sempre considerei muito possível de me acontecer, embora eu tenha normalmente [ilegível] 10 contra 1 de probabilidade. Em breve devo me declarar culpado em uma acusação de crimes sexuais com um jovem. A história sobre

como tudo foi descoberto é longa e fascinante, e vou ter de transformar em uma pequena história algum dia, mas não tenho tempo de contar-lhe agora. Sem dúvida vou emergir de tudo um homem diferente, mas qual, ainda não descobri.

A carta conclui:

Estou contente que você tenha gostado da transmissão. J. certamente foi muito decepcionante. Estou particularmente temeroso de que o seguinte silogismo possa ser usado por alguém no futuro:

 Turing acredita que as máquinas pensam
 Turing deita-se com homens
 Portanto as máquinas não podem pensar

Está assinada, "seu em sofrimento, Alan".

Agora não havia mais dúvidas de que ele nunca mais iria trabalhar para o governo em projetos de criptoanálise, muito embora Hugh Alexander tivesse recentemente o procurado sobre a possibilidade de fazer exatamente isso. Mas ele era um risco grande para a segurança. Desde a deserção de Guy Burgess, ocorrida em 1951, o mito do traidor homossexual tinha ganhado impulso tanto na imprensa popular quanto dentro do governo. E Forster não tinha ajudado escrevendo em seu ensaio "What I Believe" que, se pressionado a escolher entre trair seu país ou trair seu amigo, ele esperava ter a coragem de trair seu país. Se a polícia agora seguia Turing e até tentava evitar que ele saísse do país, não era apenas para atormentá-lo; era também por temor de que ele pudesse trair seu país, passando informação secreta do seu conhecimento para um agente inimigo fazendo-se passar por amigo. Não importava à polícia que Turing fosse verdadeiramente apolítico. Ele mal existia para eles, e o tendo emasculado quimicamente, eles agora o emasculavam moralmente, castrando não apenas sua liberdade de ir e vir, mas sua liberdade de sentir. Na verdade, pode ser sido porque ele se sentia tão emasculado que, em uma segunda carta a Norman Routledge – um ano depois – ele escolheu empregar um tom efeminado consciente, praticamente ausente da correspondência anterior:

> Tenho uma história deliciosa para contar sobre minha venturosa vida da próxima vez que nos encontrarmos. Tive outro round com os gendarmes e mais uma vez venci o assalto. Metade da polícia de N. England (segundo um relatório) se envolveu na procura de um suposto jovem meu amigo. (...) Perfeita virtude e castidade governaram todas as nossas ações. Mas os pobrezinhos nunca viram nada. Um leve beijo debaixo de uma bandeira estrangeira, sob a influência de um drinque, foi tudo o que ocorreu. (...) O inocente jovem foi tratado com muita injustiça, acho. Conto tudo quando nos encontrarmos em março, em Teddington. Estando em condicional, minha virtude foi excepcional e tinha de ser. Se eu tivesse estacionado minha bicicleta do lado errado da rua talvez pegasse 12 anos. Claro que a polícia vai fazer um pouco mais de barulho, então a virtude precisa continuar reluzindo.

Turing conclui contando ao amigo que poderia "tentar conseguir um trabalho na França". Ele também confidencia que havia começado a fazer psicanálise. A carta é assinada com "beijos, Alan".

O psicanalista era o dr. Frank M. Greenbaum. Talvez por sua influência, Turing escreveu – ou pelo menos começou a escrever – a história que tinha mencionado a Norman Routledge. Nela ele se denomina Alec Pryce (o uso do sobrenome do físico Maurice Pryce deve ter sido coincidência), um cientista que se assemelha a ele em tudo, exceto que em vez de projetar computadores, sua área de expertise é a "viagem interplanetária". Da mesma forma que Turing é o pai da máquina de Turing, Alec é o arquiteto de alguma coisa chamada bóia de Pryce (no original, "Pryce's buoy") – presumivelmente uma espécie de satélite ou nave interplanetária:

> Alec sempre sentia um brilho de orgulho quando essa frase era usada. O óbvio duplo-sentido agradava-lhe muito também. Ele sempre gostou de demonstrar sua homossexualidade e, na companhia adequada, Alec fingiria que a palavra era escrita sem o "u".[3] Já faz tempo agora que ele "tivera" alguém de fato desde que havia encontrado aquele soldado em Paris no verão passado. Agora que seu artigo estava terminado, ele poderia justificadamente considerar que tinha merecido um outro homem gay e sabia onde poderia encontrar um que fosse apropriado.

Da mesma forma que Turing, Alec tinha o hábito de "falar francamente aos jornalistas ou no Third Programme". Como Turing, ele era também muito desleixado, vestindo-se com "um velho casaco esporte e calças de lã amarfanhadas". Ouve-se a voz do dr. Greenbaum no fundo da análise de suas tendências estilísticas que vêm a seguir:

> Ele não se preocupava em usar terno, preferindo o "uniforme dos estudantes", que se adaptava à sua idade

mental e o encorajava a acreditar que ainda era um jovem atraente. Esse mesmo tipo de exibicionismo ele mostrava em seu trabalho. Todos os homens que não eram vistos como parceiros sexuais em potencial eram colegas a quem Alec tinha de ativamente exibir seus poderes intelectuais.

No início da história, Alec está fazendo compras de Natal. Presumivelmente, ele está em busca de algum "homem gay" que sentiu que "ganhou" – e a essa altura o foco da história muda repentinamente para o de "Ron Miller", o substituto para Arnold. Ron, ficamos sabendo, "estava desempregado havia dois meses e não tinha nenhum dinheiro. Ele precisava ganhar dez pelo pequeno trabalho de ajuda a Ernie. Tudo o que ele tinha de fazer era ficar papeando com o vigia noturno durante alguns minutos, enquanto os outros faziam o que tinham de fazer. Mas mesmo assim não era seguro". Ron também "está com muita fome e com muito frio com o tempo em dezembro". E, aparentemente, não estava disposto a trocar sexo por dinheiro:

> Se ele se deixasse levar por alguém para debaixo dos arcos por dez minutos, poderia ganhar quatro shillings. Os homens não lhe pareciam tão ansiosos como estavam há um ano, antes do acidente [de Ron?]. Claro que não era a mesma coisa que com uma garota, nada parecido, mas se o sujeito não fosse muito velho não era desagradável. Ernie tinha contado como seus camaradas faziam amor com ele, como se ele fosse uma garota, e diziam cada coisa! Mas esses eram estilosos bem vestidos. Ernie, com seu [ilegível] efeminado e sua cara de boneca podia arranjá-los tão facilmente quanto [ilegível]. Acho que ele gostava muito, também, aquele pobre porquinho. Soube

[ilegível] que ele se vangloriava de que não podia fazer nada com uma garota quando ela lhe pagava.

Presumivelmente, então, Ron se vê em uma classe diferente da de Ernie, aquele "pobre porquinho" – da mesma forma que Arnold se viu em uma classe diferente da de alguns amigos como, talvez, o "porquinho Harry". De qualquer forma, ele está observando e percebe que Alec está olhando para ele:

> Aquele sujeito que estava andando pelo local lhe deu uma encarada. (...) Agora ele vinha de novo. Dessa vez Ron devolveu o olhar, Alec seguiu caminho e deu a volta depressa. Não havia dúvida sobre o que ele pretendia. Mas parecia que não tinha coragem. Melhor dar a ele um pouco de encorajamento se ele passasse de volta novamente. Ele estava vindo. Ron olhou no olho de Alec e deu um discreto sorriso. Foi o suficiente. Alec se aproximou do banco; Ron afastou-se um pouco, abrindo um espaço para ele sentar-se. Não parecia muito bem vestido. Veja só o sobretudo! Por que ele não dizia nada? Será que ele estava enganado? Não, ele estava olhando furtivamente. (...) (S)e ele não tivesse cuidado nada aconteceria.

Ron agora pergunta se Alec tem um cigarro. E, por acaso, Alec tem – embora isso exija alguma explicação:

> Ele não fumava, porque não tinha muito controle se fumasse e de qualquer forma não concordava com o fumo. Mas sabia que se "ligasse" ia precisar de alguns cigarros. "Tem algum programa para esta tarde?", Alec perguntou de repente.

Era um tipo de introdução padrão. Um pouco brusco certamente, mas ele não tinha pensado em nada melhor; de qualquer forma, a brusquidão tendia a evitar mal-entendidos. Esse sujeito servia. Não era uma verdadeira beleza, mas tinha um certo apelo. Mendigos não podiam escolher. Ele estava balançando a cabeça. "Vamos, venha almoçar comigo."

Mendigos não podem escolher. O que é tão triste nesse momento é o vigor com o qual a necessidade de conexões Forsterianas oblitera padrões, classe, memória (do idealizado Morcom), até autoestima. E não apenas por Alec – também (embora em menor escala) por Ron:

"Acho que vou, sim", Ron falou. Ele não falou de uma maneira pretensiosa. Mas a conclusão seria a mesma. Cama é cama, qualquer que seja a maneira como você deita nela. Alec pensava da mesma forma e ficou em silêncio durante alguns minutos enquanto caminhavam até Grenkoff's [?]. Ele precisava continuar, pelo menos, com o almoço agora. Ron também pensava assim. Ele tinha certeza da refeição. Não tinha certeza se teria de fazer mais alguma coisa. Talvez ele fosse capaz de obter alguma coisa sem ter de fazer nada.

No restaurante, contudo, Ron está tão deslumbrado de ter "a porta aberta por um porteiro, de entrar primeiro, como uma garota", que nem presta muita atenção em Alec. Em vez disso, sua atenção está "concentrada inteiramente no restaurante e em sua decoração". E isso deixa Alec feliz: "Normalmente, quando ele ia a um restaurante, sentia-se muito concentrado, ou por estar sozinho, ou por não estar se comportando direito. Ron não ..."

E aqui a história se interrompe. Nunca ficamos sabendo o que acontece com Ron e Alec. Eles são deixados para sempre à beira da possibilidade – talvez da possível felicidade – intacta por causa da sombra que se abateu e destruiu a vida do seu criador.

3.

A Sra. Clayton, a governanta, encontrou o corpo de Alan Turing sobre a cama na madrugada de 8 de junho de 1954. Perto dele havia uma maçã com várias mordidas.

"Agora a senhora vai ficar sabendo da morte do Sr. Alan", ela escreveu à mãe dele:

> Foi um choque terrível. Eu não sabia o que fazer. Então corri até a casa da Sra. Gibson e ela telefonou para a polícia. Eles não me deixaram mexer em nada ou fazer qualquer coisa. Eu não conseguia lembrar do seu endereço; eu tinha viajado no final de semana e fui lá à noite para fazer o jantar, como sempre. Vi a luz do quarto acesa e as cortinas da sala de espera cerradas, o leite no degrau da entrada, o jornal junto à porta. Então pensei que ele tinha saído bem cedo & esquecido de apagar a luz. Então entrei & bati na porta do quarto. Não houve resposta, então entrei. Eu o vi na cama; ele deve ter morrido durante a noite. A polícia veio outra vez aqui para ouvir minhas declarações.

Então ela acrescentou:

> Os Gibson viram o Sr. Alan andando do lado de fora na tarde de segunda e ele estava perfeitamente bem então. No

final de semana anterior ele recebeu W [sic] Gandy para passar o final de semana & parece que eles se divertiram muito. Depois o Sr. Webb & sua esposa vieram jantar com ele na terça & a Sra. Webb tomou chá com ele na quarta: dia que ela se mudou.

Para a Sra. Clayton, a possibilidade de que Turing tivesse cometido suicídio parecia tão inconcebível que ela se dispôs a oferecer provas contra a hipótese (embora não tão inconcebível a ponto de não sentir necessidade de apresentá-las). De qualquer forma, o resultado do inquérito, feito no dia 10 de junho, foi de que Turing tinha se matado. Parecia que a maçã tinha sido mergulhada em uma solução de cianeto.

Nos anos seguintes à sua morte, muitos dos amigos de Turing se juntaram em uma espécie de conspiração com a mãe dele para propagar o mito de que sua morte fora resultado não de suicídio, mas de uma experiência científica que deu errado. Para maquinar a teoria, eles citavam o estoque de produtos químicos (incluindo o cianeto de potássio) que ele mantinha em casa, bem como o sortimento de equipamentos científicos. Por exemplo, o dr. Greenbaum, o psicanalista, escreveu a Sra. Turing:

> Não tenho a menor dúvida de que Alan morreu em virtude de um acidente. A senhora descreve a maneira como Alan fazia experiências tão vividamente que posso vê-lo fazendo com prazer pequenas coisas. Ele era como uma criança quando fazia suas experiências, nem sempre levando em observação [ilegível] mas sempre testando com os dedos. (...) (Q)uando morreu ele nunca esteve tão longe da possibilidade de suicídio.

Da mesma forma, sua vizinha, a Sra. Webb, contou a Sra. Turing que considerava

> difícil ligar o veredicto do médico-legista ao comportamento de Alan antes de deixarmos Park Villa no dia 3 de junho. Ele tinha nos convidado no dia 1 de junho para jantar e passamos uma noite excelente com ele então. Eu o vi várias vezes nos dois dias seguintes e no dia em que mudei ele me convidou para tomar chá. Ele fez torradas e tomamos o chá na mesa da cozinha. Foi uma ocasião alegre, com a Sra. Clayton se juntando a nós para uma xícara de chá quando ela chegou. Alan estava cheio de planos de nos visitar em Styal, na volta da universidade para sua casa à tarde, e não posso acreditar que ele tivesse qualquer ideia sobre o que ia fazer. Deve ter surgido de repente.

Hugh Alexander, ainda muito envolvido com a criptoanálise, escreveu a Sra. Turing:

> Posso confirmar o que a senhora diz sobre ele estar animado ultimamente; recebi uma carta dele mais ou menos um mês antes de ele morrer falando que estava fazendo tratamento, que achava que estava sendo bom para ele e que ele estava com melhor ânimo do que ele tinha [censurado].[4] Por essa razão fiquei particularmente chocado quando li sobre o que tinha acontecido e fico muito feliz de saber que pode ter sido um acidente.

Ainda em 1960 a Sra. Turing continuava a reunir evidências para apoiar sua versão sobre os eventos. Esta última carta veio do antigo colega de Turing, W. T. Jones, agora professor de filosofia no Pomona College, na Califórnia:

> Se posso falar alguma coisa, acho que todas as evidências – tanto positivas quanto negativas – tendem a apoiar a sua visão sobre as circunstâncias da morte dele. Por "negativa" quero dizer que não acho que Alan fosse o tipo de pessoa que tiraria a própria vida. Por "positiva" quero dizer que ele era o tipo de pessoa que seria muito descuidada (muito desatenta) com aspectos perigosos das experiências que estava conduzindo.

Mas o que é interessante é que nenhum dos amigos de Turing jamais parece ter considerado, pelo menos por escrito, uma terceira possibilidade (para a qual, admite-se, não há nenhuma evidência, no momento pelo menos): a de que o suicídio foi encenado; que o homem do terno branco tinha se tornado – como o herói do filme de Alfred Hitchcock de 1934 – um homem que sabia demais.

Se ele se matou, parece que pensou que estava indo para algum lugar. Lembre-se de que na história sem título, Alec Pryce é uma autoridade em viagens interplanetárias. Em março de 1954, poucos meses antes de sua morte, Turing enviou a Robin Gandy uma série de quatro cartões criptografados. O primeiro se perdeu. Os outros três consistem em uma lista de aforismos numerados levando o título de *Messages from the Unseen World* (Mensagens de um Mundo Desconhecido):

> III. O Universo é o interior do cone de luz da criação
> IV. A Ciência é uma Equação diferencial. A religião é uma Condição de Contorno, (sgd) Arthur Stanley[5]

V. Hiperboloides de notável Luz
Movimentando-se para sempre através do Espaço e do Tempo
Dão guarida a estas Ondas que de alguma forma poderiam
Terminar esta maravilhosa pantomima de Deus
VI. Partículas são nascentes
VII. Carga = e/p ang do tipo de uma rotação de 2 p
VIII. O Princípio da Exclusão é exposto apenas para benefício dos próprios elétrons, que podem se tornar corruptos (e se transformar em dragões ou demônios) se permitir que eles se associem muito livremente.

Outros matemáticos tão importantes quanto Turing terminaram loucos: Cantor e também Gödel. Talvez Turing também estivesse ficando desiludido perto do fim, imaginando-se andando pelo espaço em uma "hiperbolóide de notável luz", conhecida como a boia de Pryce. Ou talvez, como Gandy pensou, isso tudo era parte de uma nova "mecânica quântica... não destinada a ser levada muito a sério (quase na classe 'apenas para diversão'), embora sem dúvida ele tenha ansiado que alguma coisa surgisse para ser levada a sério". Ou talvez a nova mecânica quântica envolvesse maçãs, cones de luz e naves interplanetárias. Em A Mathematician's Apology, Hardy tinha escrito: "Nenhum matemático jamais vai se permitir esquecer que a matemática, mais do que qualquer outra arte ou ciência, é um jogo para jovens". Contudo, Turing, segundo Gandy, não tinha perdido seus poderes; na verdade, nos meses anteriores à sua morte, ele tinha descoberto um limite superior para o número de Skewes que era inferior ao que o próprio Skewes tinha estabelecido. Essa teria sido uma realização importante se ele tivesse escolhido publicá-la. Mas não publicou. Ele disse que não queria embaraçar Skewes.

A ideia de suicídio, se ele realmente a teve, deve ter surgido de repente. O método, por outro lado, parece que estava lá no fundo da sua mente havia muitos anos. Por exemplo, de Princeton, seu amigo James Atkins contou a Andrew Hodges que Turing tinha uma vez escrito uma carta propondo um método de suicídio que "envolvia uma maçã e fios elétricos". Muitas vezes ele contou aos amigos que comia uma maçã toda noite antes de dormir. E naturalmente em Cambridge, semanas depois da estreia de Branca de Neve e os Sete Anões, ele entoaria enquanto andava pelos corredores do King´s College:

> Mergulhe a maçã no caldo,
> Deixe o sono mortal impregná-la. (...)

Hoje a maçã continua a exercer fascínio. Muito se fala de suas implicações metafóricas (maçã da morte, maçã do conhecimento – mas conhecimento demais?). Circula um boato na Internet segundo o qual a maçã que é a logomarca da Apple Computers foi criada como uma homenagem a Turing. A empresa nega qualquer relação; ao contrário, ela insiste, sua maçã alude a Newton. Mas então por que ela tem uma mordida?

Talvez o que nos dê calafrios seja que, ao tirar a própria vida, Turing na verdade escolheu dar ao fato um ar um pouco teatral – dar à sua partida de um mundo que o tinha tratado indignamente um pouco do brilho colorido, gótico e sinistro de um filme de Disney. Contudo, em todas as páginas que li sobre Turing – e há um monte delas – ninguém ainda mencionou o que para mim parece uma mensagem óbvia. No conto de fadas, a maçã que Branca de Neve morde não a mata; ela a coloca para dormir até que o príncipe a acorde com um beijo.

NOTAS DO CAPÍTULO

1. O Third Programme foi o terceiro programa de rádio, em rede nacional, transmitido pela BBC, a partir do dia 29 de setembro de 1946, diariamente, entre 18h e meia-noite (até outubro de 1957, quando mudou de horário). (N.T.)
2. Como Newman explicou: "Turing tinha chegado a equações diferenciais sob a forma $\nabla 2xi$, para n morfogenes diferentes em tecido contínuo; onde fi é a função reativa dada à taxa de crescimento de Xi, e $\frac{\delta x_i}{\delta t} fi(xi, \ldots, xn) + m\nabla 2xi$ ($i = 1, \ldots n$) é a taxa de difusão de Xi. Ele também considerou as equações correspondentes para um conjunto de células distintas". (N.A.)
3. Retirando o u de Pryce's buoy, temos Pryce's boy, ou seja, o garoto de Pryce. (N.T.)
4. Presumivelmente a carta de Alexander foi censurada em virtude de seu trabalho em criptoanálise para o governo.
5. Arthur Stanley Eddington (1882–1944), matemático e físico com quem Turing estudou em Cambridge.

Notas

1. O Homem do Terno Branco

2 "expulso do mundo": *Maurice*, E. M. Forster
  (Londres: Penguin Books, 2000), 32.
3 "Turing acredita que as máquinas pensam": Turing
  Archive, King's College, Cambridge, AMT/D/14a.
5 "Alan certamente tinha menos": Lyn Irvine, prefácio para *Alan M. Turing*,
  Sara Turing (Cambridge: W. Heffer, 1959), x.
5 "Ele nunca parecia bem posto dentro de suas roupas": Ibid., xi.

2. Vendo as Margaridas Crescerem

6 "Alan se interessava por números": *Alan M. Turing*, S. Turing, 11
6 "quockling": Ibid., 13.
6 "não conseguia dizer quando": Turing Archive,
  AMT/K/I/49, Dezembro de 1936.
6 "uma mistura em que o ingrediente principal":
  Alan M.Turing, S. Turing, 15.
7 "Primeiro é preciso verificar se a luz": Ibid., 17.
7 "Turing gosta do campo de jogo": Ibid., 19.
8 "uma *impressão bastante falsa*": Ibid., 11.
8 "até alguma coisa": Ibid., 21.
8 "mundo em miniatura": *The Longest Journey*, E. M.
  Forster (Londres: Penguin Books, sem data), 157.
9 "não estava muito boa": *Alan M. Turing*, S. Turing, 27.
9 "foi motivo de satisfação": Ibid., 27.
9 "Sem dúvida ele é muito irritante": Ibid., 29.
9 "Qual é o *locus* disso e daquilo?": Ibid., 14.
10 "esse estratagema de": *Alan M. Turing: The Enigma*, Andrew
   H. Hodges (Nova York: Walker, 2000), 232.
10 "Este quarto cheira a matemática": citação ibid., 29.
11 "Lâmpada elétrica refletora Linolite": Ibid., 56.
11 "impressão de que as escolas públicas": Ibid., 77.
11 "agenda particular trancada": *Alan M. Turing*, S. Turing, 35.
11 "adorava o solo": citado em *Enigma*, Hodges, 35. "estudo
   da matemática para a cura da homossexualidade":
   Strangers: Homosexual Love in the Nineteenth Century,
   Graham Robb (Nova York: W. W. Norton, 2003), 69.

Notas

11 "Sinto que preciso encontrar Morcom": Turing Archive, AMT/K/1/20. 16 de Fevereiro de 1930.
12 "guardando com o carinho": citado em *Enigma*, Hodges, 50.
13 "desejos ardentes": Ibid., 76.
12 "burguês e sem polimento"; *Maurice*, Forster, 69.
13 "a Inglaterra sempre foi relutante": Ibid., 185.
13 "Prefiro dar a um jovem sadio": James Douglas, no *Sunday Express*, 19 de Agosto de 1928; também citado em *Enigma*, Hodges, 77.
13 "tenha ido ver *De Volta a Matusalém*": *Enigma*, Hodges, 74.
"não foi convidado a participar": Ibid., 75.
14 "Acho que quero falar"; *Longest Journey* Forster, 21.
15 "Seus amigos mais íntimos": Ibid., 74–76.
15 "Em Trinity ele deve ter sido": *Enigma*, Hodges, 7.
15 "pôr em dúvida os axiomas": Ibid., 79.
15 "a religião de Moore, por assim dizer": John Maynard Keynes, *Two Memoirs* (Londres: Rupert Hart-Davis, 1949), 82. Tomei conhecimento desse livro na biografia escrita por Hodges, que o cita.
15 "nada importava, a não ser os estados do espírito": Ibid., 83.
16 "Chamei de religião esta fé": Ibid., 86.
16 "parecia, segundo a teoria de Russell": "Mathematical Proof", in *Mind*, números 38, 149 (Janeiro de 1929): 23, G. H. Hardy.
16 "Se A amava B": *Two Memoirs*, Keynes, 86–87.
17 "Nós repudiávamos inteiramente": Ibid., 97–98.
17 "era a Cambridge sem medo e sem influência": introdução de Forster a *Longest Journey*, lxviii.
17 "antiquado amadorismo espartano": *Enigma*, Hodges, 69.
17 "Cambridge, não posso negar": *Private Road*, Forrest Reid (Londres: Faber and Faber, 1940), 58.
17 "Agradeci muito a um dos meus professores": Turing Archive, AMT/K/1/23, 31 de Janeiro de 1932.
18 "foi aceito como bolsista": "Remarks on Turing´s Dissertation", *Pure Mathematics: The Collected Works of A. M. Turing*, ed. J. L. Britton (Amsterdã: North-Holland, 1992), xix.
18 "Turing deve ter sido muito charmoso": citado em *Enigma*, Hodges, 94.
19 "Não vou conseguir tirar": *Gödel: A Life of Logic* (Cambridge: Basic Books, 2000), John L. Casti e Werner DePauli, 117.
20 "A descoberta de que toda a matemática": "The Study of Mathematics," in *Contemplation and Action, 1902-14*, Bertrand Russell, ed. Richard A. Rempel, Andrew Brink e Margaret Moran (Londres: George Allen and Unwin, 1985), 90.

21 "o grande projeto" de Leibniz: em *Engines of Logic: Mathematicians and the Origins of the Computer* (Nova York: W. W. Norton, 2000), Martin Davis, 16.

21 "Se controvérsias porventura surgissem": "Mathematics and the Metaphy-sicians", Russell, in *Logicism and the Philosophy of Language: Selections from Frege and Russell*, ed. Arthur Sullivan (Peterborough: Broadview Press, 2003), 224.

22 "todo processo representará": *The Mathematical Analysis of Logic: Being an Essay Towards a Calculus of Deductive Reasoning*, George Boole (Cambridge: Macmillan, Barclay & Macmillan, 1847), 6.

22 "a aritmética era um ramo da lógica": *Grundgesetze der Arithmetik*, Gottlob Frege (Hildesheim: Georg Olms, 1962), tradução citada por Richard G. Heck Jr., in "Julius Caesar and Basic Law V", http://emerson.fas.harvard.edu/heck/pdf/JuliusCaesarandHP.pdf.

22 "um racista virulento": *Engines*, Davis, 42.

22 "uma linguagem formal": *Begriffsschrift*, Frege, *From Frege to Gödel: A Source Book in Mathematical Logic, 1879 – 1931* (Cambridge: Harvard University Press, 1967), Jean van Heijenoort, 1.

22 "um número particular não é idêntico": *Introduction to Mathematical Philosophy* (Londres; George Allen and Unwin, 1919), Russell, 12.

23 "Há apenas um ponto": carta de Russell a Frege, in *Frege to Gödel*, van Heijenoort, 124–25.

24 "Sua descoberta da contradição": carta de Frege a Russell, in *Frege to Gödel*, van Heijenoort, 127–28.

24 "uma obra-prima discutida": *Gödel*, Casti & DePauli, 43.

25 "extrema doutrina russelliana": "Mathematical Proof", Hardy, 9.

25 "a matemática tem à sua disposição": "On the Infinite", David Hilbert, in *Frege to Gödel*, van Heijenoort, 376.

25 "ciências independentes": "Mathematical Proof", Hardy, 6.

25 "Melhor colocar de pronto": Ibid., 11–12.

25 "uma peça de xadrez, um bastão": Ibid.,14–15.

26 "é fundamental na lógica de Hilbert": Ibid., 15.

26 "porque caracteriza": *Gödel's Proof*, Ernest Nagel e James R. Newman (Nova York: New York University Press, 2001), 28.

26 "convicção da solvabilidade": *The Hilbert Challenge*, Jeremy J. Gray (Oxford: Oxford University Press, 2000), 248.

26 "não há essa coisa de": *Hilbert* (Nova York: Springer-Verlag, 1970), Constance Reid, 196.

27 "Wir mussen wissen": *Hilbert Challenge*, Gray, 168.

27 "Estamos convencidos de que": *Hilbert*, Reid, 188.

27 "Consideremos que": Ibid.

28 "na Universidade de Berlim"; "Nazi Kultur: The New
Heroic Gospel", *Times* (Londres), 10 de Novembro de
1933; também citado em *Enigma*, Hodges, 86.
28 "Estou interessado principalmente": "Mathematical Proof," Hardy, 6.
29 "Admitamos que": "On the Infinite", Hilbert, 375.
29 "uma maneira completamente satisfatória": Ibid., 375-76.
29 "O pior que pode acontecer": "Mathematical Proof", Hardy, 5. O
primeiro anúncio público feito por Gödel: "The Confluence of Ideas in
1936," in *The Universal Turing Machine: A Half-Century Survey*, Robin
Gandy, ed. Rolf Herken, 2ª ed. (Viena: Springer-Verlag, 1995), 63.
33 "No trabalho altamente engenhoso de Gödel": *Hilbert*, Reid, 198.
33 "a teoria da prova talvez ainda": Ibid., 199.
33 "Como se pode esperar": "Russell's Mathematical Logic",
Kurt Gödel, in *Collected Works*, vol. 2, ed. Solomon Feferman
et al. (Oxford: Oxford University Press, 1990), 140-41.
34 "isso não significava necessariamente": *Fermat's Enigma:
The Epic Quest to Solve the World's Greatest Mathematical
Problem*, Simon Singh (Nova York: Walker, 1997), 141.

3. A Máquina Universal

36 "entre duas versões diferentes": *The Classical
Decision Problem*, Egon Börger, Erich Grädel e Yuri
Gurevich (Berlim: Springer-Verlag, 1997), 4.
37 Ki*tab-al-jabr: The Emperor's New Mind,* Roger Penrose
(Oxford: Oxford University Press, 1989), 40-41.
37 Definição de um algoritmo: Ibid., 41-42.
38 "o principal problema"; *Decision Problem*, Börger et al., 3 n.
"Das considerações": *Principles of Mathematical Logic*, D. Hilbert e
W. Ackermann, ed. Robert E. Luce (Nova York: Chelsea, 1950), 112.
"Claro que não existe esse teorema":
"Mathematical Proof", Hardy, 16.
38 "embora atualmente": *Decision Problem*, Börger et al., 5.
38 "um processo de decisão pode": carta ao autor.
39 "O programa de decisão de Hilbert": "Royal Society Memoir",
Max Newman, in *Mathematical Logic,* ed. R. O. Gandy
e C. E. M. Yates (Amsterdã: Elsevier, 2001), 272.
39 "Lembro-me de Turing me contando": Gandy, no prefácio
a "On Computable Numbers, with an Application
to the *Entscheidungsproblem*", Ibid., 10-11.
41 "Podemos dizer muito apropriadamente": *Charles
Babbage and His Calculating Engine: Selected Writings*

by *Charles Babbage and Others*, ed. Philip Morrison & Emily Morrison (Nova York: Dover, 1961), 252.

41 "The Confluence of Ideas in 1936", Gandy, 55.
42 "Quais são os possíveis processos": "On Computable Numbers with an Application to the *Entscheidungsproblem*", Alan Turing, in *Mathematical Logic*, 37.
42 "como os números reais": Ibid., 18.
42 "é característico de Turing": *Turing: A Natural Philosopher*, Hodges (Londres: Phoenix, 1997), 8.
42 "a questão da computabilidade": Penrose, in *New Mind*, 66.
42 "De acordo com minha definição": "Computable Numbers", Turing, 18.
42 "um homem no proceso": Ibid., 19.
43 "estar na máquina": Ibid.
43 "Em qualquer estágio do movimento": Ibid., 20.
43 "A descrição que ele fez": "Obituary for Dr. A. M. Turing", Newman, in *Times* (Londres), 16 de Junho de 1954, 10.
44 "divididas em células": "Computable Numbers", Turing, 38.
45 "reside no fato de que": Ibid., 19.
45 "A diferença, do nosso ponto de vista": Ibid., 37–38.
45 "são compelidos a ser": Ibid., 37.
45 "deve usar observações sucessivas": Ibid., 38.
45 "em 'operações simples'": Ibid.
46 "mudanças de distribuição": Ibid.
46 "reconhecibilidade imediata": Ibid., 38–39.
47 "na maioria dos trabalhos matemáticos": Ibid., 39.
47 "simples operações": Ibid.
47 "algumas dessas mudanças necessariamente": Ibid.
48 "Agora podemos construir"; Ibid.
52 "os três primeiros símbolos da fita": Ibid., 22
56 "a convenção de escrever": Ibid., 23.
57 "um processo *finitamente* descrito": "Turing's Analysis of Computability, and Major Applications of It", *Universal Turing Machine*, Stephen C. Kleene, 17.
59 "qualquer sequência computável": "Computable Numbers", Turing, 27.
59 "a cada sequência computável"; Ibid., 29.
60 "Devemos evitar confusão": Ibid., 21.
61 "É possível inventar": Ibid., 29–30.
61 "a qual vai escrever": Ibid., 30.
61 "completa configuração": Ibid., 20.
63 "que se *M* pode ser construída": Ibid., 30.
63 "no momento a máquina": Ibid.
64 "Não é totalmente óbvio": Ibid.

64 "a sequência de letras": Ibid., 30-31.
65 "seria muito mais complicado": Penrose, in *New Mind*, 55.
65 "se convenceram de que todos": "Turing's
 Analysis of Computability", Kleene, 30.
66 Número descritivo para *U:* Penrose, in *New Mind*, 74.
66 "número que é um número descritivo":
 "Computable Numbers", Turing, 20.
69 "embora perfeitamente sensata": Ibid., 34.
69 "oferece um certo *vislumbre*": Ibid.
69 "concluímos que": Ibid., 35.
71 "Com uma combinação desses processos": Ibid., 36.
71 "na completa configuração": Ibid., 48.
72 "tem a interpretação": Ibid., 47.
72 "existe um processo geral": Ibid., 36.

4. Sutil é o Senhor

73 "É difícil hoje": "Royal Society Memoir", Newman, 272.
73 "lista de instrução": *Enigma*, Hodges, 108.
73 "Temos uma vontade": Turing Archive,
 AMT/C/29, 31 de Janeiro de 1934.
74 "Pessoalmente acredito que": Ibid.
75 "Então, no que tange": Ibid.
75 "*Only connect*": *Howards End*, Forster
 (Londres: Penguin Books, 1983),188.
76 "dependia, de acordo": *Two Memoirs*, Keynes, 83.
77 "Talvez deva ser salientado": "Computable Numbers",
 Turing, in *Mathematical Logic*, 47.
77 a tentativa de Gödel de provar a existência de
 Deus: *Gödel*, Casti e DePauli, 71–72.
77 "Posso acrescentar que minha concepção objetiva":
 From Mathematics to Philosophy, Hao Wang
 (Londres: Routledge & Kegan Paul, 1974), 9.
78 "é análoga ao 'livro impresso'": *Natural Philosopher*, Hodges, 18.
78 "cético com a análise de Turing": "Historical Introduction",
 Solomon Feferman, in *Mathematical Logic*, 3–4.
79 "estava fazendo as mesmas coisas": Turing Archive,
 AMT/K/1/40, 29 de Maio de 1936.
79 "Uma separata que o senhor gentilmente me
 enviou": Citado em *Enigma*, Hodges, 112.
79 "forte preferência de seu aluno de considerar":
 "Royal Society Memoir", Newman, 269.

79 "é quase verdadeiro dizer": "Confluence of Ideas in 1936", Gandy, 78.
80 "uma função para a qual": *Gödel*, Casti e DePauli, 81.
80 "Na formulação seguinte": "Finite Combinatory Processes: Formulation 1", Emil Post, in *The Undecidable: Basic Papers on Undecidable Propositions, Unsolvable Problems and Computable Functions*, ed. Martin Davis (Mineola, N.Y.: Dover, 1993), 289.
81 "um cruzamento entre um panda": "Fine Hall in Its Golden Age: Remembrances of Princeton in the Early Fifties", Gian-Carlo Rota, *http://libweb.princeton.edu/librabries/ firestone/rbscfinding-aids/mathoral/pmcxrota.htm*, 1.
81 "que muitas vezes encontrou Church": Entrevista com Albert Tucker feita por William Aspray, 13 de Abril de 1984, in "Mathematical Journals and Communication", http://libweb.princeton.edu/libraries/ firestone/rbsc/finding_ aids/mathoral/pmc32.htm # (PMC32)6, 5.
81 "quase ao final": Entrevista com Albert Tucker feita por William Aspray, 11 de Abril de 1984, "Fine Hall", http:// libweb.princeton.edu/libraries/firestone/rbsc/finding_ aids/mathoral/pmc30.htm – (PMC30)9, 7.
82 "Se Weyl diz que isso é óbvio": Entrevista com Stephen C. Kleene e J. Barkley Rosser, por William Aspray, 26 de Abril de 1984, *http://libweb.princeton.edu/libraries/ firestone/rbsc/finding_aids/mathoral/pmc23.htm*, 6.
82 "começavam com uma cerimônia de dez minutos": "Fine Hall", Rota, 2.
82 "ele era completamente alheio": Entrevista com Kleene e Rosser, 8.
82 "essa afirmação": "Fine Hall", Rota, 2.
82 "apresentava a notável característica": "Origins of Recursive Function Theory", Kleene, in *Annals of the History of Computing* 3, no. 1 (Janeiro de 1981), 62.
82 "para tornar o mais plausível": Ibid., 61.
82 "possivelmente mais convincente": "Computability and λ-Definability", Turing, in *Mathematical Logic*, 59.
83 "não havia muitos outros": Entrevista com Alonzo Church feita por William Aspray, 17 de Maio de 1984, *http://libweb.princeton.edu/ libraries/firestone/rbsc/finding_aids/mathoral/pmc05.htm*, 10.
83 "Se o senhor não se importa": Ibid., 9.
84 "De todas as coisas incômodas": *Alan M. Turing*, S. Turing, 51. *Berengaria*: Turing Archive, AMT/K/1/41, 8 de Setembro de 1936.
84 "O departamento de matemática": Ibid., AMT/K/1/42, 6 de Outubro de 1936.
85 Otimismo de Bernays: "Confluence of Ideas in 1936", Gandy, 59.

85 "Ele era muito distante": Turing Archive,
AMT/K/1/43, 14 de Outubro de 1936.
86 "nem sempre entendido": *A Princeton Companion*, http://etc.
princeton.edu/CampusWWW/Companion/veblenoswald.html.
87 "membro honorário da panelinha": Entrevista com Shaun Wylie feita
por Frederik Nebeker, 21 de Junho de 1985, *http://libweb.princeton.
edu/libraries/firestone/rbsc/finding_aids/mathoral/pmc45.htm*, 10.
87 "discutir negócios": Turing Archive,
AMT/K/1/43, 14 de Outubro de 1936.
88 "Embora preparado para encontrar": *Alan M. Turing*, S. Turing, 52.
88 "Envio alguns recortes": Turing Archive, AMT/K/1/46,
22 de Novembro de 1936.88 "horrorizado com a
maneira": Ibid., AMT/K/1/48, 3 de Dezembro de 1936.
88 "Acredito que o governo": Ibid., AMT/K/1/51, 1o de Janeiro de 1937.
89 "feliz que a Família Real": Ibid., AMT/K/1/59, 19 de Maio de 1937.
89 "Church me convidou para jantar": Ibid.,
AMT/K/1/43, 14 de Outubro de 1936.
89 "Sim, esqueci-me dele": Church/Aspray, 10.
90 "Recebi duas cartas": Turing Archive,
AMT/K/1/56, 22 de Fevereiro de 1937.
90 conversa de von Neumann com Gödel: *Gödel*, Casti e DePauli, 50.
90 "foi um dos primeiros": "Turing in the Land of O(z)",
Feferman, *Universal Turing Machine*, 113.
91 "Você tinha von Neumann": Entrevista com Joseph Daly
e Churchill Eisenhart feita por William Aspray, 10 de
Julho de 1984, *http://libweb.princeton.edu/libraries/
firestone/rbsc/finding_aids/mathoral/pmc07.htm*, 4.
91 "Maurice tem muito mais consciência": Turing
Archive, AMT/ K/1/57, 29 de Março de 1937.
92 "Na verdade": crítica de Alonzo Church sobre "On Computable
Numbers, with an Application to the *Entscheidungsproblem*",
in *Journal of Symbolic Logic 2*, no 1 (Março de 1937), 43.
92 "na verdade mais fácil trabalhar": Aspray/Kleene/Rosser, PMC23, 10.
93 "É preciso ter uma reputação": Turing Archive,
AMT/K/1/51, 1o de Janeiro de 1937.
93 "Fui ao habitual": Ibid., AMT/K/1/56, 22 de Fevereiro de 1937.
94 "um homem rico": Ibid., AMT/K/1/59, 19 de Maio de 1937.
96 O pessimismo de Hardy: *The Music of the Primes: Searching
to Solve the Greatest Mystery in Mathematics*, Marcus
Du Sautoy (Nova York: HarperCollins, 2003), 188.
96 "o número de prótons": *Ramanujan*, Hardy (Cambridge:
Cambridge University Press, 1940), 17.

97 método de Lehman: Feferman, in "Turing in the Land of O(z)", 110.
97 "uma geração": *Enigma*, Hodges, 118.
97 "a matemática 'real'": *A Mathematician's Apology*, Hardy (Cambridge: Cambridge University Press, 1967), 119–20.
97 "ninguém ainda descobriu": Ibid., 140.
97 "gentil e limpa": Ibid., 121.
98 "A senhora muitas vezes me perguntou": Turing Archive, AMT/K/1/43, 14 de Outubro de 1936.
99 "multiplicar o número": citado em *Enigma*, Hodges, 138.
100 "completamente insatisfatória": "General Recursive Function", Kleene, 59.
100 "somente depois que a formulação de Turing": Ibid., 61.
100 "dar uma definição absoluta": "Remarks before the Princeton Bicentennial Conference on Problems in Mathematics, 1946", Gödel, in Davis, *Undecidable*, 84.
100 "devido ao trabalho de A. M. Turing": Ibid., 71.
101 Insatisfação de Gödel: Feferman, in "Historical Introduction", 5-6.
101 "a matemática pura é o tema": *Gödel*, Casti e DePauli, 28.
101 "diferir de": Ibid., 71.

5. A Casca Macia

102 "abrisse mão de parte": *Enigma*, Hodges, 148–49.
102 Turing assistiu *Branca de Neve:* Ibid., 149.
103 "Turing assistiu a um outro": Ibid., 151.
104 "O engenho será": Citação, ibid., 155.
104 projeto da máquina de Liverpool: *Music of the Primes*, Du Sautoy, 188.
104 rodas dentadas feitas com precisão: *Enigma*, Hodges, 156.
105 dois cursos com o mesmo nome: Ibid., 152.
106 "alguém mais velho": *Ludwig Wittgenstein: A Memoir*, Norman Malcolm (Londres: Oxford University Press, 1958), 23.
106 "eram dadas sem preparação": Ibid., 24.
106 "Ele sempre vestiu": Ibid., 24–25.
106 "eram austeramente mobiliadas": Ibid., 25.
107 "Era preciso ter coragem": Ibid., 25–26.
107 "é como se eu estivesse falando": Ibid., 26–27.
107 "Wittgenstein aplicava o seu princípio": *Gödel*, Casti e DePauli, 71–72.
107 "Vamos supor que eu diga a Turing": *Wittgenstein´s Lectures on the Foundations of Mathematics, Cambridge 1939*, ed. Cora Diamond (Chicago: University of Chicago Press, 1989), 20.
108 "Não tratem seu senso comum": Ibid., 68.

108 "atraindo": Ibid., 139.
108 "entendi, mas não concordo": Ibid., 67.
109 "Nós dizemos de uma prova": Ibid., 199.
109 "O professor Hardy afirma": Ibid., 138–39.
109 "O que é contar?": Ibid., 115.
109 "que sempre que números": Ibid., 31.
109 "Pode-se afirmar que esta": Ibid., 36–37.
110 "Os significados comum de": Ibid., 37.
110 "Pode-se fazer uma comparação": Ibid., 96–97.
111 "Se um homem diz": Ibid., 206-7.
111 "Posso lhe dar as regras": Ibid., 210–11.
112 "um sistema lógico": Ibid., 212.
112 "coisas práticas podem dar errado": Ibid., 216.
112 "A questão é": Ibid., 217.
113 "Mas como você sabe": Ibid., 218.
113 "Antes de pararmos": Ibid., 219-20.
114 "para fora do paraíso": Ibid., 103.
115 "Vamos supor que eu seja um general e receba": Ibid., 201.
115 "Vamos supor que eu seja um general e dê": Ibid., 212.
115 "uma espécie de imitação vitoriana": *Battle of Wits: The Complete Story of Codebreaking in World War* II, Stephen Budiansky (Nova York: Touchstone, 2000), 118.
116 "até mesmo para o olho não treinado": "Architecture and the Architect", David Russo, *http://www.utdallas. edu/~dtr021000/cse4352/architects.doc*.
117 alterar a ordem das letras tecladas: *Battle of Wits*, Budiansky, 67.
121 "Sphinx of the Wireless": *The Code Book: The Secret History of Codes and Codebreaking*, Singh (Londres: Fourth Estate, 1999), 138.
124 100.391.791.500 combinações a mais: Ibid., 136.
Incorporando o código indicativo: *Enigma*, Hodges, 164.
128 "Faça com que eles tenham": citação, ibid., 221.
129 "Durante séculos": *Code Book*, Singh, 149.
130 "keine Zusätze": trechos de o "Enigma Paper", de Turing, in *Mathematical Logic*, 230–31.
134 o artilheiro de um navio inglês; *Battle of Wits*, Budiansky, 157.
135 "a abordagem matemática fundamental": Ibid., 131.
135 "essas contradições": *Enigma*, Hodges, 183–84.
Contagem obsessiva das voltas da roda: Ibid., 209.
136 "pomposidade do oficialato": Citação, ibid., 204.
136 "muito mais consciente": Turing Archive, AMT/K/1/57, 29 de Março de 1937.
137 "poderíamos ter perdido a guerra": *Code Book*, Singh, 176.

6. O Atleta Eletrônico

140 Máquinas Robinson subsequentes: *Enigma*, Hodges, 267n.
141 um estranho se insinuou para ele: Ibid., 249.
143 "achava a ideia de": Irvine, no prefácio de
Alan M. Turing, S. Turing, xii
143 "parecia imaginar que ela fosse": *Enigma*, Hodges, 284.
143 "Se ele tivesse tido um final infeliz": *Maurice*, Forster, 218.
143 "tinha desejado o generoso": Ibid., 221–22.
144 "Algumas vezes você está sentado": citado em *Enigma*, Hodges, 373.
145 "a possível adaptação": citação, ibid., 306.
145 17.468 tubos de vácuo: "Inventors of the Modern Computer", Mary Bellis, *http://inventors.about.com/library/weekly/aa060298.htm*, l.
145 "Com o advento do": "The ENIAC Story", Martin H. Welk, *http://ftp.arl.mil/~mike/comphist/eniac-story.html*, l.
145 "interferência da chave de fenda": "Intelligent Machinery", Turing, in *Mechanical Intelligence*, ed. D. C. Ince (Amsterdã: North-Holland, 1992), 115.
146 "Embora tenha surgido"; "First Draft of a Report on the EDVAC", John von Newmann, 30 de Junho de 1945, 3.
147 "atacar problemas completos": "Proposal for Development in the Mathematics Division of an Automatic Computing Engine (ACE)", Turing, in *Mechanical Intelligence*, l.
147 "Certamente não haverá": Ibid., 2.
148 "Possivelmente ela poderia ainda": "Lecture to the London Mathematical Society on 20 February 1947", Turing, in *Mechanical Intelligence*, 104.
148 se não "infinita": Ibid., 88.
148 "característica desejável"; Ibid., 89.
148 "forma de memória": Ibid., 88.
148 "máquina realmente rápida": Ibid., 89.
148 "recorta o sigma": *Wittgenstein's Lectures*, 20.
149 "A máquina interpreta": "Lecture to the London Mathematical Society", Turing, 103.
149 "Eu diria que um tratamento justo": Ibid., 104–5.
150 "Continuando meu pleito": Ibid., 105.
150 "a própria calculadora": Ibid., 102.
151 "Que ela seja eletrônica": Ibid., 87.
152 "construção de tabelas de alcance": "Report on the ACE", Turing, in *Mechanical Intelligence*, 20–22.
152 "podia fazer qualquer tarefa": "Lecture to the London Mathematical Society", Turing, 87.

152 "Para desempenhar as várias operações lógicas":
"Report on the ACE", Turing, 8.
152 fita magnética: "Lecture to the London
Mathematical Society", Turing, 89.
152 "o esquema mais promissor": Ibid., 84.
153 "Pode ser possível": "Report on the ACE", Turing, 20.
153 "tabela de instrução padrão": Ibid., 17.
153 "teriam de ser determinadas": Ibid., 25.
153 "O máximo que Alan me contou": *Alan M. Turing*, S. Turing, 70.
154 "apreender o princípio"; *Enigma*, Hodges, 335.
154 "compreendiam homens": Ibid., 111.
154 "há uns 12 anos": citação, Ibid., 79.
155 "jornal vespertino": Ibid., 80.
155 "se lembraria com facilidade": citação, ibid., 8 l.
155 "poder de raciocínio": citação, ibid.
156 "Li a proposta de Wilkes": citado em *Enigma*, Hodges, 352.
156 "direcionadas principalmente": citação, ibid., 353.
156 "muito teimoso": citação, ibid., 353.
156 "ideias minimalistas": *Engines*, Davis, 189.
157 "a verdadeira configuração": citado em *Enigma*, Hodges, 408.
157 "isolado": *Engines*, Davis, 192.
157 "Possivelmente todos os atuais computadores"; citação, ibid., 193.
158 "estava desapontado com o que": *Alan M. Turing*, S. Turing, 86–87.
158 "não era um bom jogador": citação, ibid., 87.
159 "nas semelhanças": ibid., 88.
159 "Com a memória disponível": "Max Newman and the Mark
I," http://www.computer50.org/mark1/newman.html, 2.
160 "problemas matemáticos": *Enigma*, Hodges, 341.
160 parecia um besouro: Ibid., 375.
161 "o máximo do trabalho": citação, ibid., 375.
161 "máquinas com comportamento": "Intelligent
Machinery", Turing, 107.
161 "uma resistência"; Ibid., 107–8.
162 "sendo puramente emocionais": Ibid., 108.
162 "podem atacar operações": Ibid.
162 "Consta que na escola": Ibid., 108–9.
163 "que a inteligência na máquina": Ibid., 107.
163 "visão de que o crédito": Ibid., 109.
163 "formam uma variação contínua": Ibid.
163 "objetiva produzir": Ibid.
163 "controladores discretos": Ibid., 110.
164 "Uma grande e positiva razão": Ibid. 116–17.

164 "pegar um homem como um todo": Ibid., 117.
165 cinco possíveis aplicações: Ibid.
165 "O treinamento de uma criança": Ibid., 121.
166 "Se o cérebro não treinado": Ibid., 125.
166 "a máquina rapidamente": Ibid., 123.
166 "Certamente o nervo": Ibid., 117.
167 "é determinado tanto": Ibid., 127.

7. O Jogo da Imitação

168 "último estilo de toalete": citado em *Enigma*, Hodges, 391.
168 "com um carpete": *The Emigrants*, W. G. Sebald, tradução de Michael Hulse (Nova York: New Directions, 1996), 151.
169 "a um número": "Programmer's Handbook, Turing (2nd Edition), para a Manchester Electronic Computer Mark II", *http://www.computer50.org/kgill/mark1/program.html*, 3.
169 "colocava uma responsabilidade": "Turing's Papers on Programming", Martin Campbell-Kelly, in *Mathematical Logic*, 244.
169 "Como zero era": Ibid., 245.
169 "bizarra ao extremo": Ibid.
170 O método de Lucas: *Enigma*, Hodges, 398.
170 "E como qualquer veículo": citação, ibid., 402; de uma entrevista com Martin Campbell-Kelly.
171 "Não antes que uma máquina": *British Medical Journal*, 25 de Junho de 1949; citação por Hodges, *Enigma*, 405.
172 "criar conceitos": "No Mind for Mechanical Man", *Times* (Londres), 10 de Junho de 1949, 2.
172 "Isto é uma pequena amostra": "The Mechanical Brain", *Times* (Londres), 11 de Junho de 1949, 4.
172 "Não parece": *Alan M. Turing*, S. Turing, 91.
173 "A universidade estava": "The Mechanical Brain", 4.
173 "à descrição bastante misteriosa": "The Mechanical Brain: Successful Use of Memory-Storage", *Times* (Londres), 14 de Junho de 1949, 5.
173 "cientistas responsáveis": Illtyd Trethowan, em carta ao *Times* (Londres), 14 de Junho de 1949, 5.
173 "Haverá muito o que fazer": "Intelligent Machinery: A Heretical Theory", in *Alan M. Turing*, S. Turing, 133–34.
174 "aqueles que nunca amaram": "Umbrage of Parrots", *Times* (Londres), 16 de Junho de 1949, 5.
174 "Proponho que consideremos": "Computing Machinery and Intelligence", Turing, 133.
175 "é jogado por três pessoas": Ibid., 133–34.

176 "a analogia de adivinhação": *Natural Philosopher,* Hodges, 38.
176 "O novo problema": "Computing Machinery and Intelligence", Turing, 134–35.
177 "deve ser enfatizado": Ibid., 135.
177 "Digo a você": Turing Archive, AMT/B/6, 6.
177 "Scudder, por que você acha que": *Maurice,* Forster, 194.
178 "desejamos excluir": "Computing Machinery and Intelligence", Turing, 135–36.
178 "analogia doméstica": "Computing Machinery and Intelligence", Turing, 138.
179 "Acredito que dentro de uns 50 anos": Ibid., 142.
179 "a objeção teológica"; Ibid., 143.
180 "Na tentativa de construir": Ibid.
180 "As consequências de": Ibid., 144.
180 "apropriada questão crítica": Ibid., 145.
181 "Esse argumento parece": Ibid., 146.
181 "certeza de que o professor Jefferson": Ibid.
181 "descobrir se alguém": Ibid.
181 "ser colocado em uma posição": Ibid., 147.
182 "Ser gentil, esperta, bonita": Ibid., 147–48 (com pequenas alterações na pontuação).
182 "Há, contudo, observações especiais": Ibid., 148.
183 "Você come ostras?": Citado em http://www.outsmartmagazine.com/issue/i06-02/tonycurtis.php.
184 "A alegação de que": "Computing Machinery and Intelligence", Turing, 148.
184 "Erros de funcionamento": Ibid., 149.
184 "que a máquina não pode": Ibid.
184 "um computador pode fazer": Ibid., 150.
184 "se nós aderirmos": Ibid., 151.
184 "Se cada homem tem": Ibid., 152.
184 "Instalei no computador": Ibid., 153.
185 "Infelizmente, a evidência estatística": Ibid., 153.
185 "Vamos jogar": Ibid.
186 "Então será natural": Ibid., 153–54.
186 "não pressupõe qualquer sentimento": Ibid., 157.
186 "o uso de punições": Ibid.
186 "Em vez de tentar": Ibid., 156.
186 "Ele não será, por exemplo": Ibid.
187 "os imperativos que": Ibid., 158.
187 "as regras que se alteram": Ibid.
187 "irão competir com": Ibid., 160.

188 "God Save the King": *Enigma*, Hodges, 447.
188 "um avanço mínimo": "Some Calculations of the Riemann Zeta-Function", Turing, in *Pure Mathematics*, 97.

8. A Boia de Pryce

189 "Estou muito feliz": *Alan M. Turing*, S. Turing, 103.
189 "o conteúdo altamente emocional": Turing Archive, AMT/B/6, 26.
190 "a intervenção de": Ibid., 23.
190 "Quando o trabalho": Ibid., 33.
190 "uma máquina de computação": Ibid., 20.
190 "necessário que a máquina": Ibid., 28.
190 "mais interesse em diminuir": Ibid., 29.
190 "até que ele a visse": *Enigma*, Hodges, 452.
190 "O avanço gradual": Turing Archive, AMT/B/6, 36.
191 "não estava interessado no fato": Turing Archive, AMT/B/6, 5.
191 "Turing tinha chegado": "Royal Society Memoir", Newman, 278.
192 "Ele contava muitas piadas": *Alan M. Turing*, S. Turing, 92. Encontro com Arnold Murray: *Enigma*, Hodges, 450. £50 de seus objetos: Ibid., 454.
193 "fazer o pior": Ibid., 455.
193 "Sr. Hall – o senhor sabe": *Maurice*, Forster, 193.
193 "Por Deus, se você me enxovalhar": Ibid., 196.
194 "sabiam de tudo": *Enigma*, Hodges, 456.
194 "Não creio que eu realmente": Turing Archive, AMT/D/14a, 1952.
195 "Tenho uma história deliciosa": Turing Archive, AMT/D/14a, 1953.
196 "Alec sempre sentia": Turing Archive, AMT/A/13, sem data.
197 "Ele não se preocupava em usar": Ibid.
197 "estava desempregado": Ibid.
197 "com muita fome e com muito frio": Ibid.
198 "Aquele sujeito que estava andando": Ibid.
198 "Ele não fumava": Ibid.
198 "Acho que vou, sim": Ibid.
199 "a porta aberta por um porteiro": Ibid.
199 "Agora a senhora vai ficar sabendo": Turing Archive, AMT/A/15, 6 de Junho de 1954.
200 "Não tenho a menor dúvida": Turing Archive, AMT/A/16, 1o de Maio de 1955.
200 "difícil ligar": Turing Archive, AMT/A/17, 13 de Junho de 1954.
201 "Posso confirmar": Turing Archive, AMT/A/17, 18 de Agosto de 1954.
201 "Se posso falar alguma coisa": Turing Archive, AMT/A/23, 24 de Setembro de 1960.

Messages from the Unseen World: "A carta escrita por Robin Gandy a Max Newman em Junho de 1954", in *Mathematical Logic*, 267.
202 uma nova "mecânica quântica": Ibid., 266.
202 "Nenhum matemático jamais": *Apology*, Hardy, 70.
203 "envolvia uma maçã": *Enigma*, Hodges, 129.

Leitura Complementar

Para o leitor que desejar saber mais sobre Alan Turing, não há lugar melhor para começar do que o livro *Alan Turing: The Enigma*, de Andrew Hodges (Walker, 2000). Esta excelente biografia é ao mesmo tempo arguta, sensível e exaustiva – o tipo de livro que torna outros possíveis.

O mais importante dos trabalhos de Turing – incluindo "Computable Numbers" e "Mechanical Intelligence" – foi reunido no livro *The Essential Turing: The Ideas That Gave Birth to the Computer Age*, editado por B. Jack Copeland e publicado pela Oxford University Press por ocasião do que teria sido o 90º aniversário do matemático. Todos os escritos de Turing podem ser encontrados em *Collected Works of A. M. Turing*, em quatro volumes, editado pela North-Holland. De particular interesse são os volumes intitulados *Mathematical Logic* (2001) e *Mechanical Intelligence* (1992). As cartas de Turing, bem como as cartas endereçadas a ele e alguns rascunhos de suas dissertações, estão guardadas em arquivos no King's College, em Cambridge (a dra. Rosamund Moad tornou possível a consulta a esses documentos, pelo que sou grato). Um certo número pode ser consultado em *http://www.turingarchive.org*.

Surpreendentemente, poucos livros tratam de Turing como seu assunto principal. Uma concisa introdução às ideias de Turing pode ser encontrada no livro *Turing: A Natural Philosopher* (Phoenix, 1997), de Hodges, e em *Turing and the Universal Machine*, de Jon Agar (Icon, 2001). O livro *Alan Turing: Life and Legacy of a Great Thinker*, editado por Christof Teuscher (Springer-Verlag, 2004), reúne ensaios (e uma peça) a respeito de Turing por, entre outros, autores como Hodges, Martin Davis, Daniel Dennett e Douglas Hofstadter.

Muitos dos outros textos aos quais me refiro foram reunidos em três grossos volumes: *The Undecidable: Basic Papers on Undecidable Propositions, Unsolvable Problems and Computable Functions*, editado por Martin Davis (Dover, 1993); *From Frege to Gödel: A Source Book in Mathematical Logic, 1879–1931*, editado por Jean van Heijenoort (Harvard University Press, 1967); e *The Universal Turing Machine: A Half Century Survey*, editado por Rolf Herkin (Springer-Verlag, 1995). Além desses, as entrevistas com os matemáticos de Princeton citadas no capítulo 4 podem ser consultadas on-line em *http://infoshare1.princeton.edu/libraries/firestone/rbsc/finding_aids/mathoral/math.html*. Finalmente, muitos documentos do período em que Turing trabalhou em Manchester podem ser consultados em *http://www.computer50.org*.

Para aqueles interessados em conhecer a pré-história dos computadores, a obra *Engines of Logic: Mathematicians and the Origins of the Computer*, de Martin Davis (Norton, 2000) fornece uma introdução lúcida e completa. Gostaria também de recomendar *The Advent of the Algorithm: The Three-Hundred Year Journey from an Idea to the Computer*, de David Berlinski (Harvest, 2001). Obras que oferecem uma boa visão geral sobre o trabalho de Gödel incluem *Gödel´s Proof*, de Ernest Nagel e James R. Newman (New York University Press, 2001); *Gödel, A Life of Logic*, de John L. Casti e Werner DePauli (Basic Books, 2000) e *Incompleteness: The Proof and Paradox of Kurt Gödel*, de Rebecca Goldstein (Norton/Atlas, 2005). Uma abordagem diferente sobre o trabalho de Georg Kantor, incluindo o "argumento diagonal", pode ser encontrada em *Everything and More: A Compact History of* ∞ (Norton/Atlas, 2003). *The Hilbert Challenge* (Oxford University Press, 2000), de Jeremy J. Gray, oferece uma fascinante visão geral do "programa" de Hilbert, enquanto *Hilbert*, de Constance Reid (Springer-Verlag, 1970), é um relato surpreendentemente comovente da vida e do trabalho do grande matemático.

Em 2003 foram publicadas três obras, importantes mas extremamente diferentes, sobre a hipótese de Riemann: *Prime Obsession: Bernhard Riemann and the Greatest Unsolved Problem in Mathematics*, de John Derbyshire (Joseph Henry Press), *The Music of the Primes: Searching to Solve the Greatest Mystery in Mathematics*, de Marcus du Sautoy (HarperCollins) e *The Riemann Hypothesis: The Greatest Unsolved Problem in Mathematics*, de Karl Sabbagh (Farrar, Straus, Giroux). Em 2005, reuniu-se com as demais a obra *Stalking the Riemann Hypothesis: The Quest to Find the Hidden Law of Prime Numbers* (Pantheon, 2005), de Dan Rockmore, um livro cativante e cheio de humor. Este último livro, com sagacidade, coloca todos os números primos da numeração das páginas em negrito. Sobre os numerosos relatos do trabalho de Turing em Bletchley Park durante a Segunda Guerra Mundial, eu recomendaria em especial *Battle of Wits: The Complete Story of Codebreaking in World War II*, de Stephen Budiansky (Touchstone, 2000). Um *tour* virtual de Bletchley Park pode ser feito em *http://bletchleypark.org.uk*.

Desde a morte de Turing apareceram muitos livros e ensaios discutindo, desafiando e ampliando seus argumentos. Desses, os mais estimulantes – pelo menos para mim – são *The Emperor's New Mind: Concerning Computers, Minds and the Laws of Physics*, de Roger Penrose (Oxford University Press, 1999), e *Minds, Brains, and Science*, de John Searle (Harvard University Press, 1984), que esboçam o agora infame "experimento mental" do quarto chinês.

Finalmente, a *homepage* de Alan Turing, *http://www.turing.org.uk/*, mantida por Andrew Hodges, permanece fundamental para todos os interessados na vida e na obra desse grande matemático.

    Devo muito a Jesse Cohen e Prabhakar Radge por sua ajuda na preparação deste livro; a Jim Humphreys, que apontou os erros que corrigi para esta edição; e a Martin Davis, que foi muito gentil e paciente em apontar trechos que poderiam ser mal compreendidos, por minha linguagem não exatamente precisa. Com sua ajuda, espero ter tornado esta nova edição melhor que a anterior em termos de precisão e exatidão.